# K线
## 技术分析与实战

金 戈 ◎ 编著

中国宇航出版社
·北京·

**版权所有　侵权必究**

**图书在版编目（CIP）数据**

K线技术分析与实战 / 金戈编著. -- 北京 : 中国宇航出版社, 2024. 8. -- ISBN 978-7-5159-2409-0

Ⅰ．F830.91

中国国家版本馆CIP数据核字第2024LK9093号

| | | | |
|---|---|---|---|
| 策划编辑 | 卢　珊 | 封面设计 | 王晓武 |
| 责任编辑 | 卢　珊 | 责任校对 | 洪　宇 |

| | |
|---|---|
| 出　版 发　行 | **中国宇航出版社** |
| 社　址 | 北京市阜成路 8 号　　邮　编　100830 |
| | （010）68768548 |
| 网　址 | www.caphbook.com |
| 经　销 | 新华书店 |
| 发行部 | （010）68767386　　（010）68371900 |
| | （010）68767382　　（010）88100613（传真） |
| 零售店 | 读者服务部 |
| | （010）68371105 |
| 承　印 | 三河市君旺印务有限公司 |
| 版　次 | 2024 年 8 月第 1 版　　2024 年 8 月第 1 次印刷 |
| 规　格 | 710×1000　　　　　　开　本　1/16 |
| 印　张 | 18.25　　　　　　　　字　数　270 千字 |
| 书　号 | ISBN 978-7-5159-2409-0 |
| **定　价** | **69.00 元** |

**本书如有印装质量问题，可与发行部联系调换**

# 前 言

股票分析技术的种类较多,但是很少能脱开K线、均线、成交量这三大块,大部分技术分析形式都是由此引申或变化而来。比如趋势分析,分析标的必然包括K线、均线等技术要素,再如移动筹码分析,必然和成交量分析脱不开关系。

不管多么花哨的技术分析形式,目的都是对股价运行进行分析预判。那么,与其耗费精力去追求花哨、烦琐的技术分析形式,不如踏踏实实把最基本、最简单,却最实用的K线、均线、成交量原理搞个明白,事半而功倍,可能最终分析判断的准确性更高。

K线的本质就是资金的进出流转。无论是大资金还是小资金,主力资金还是散户资金,在决定买入或者卖出之际,都必然有自己的考量,由此反映到K线或者成交量上,都会体现出资金的意图。当然,资金体量的大小,决定着对K线的影响程度,同时通过技术手段,可以在一定程度上掩盖资金的真实意图。

本书从 K 线基本原理开始讲解，由浅入深，逐步扩展到 K 线在实盘应用中的各个层面以及大资金对于 K 线的影响。以大量案例详细解析技术性概念和具体技术分析的研判思路及方法，力求每一位读者都能看得懂、学得会、用得上。

# 目 录

## 第一章 认识 K 线图

### 第一节 K 线简述 / 2
一、什么是 K 线 / 2
二、K 线的原理与意义 / 4

### 第二节 K 线的构成与类别 / 8
一、K 线的构成 / 8
二、K 线的类别 / 9

## 第二章 单 K 线与影线分析

### 第一节 常见单 K 线的技术意义 / 16
一、阳线的变化与技术意义 / 16
二、阴线的变化与技术意义 / 21
三、十字星与十字线 / 28
四、一字线 / 31
五、T 字线与倒 T 字线 / 32
六、锤头线与倒锤头线 / 37
七、螺旋桨 / 39

第二节　不可忽视的上下影线 / 41

　　一、上影线的重要交易点 / 42

　　二、下影线的重要交易点 / 47

# 第三章　K 线组合的警示信号

第一节　K 线组合的拐点转折信号 / 57

　　一、遭遇线 / 57

　　二、尽头线 / 58

　　三、夹子线 / 59

　　四、谍线 / 60

第二节　K 线组合的卖出信号 / 62

　　一、空头覆盖 / 62

　　二、下跌孕线 / 63

　　三、乌云盖顶 / 64

　　四、倾盆大雨 / 66

　　五、揉搓线 / 68

　　六、三只乌鸦 / 68

　　七、黄昏之星 / 70

　　八、下跌三叠阳 / 72

　　九、升势受阻 / 73

　　十、空头帽 / 77

　　十一、空头指路 / 78

　　十二、跳高出逃 / 80

第三节　K 线组合的买入信号 / 82

　　一、多头覆盖 / 82

　　二、上涨孕线 / 83

　　三、雨后初阳 / 84

　　四、旭日东升 / 86

五、红三兵 / 87

六、早晨之星 / 88

七、跳低回收 / 91

八、上涨三叠阴 / 93

九、多头帽 / 95

十、多头指路 / 96

十一、低位小阴价不跌 / 97

十二、漫漫小阳线 / 99

## 第四章　K线形态的趋势信号

### 第一节　K线振荡盘整形态 / 102

一、趋势、股价运行重心与振荡盘整 / 102

二、箱形振荡 / 108

三、旗形振荡 / 112

四、三角形振荡 / 116

### 第二节　K线顶部形态 / 127

一、尖顶构成和卖出时机 / 127

二、双顶构成和卖出时机 / 133

三、三重顶构成和卖出时机 / 138

四、头肩顶构成和卖出时机 / 143

五、混合顶构成和卖出时机 / 147

### 第三节　K线底部形态 / 152

一、尖底构成和买入时机 / 152

二、双底构成和买入时机 / 158

三、三重底构成和买入时机 / 162

四、头肩底构成和买入时机 / 166

五、圆弧底构成和买入时机 / 170

## 第五章　K线看盘的关键点

### 第一节　辨别主力资金的动向 / 176

一、逃逸与回归理论 / 176

二、如何发现主力 / 180

三、资金趋势的循环周期与交易方向 / 188

### 第二节　K线的分层透视分析法 / 206

一、分层透视的方法 / 206

二、分层透视的应用 / 208

### 第三节　量能催化下的K线涨跌 / 217

一、量能催化理论 / 217

二、量能催化与K线变化 / 221

三、量能催化下的买卖点选择 / 234

## 第六章　K线实战特殊案例解析

### 第一节　看不懂的K线——骗线与陷阱 / 249

一、轮回之道 / 249

二、K线图上的骗线与陷阱 / 249

三、分时图上的陷阱 / 254

### 第二节　诡秘的大阳线——割韭菜 / 261

一、变量催化的大阳线 / 261

二、挽救危局的大阳线 / 263

三、突击减仓的上影线 / 264

### 第三节　诡秘的大阴线——请君离场 / 267

一、加速杀跌的大阴线 / 267

二、跌破支撑的大阴线 / 268

三、放量大阴线 / 270

第四节　高位与低位——极限是用来突破的 / 272

　　一、低吸潜伏 / 272

　　二、追涨 / 275

第五节　不可救药的 K 线——崩溃点 / 276

　　一、折返与折磨 / 276

　　二、阴跌无止境 / 279

# 第一章

# 认识K线图

# 第一节　K线简述

## 一、什么是K线

K线图，又称为蜡烛图或阴阳烛，是日本德川幕府时代的米市商人本间宗久用来记录米市行情与分析价格波动的一种方法，后来逐渐被引入股市及期货市场的分析与应用上。

本间宗久（1724—1803年），日本米市商人，出生于日本当时稻米的重要产地及商业交易中心酒田，所以本间宗久的蜡烛图理论也称为"酒田战法"。本间宗久醉心于研究稻米现货买卖及定期交易的价格信息及走势，他根据中国《周易》理论以及"爻象"：以阴爻、阳爻的属性揭示未来信息，把爻象转换成阴阳K线，将稻米价格信息及走势以K线的形式记录下来，同时用战争相关的名词，来形容行情多空搏杀的残酷性。

本间宗久的"酒田战法"核心内容包括：三山、三川、三空、三兵、三法。

1. 三山

三山是K线的三种头部卖点，包括三尊头、两尊头、圆头，如图1-1所示。三尊头相当于现在技术理论中的头肩顶；两尊头相当于M顶、圆顶等。

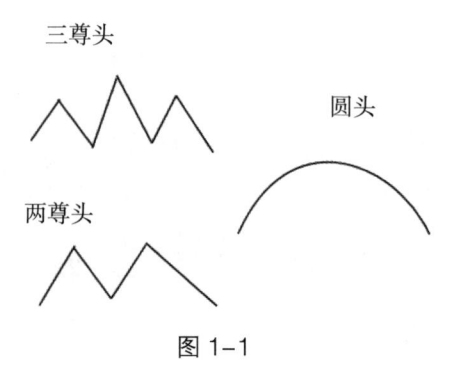

图 1-1

## 2. 三川

三川是 K 线的三种底部买点，相当于现在技术理论中的头肩底、W 底以及 V 形底等，如图 1-2 所示。

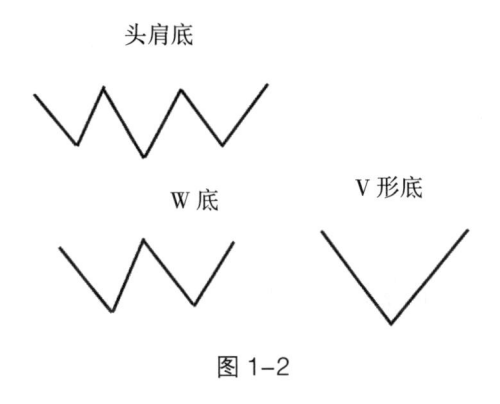

图 1-2

## 3. 三空

三空是连续三个向上跳空上涨，或向下跳空下跌的形态；上跳三空为强势涨升信号，下跳三空则为下跌信号，如图 1-3 所示。

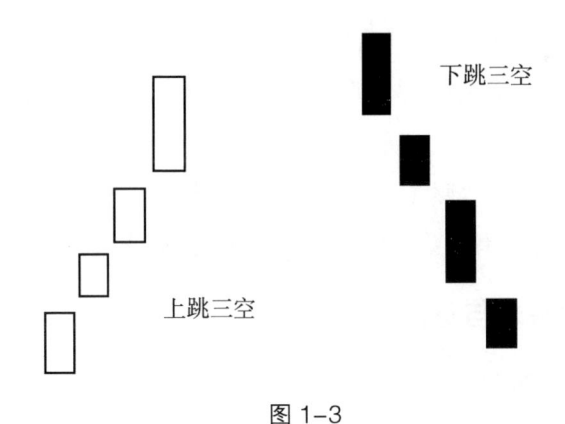

图 1-3

## 4. 三兵

三兵是以三根 K 线构成的买卖点组合形态：当三根红 K 线（或黑 K 线）形成一底（或头）比一底（或头）高（或低）的形态，则此红三兵为买入信号（而黑三兵为卖出信号），如图 1-4 所示。

黑三兵

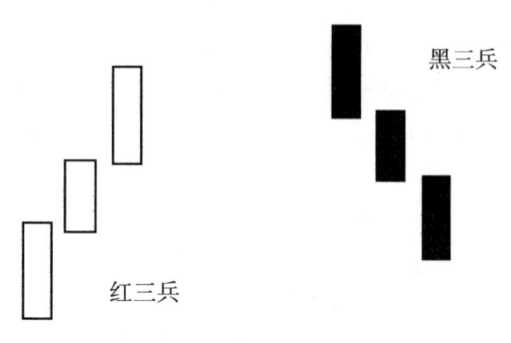

红三兵

图 1-4

5. 三法

三法是指应该卖、应该买、应休息。三法是酒田战法的核心，交易不但包括买和卖，还包括休息和等待，当势态复杂难辨时，应等待更加明确的信号出现。

本间宗久将自己的研究成果应用于粮食交易行情中，不但赚进巨额财富，也在当时日本一些地区引起很大的轰动，一时间，本间宗久在粮食交易市场中的声名如日中天。当时流传着一句话形容他的富有："你可以挣上领主的宝座，却休想像本间宗久家一样有钱。"足以证明本间宗久在当时的地位。

也有人认为，蜡烛图并非本间宗久本人发明，而是经过多人多代不断在理论与实践中的积累，逐渐发展和完善而来。

在日本，K线称为"罫（日文发音KEI）线"，西方以"KEI"的英文第一个字母"K"直译为"K"线，K线一词由此而来。

## 二、K线的原理与意义

1. 周易理论的阴阳思想

源自本间宗久的"酒田战法"而发展至今的K线图理论，与《周易》哲学思想高度契合。研究K线，就不能舍弃《周易》阴阳思想于不顾，否则就不免舍近求远。《周易》阴阳思想的五个方面与K线原理息息相关，潜心体会，广开思路，欲学K线，先探根本。

《周易》不仅将事物的性质和其本身的原理概括为"一阴一阳"，而且认为阴阳二者的关系既对立又统一，并在对立统一的过程中实现相互转化。《周易》理论中的阴阳思想，后人总结了五个方面：阴阳对立观、阴阳互根观、阴阳消长观、阴阳转化观、扶阳抑阴观。

其一"阴阳对立观"，即一切事物的内部都有阴和阳对立的两个方面，如果没有这种矛盾对立的运动，这个事物也就不存在了。没有多方（买方）的股票市场，肯定一片死寂；没有空方（卖方）的股票市场，也必然处于静止状态，唯有多空对立的市场才能保持活跃。

其二"阴阳互根观"，即阴阳对立的两个方面，是源于对方的存在而存在；对方是自身存在的前提，没有了彼也就没有了此。没有股价的涨，也就没有了股价的跌；没有股价的高，也就没有了股价的低。

其三"阴阳消长观"，即阴阳在每一个事物中所体现出的矛盾与斗争的力量不是一成不变的，而往往是以一方兴盛而另一方衰落的规律交替运动。多方力强，则涨势明显，反之亦然。多空双方总是处于此消彼长的状态中。

其四"阴阳转化观"，即阴和阳本身并不是绝对的，而是相对的，二者之间存在相互转化的关系。表象上是阴，内涵上却是阳。这一点，对于理解主力资金进出流转尤其重要。

其五"扶阳抑阴观"，即阳是积极的象征，阴是消极的象征。"扶阳抑阴"，就是要人们以积极、冷静、客观的态度来面对事物的发展和变化，而不应持以消极、浮躁的态度。

2. K线与资金博弈

司马迁在《史记·货殖列传》中写道"天下熙熙皆为利来，天下攘攘皆为利往"，时隔数千年，资金逐利而来的本性仍复如此。财富效应或者说赚钱效应仍是资金闻风而动的根本前提，没有这个前提，即便满眼繁花似锦也必然是短暂和虚假的。

K线的本质，就是资金的进出流转。无论是大资金还是小资金、主力资金还是散户资金，在决定买入或者卖出之际，都必然有自己的考量，由此反映到K线或者成交量上，都会体现出资金的意图。当然，资金体量的大小，决定着对 K 线的影响程度，同时通过技术手段，可以在一定程度上掩盖资金的真实意图。

大自然的等级选择，和股票博弈中的资金层次结构非常相似。

狮群里最强壮的雄狮，总是第一个品尝猎物身上最好的那部分，狮群中其他的狮子得等到雄狮酒足饭饱之后，才有机会满足自己的辘辘饥肠。至于守望在远处的鬣狗、秃鹫，只有等待所有的狮子离席远去，才有机会争夺剩下的残羹冷炙。

"主力资金"就是狮群里最强壮的雄狮，它是小资金关注和追踪的对象，而绝非可以挑战的对手。明确自己的资金实力和技术能力非常重要，这一点在股票市场关乎生死存亡。对自己的技术能力和资金实力有了一个清醒正确的认识之后，才能谈到对 K 线本质有一个相对全面和深入的理解。

无论是阴线、阳线以及 K 线实体的大小，这些表象仅是 K 线分析的基础，并不是 K 线分析的核心。既然 K 线的本质就是资金的流动关系，那么辨别大资金的流动趋向就是 K 线分析的核心和主要目的。

当股票市场处于万马齐喑的阶段，往往斜刺里会忽然杀出三五只躁动、连拉长阳的股票，而这时大多数小资金都处于隐忍阶段，对于这些突如其来、横空出世的妖股，不会太感兴趣，以为不过是主力的诱多把戏。

当强势股接二连三地破土而出，搅动一池春水，赚钱效应逐渐大面积扩散时，原先"沉默"的资金必然耐不住进场的欲望。无论反弹还是牛市的到来，这个心理历程总是相似，只是时间长短有别；反之，熊市到来也是同样的道理。

当主力资金开始买入或开始卖出，因其资金体量大，必然会对股价带来重大影响，这也是分析判断资金流动趋向的重要指标。所谓资金流动趋向，是指流出和流入两个方面，但主力资金流入或流出并不容易辨别。一根让交易者无比绝望的大阴线，有时并不意味着主力资金的大幅流出，反而可能是主力资金进仓的标志。一根拔地而起的大阳线，也绝不都意味着主力资金正在大幅买入。

如图 1-5 中 A 处所示，一根 20% 涨停板大阳线的出现，并没有带来股价后续的连续涨升，反而由此结束了股价的反弹，重新回到下跌趋势中。在A处大阳线形成过程中追高的交易者，必然要被深套其中。

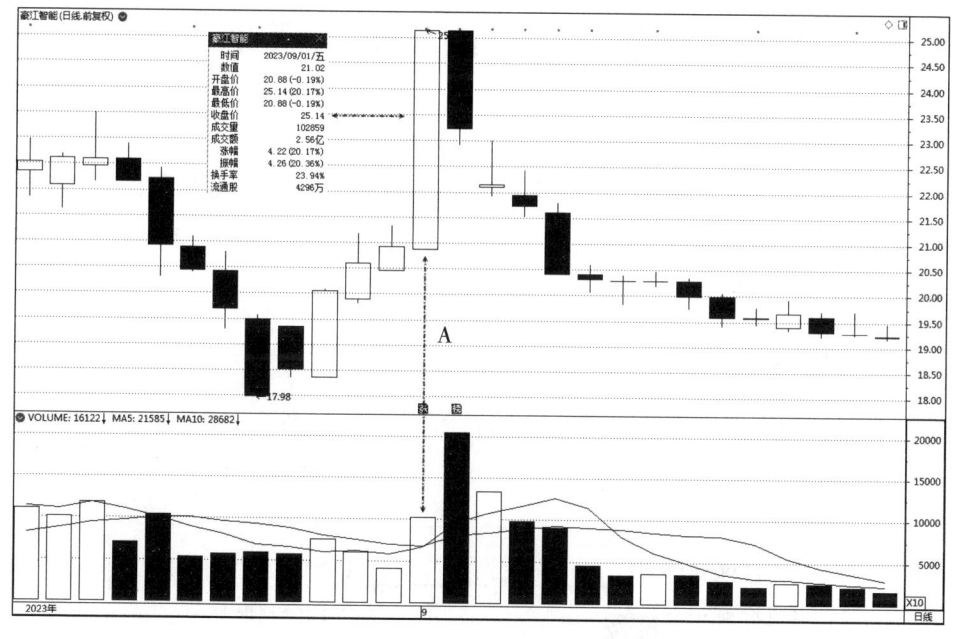

图1-5

判断主力（大）资金流动趋向，是交易者确立交易策略的关键。

在分析和研判某一个股时，股价运行趋向无疑是交易者最为关心的。于是以股价运行趋向为中心，交易者利用各种技术指标进行研判，但所依据的往往偏重于技术指标本身具有的规律指向。这时就容易出现一个问题：即某些技术指标本身所具有的规律指向，也许与股价趋向一致，也许并不一致，这就导致了在股价运行趋向研判上出现准确性和稳定性的问题。

所以，仅以K线分析对股价未来的运行趋向作出判断，得到的结论只是孤证，难以保证准确性，交易者还需要从K线本质的资金流动关系上来进一步判断。那么，交易者如何通过K线分析来发现资金流动趋向？这是本书主要论及的内容，也是学习K线理论的根本目的。对于交易者来说，还有什么技术分析手段能比跟随大资金（主力资金）的运作思路和资金运行轨迹相机而行更优越呢？

# 第二节　K线的构成与类别

合抱之木，生于毫末；九层之台，起于累土。追寻K线本质上的大资金进出流转，先要从最基本的认识K线开始，了解K线的构成和类别，是理解K线本质的关键。

## 一、K线的构成

K线主要由四个部分构成：开盘价、收盘价、最高价、最低价，如图1-6所示。

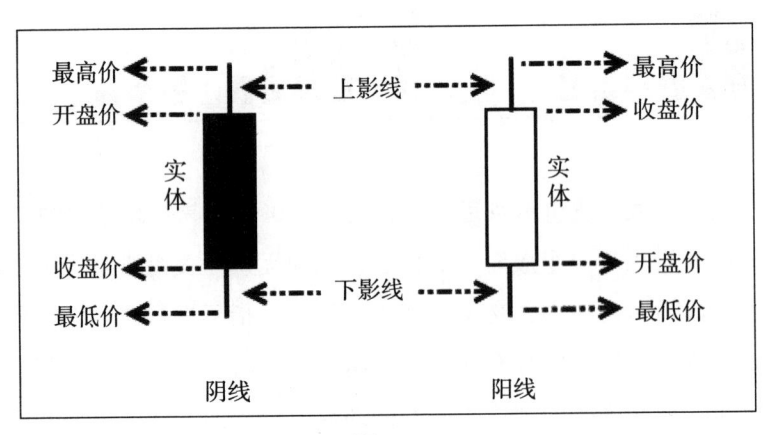

图1-6

K线的开盘价：当日（以日K线为例，下同）开盘价的价位高低，将直接影响到K线实体的大小或价格的涨跌，是多空双方一天激战的开始。

K线的收盘价：当日收盘价的位置，将直接确定K线实体的大小或价格的涨跌，是多空双方一天激战的结果。

K线的最高价：当日最高价是多方能够触及的价格区域，实体覆盖比上影线标示更能体现多方在这一交易时段占有优势。

K线的最低价：当日最低价是空方能够触及的价格区域，实体覆盖比下影线标示更能体现空方在这一交易时段占有优势。

开盘价和收盘价之间的空间，即为K线实体部分；部分K线因开盘价和收盘价一样，所以实体为一字，比如一字线、T字线、十字线等。

阴K线高于开盘价的部分为上影线，阳K线高于收盘价的部分为上影线，通常用一根向上的细线表示；阴K线低于收盘价的部分为下影线，阳K线低于开盘价的部分为下影线，通常用一根向下的细线表示。

上影线或下影线往往代表着某一交易时段的最高价或最低价，但并不是所有的K线都具有上影线或下影线。有些K线的开盘价就是最高价/最低价（实体覆盖），收盘价就是最低价/最高价（实体覆盖），所以并不具有上影线或下影线。比如，光头光脚大阳线或光头光脚大阴线等。

T字线、十字线的开盘价和收盘价在同一价位，不具有明显的实体部分，仅有上影线或下影线；一字线较为特殊，其开盘价、收盘价、最高价、最低价都在同一价位，即不具有上影线和下影线，也不具有明显的实体。

## 二、K线的类别

1. 从当日股价涨跌上划分

K线从当日（以日K线为例）股价涨跌上可以划分为阴线、阳线、平线。

阴线，是指当日收盘价低于开盘价的K线形式。

阳线，是指当日收盘价高于开盘价的K线形式。

平线，是指当日收盘价、开盘价处于同一价位的K线形式。

需要说明的是，上述三种K线形式都是以当日价格涨跌为基准进行划分的，并未对比上一交易日的收盘价，所以阴线并不必然在价格上就低于上一交易日的收盘价；阳线也并不一定在价格上就高于上一交易日的收盘价；平线并不必然意味着相比前一交易日的价格无涨跌。

如图1-7所示，A处K线为一字线跌停板，当日收盘价、开盘价都处于同一价位，所以虽称为平线，但相比前一交易日有10%的价格跌幅。图1-7中B处K线为中阳线，但这个阳线当天的收盘价并未超过前一交易日一字线跌停板的收盘价，所以虽是阳线，但股价仍低于前一交易日，当日股价显示仍然下跌超过 1%。

如图 1-8 所示，A 处 K 线为 20% 涨停板大阳线，B 处 K 线为长上影中阴线，但 B 处这个中阴线当天的收盘价并未低于前一交易日大阳线的收盘价，所以虽是中阴线，但股价仍高于前一交易日，股价当日显示上涨超过 7%。

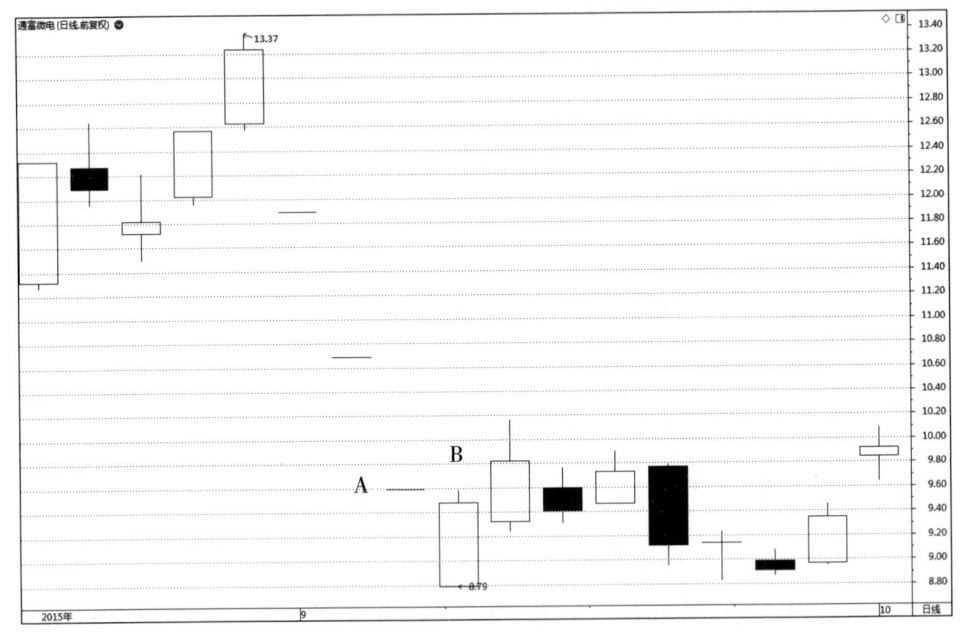

图 1-7

通过图 1-7 和图 1-8，能够更为清晰地认识 K 线与股价涨跌的异同关系，可以看出二者并不完全等同，而分析其中的这种差异性，对于理解股价运行趋向和资金流动关系具有重要作用。

一部分人认为 K 线分析作用不大，关注股价涨跌就够了。如果不作 K 线分析，仅仅关注股价的涨跌，那么图 1-7 中 B 处 K 线的股价仍旧下跌超过 1% 时，只会给人"股价仍在下跌"的感觉，但通过 K 线分析可以知道更多，例如连续跌停板之后，一根低开高走的增量中阳线，至少说明开始有资金积极关注并参与进来，由此可以提前做好交易的准备工作。

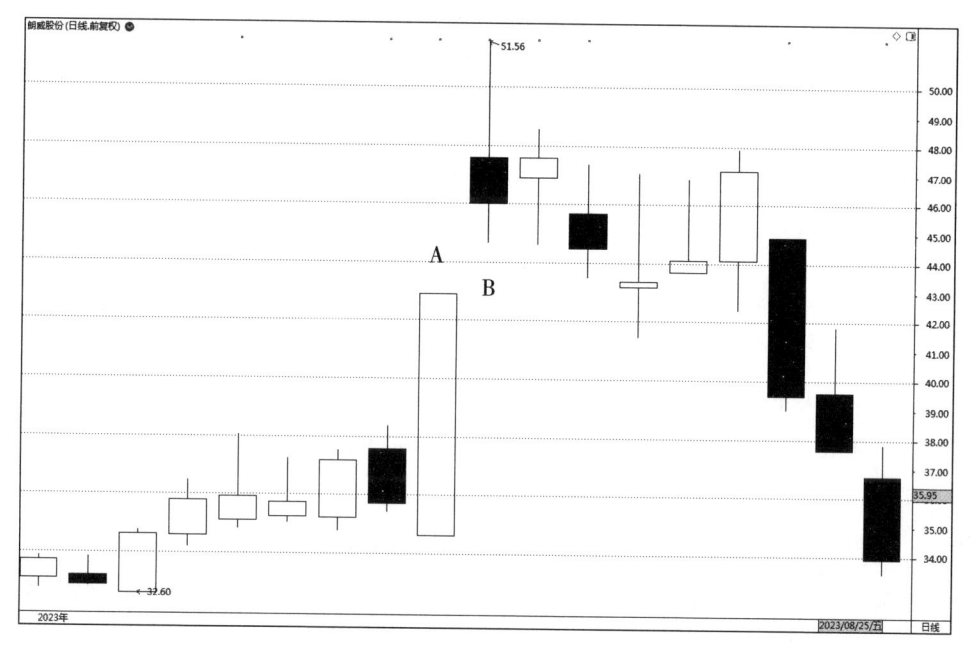

图 1-8

而在图 1-8 中，只是关注股价涨跌的话，仍会给交易者带来"股价仍旧在大幅上涨"的错觉。但如果通过 K 线和成交量分析，就会发现股价短线冲顶的迹象非常明显，交易者完全可以在盘中寻求卖出的机会。

2. 从时间上划分

K 线从时间上划分，可以分为 1 分钟 K 线、5 分钟 K 线、10 分钟 K 线、15 分钟 K 线、30 分钟 K 线、60 分钟 K 线、日 K 线、周 K 线、月 K 线等。

这些 K 线选取的标的时间有所区别，作用也各有不同。分钟 K 线反映的是股价超短期走势，日 K 线反映的是股价中短期走势，周 K 线、月 K 线反映的是股价中长期走势。

（1）日 K 线。

日 K 线是指一根 K 线的时间单位为一个交易日，是最为常用、最为人们熟知的 K 线类别。日 K 线在应用上最为广泛，对短线交易、波段交易甚或是中长线交易都有一定的参考和分析价值。但日 K 线也是最容易为主力所掌控，并乐于施展障眼法的 K 线形式。

通常来说，主力"做线"迷惑交易者，有两个时间段最关键：一是开盘，以高开或低开或是开盘瞬间打低、拉高等手法来控制日K线的起点；二是收盘，以尾盘打低、拉高等手法来控制日K线的终点，借以完成构筑日K线整体形态，目的在于往自己希望的方向引导交易者进行判断和操作。主力刻意制造的这种K线，也称为骗线。

识别日K线上骗线的方法较多，其中运用分钟K线对一天的交易过程进行分解识别，就是一种相对简单易学的技术分析方法。

（2）分钟K线。

分钟K线是指一根K线的时间单位为分钟，例如1分钟K线、5分钟K线、15分钟K线、30分钟K线、60分钟K线等。

分钟K线的优越之处，在于将较长时间单位如日K线进行分解后，能够极为详细地了解当日交易中的细节，有利于更好地分析判断主力运作的意图和轨迹。

如图1-9中A处所示，该股当日报收一根大阴线。在日线图中，我们无法看到这根大阴线形成的整个过程，以及其中多空争斗的具体变化，而这些都是K线分析的重要内容，所以就要借助分钟K线来还原当时的情景。

如图1-10中A区域所示，是这根大阴线的五分钟K线图，可以看到当天交易中多空交锋的整个场景。

也许有人会说，当日分时图也可以还原交易中的变化，诚然，分时图作为技术分析重要的辅助手段，确实可以还原当日走势曲线，但和K线图相比，在显示多空力量对比、侦知主力轨迹方面则大为逊色。例如，通过分析图1-10中的K线变化，运用逃逸线和回归线理论以及成交量理论，可以大致推论出当日主流资金的动向，而在分时图上，这些更为细致的分析就难以完成。

分钟K线有其优越性也有其缺憾处，正因为其细化了当日交易中的细节，反而可能使得部分交易者囿于价格的细微波动，更容易受到不良心态的影响，随之做出错误判断。通常来说，分钟K线更适用于短线交易，便于及时发现价格短期买卖点。

第一章　认识K线图

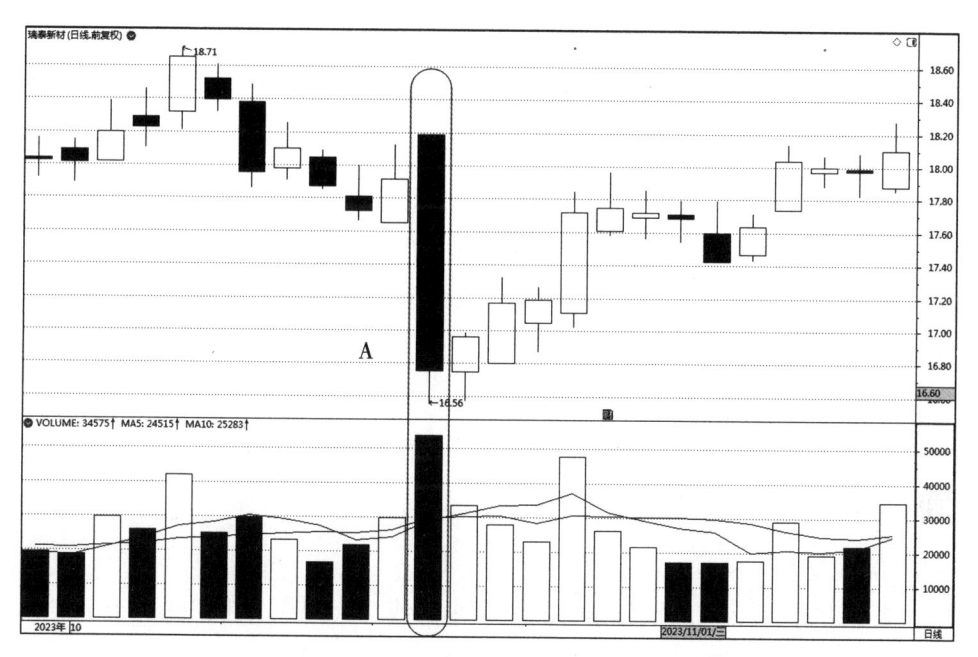

图 1-9

图 1-10

（3）周 K 线、月 K 线。

周 K 线、月 K 线，是指一根 K 线的时间单位为一周或一月，这两种 K 线主要用于个股股价的趋势分析。

周 K 线、月 K 线因其时间跨度较大，主力"做线"的难度和成本较高，所以相对日 K 线来说出现骗线的概率较小，因而这两种 K 线具有相对稳定、真实的优点，但是周 K 线、月 K 线的缺憾也是显而易见的，其对行情启动阶段的反应具有滞后性。

通常来说，周 K 线、月 K 线主要用于对价格运行趋势的认定，同时对于日线级别的价格突破（向上或向下），提供支撑位和压制位的技术测试点，能够帮助交易者确认股价突破的有效性。

3. 从形态上划分

K 线从形态上可以划分为大阳线、小阳线、大阴线、小阴线、十字线、一字线、锤头线、倒锤头线等类型。

这些形态不一的 K 线，在交易者实盘分析过程中，其技术含义因股价的趋势、位置、阶段等技术环境的不同，而具有不同的含义。即使是外观形态一模一样的 K 线，因其所处的技术环境不同，技术含义也必然存在较大的差异。这部分内容将在下一章进行详细讲解。

# 第二章
# 单 K 线与影线分析

# 第一节　常见单 K 线的技术意义

K线最简单的分类，其实就是阳 K 线和阴 K 线。但是收盘为阳 K 线的，当天股价相对前一交易日的股价未必就处于涨升态势，甚至还有可能是跌的，所以 K 线收阳，只能说明当日盘中股价相比开盘价有一定幅度的上涨。阴 K 线也是同样的道理。

所以对阳 K 线和阴 K 线的分析，不应把重点放在阴和阳上，而应专注于 K 线的形成过程。分析一根 K 线，就要了解它是如何演化以及与之前 K 线的逻辑关系，对之后的 K 线可能存在的影响。

总而言之，K 线分析与判断的核心，不是图形本身，而是其背后资金流动的主要意义。而先从一根 K 线的构成开始了解，是 K 线分析技术最基础，也是最关键的一步。

K 线实体越大，越能明确表示出买卖双方谁占据着优势地位；相反，K 线实体越小，则说明多空力量对比接近，或双方资金处于蛰伏阶段，隐藏实力伺机而动。

## 一、阳线的变化与技术意义

阳 K 线的出现（以日 K 线为例），至少说明当日盘中买方占据一定的优势，否则 K 线不会收阳，但是这里需要分析两个问题，才能进一步证明买方优势有多大：其一，收阳 K 线当日，股价是不是也显示为涨升；其二，当日阳 K 线的实体幅度有多大。

收阳 K 线当日，股价也处于上涨态势，说明对比上一个交易日，目前买方仍旧占据优势地位。如果当日 K 线实体较大，进一步说明买方的优势比较明显；如果 K 线实体较小，则说明买方可能只是勉强占优或隐藏实力。

收阳 K 线当日，股价并未处于上涨态势，则说明买方只是在当日盘中占据优势。如果当日K线实体较大，说明买方组织反攻的力量较强；如果K线实体较小，则说明买方能量不足，仅能在卖方未打压的情况下组织弱势反弹。以上只是常规分析，也是个股盘中比较常见的变化形态。

阳K线的实体大小与影线的长短，都对交易者分析股价变化具有极其重要的意义，关于影线后面会讲到，这里先讲一下阳K线实体分析的部分。

1. 小阳线

如果以K线外观的长短来区分，不是太好界定K线的大与小，所以通常以股价的涨跌幅度来界定K线的大与小，如图2-1所示。通常认为，3%左右的涨幅为小阳线，3%～6%的涨幅为中阳线，大于6%的涨幅为大阳线。

小阳线在实盘中显示出买方只是勉强占优或弱势反弹的情形，但也有可能是买方主力隐藏实力，在大举进攻之前的试探性行为，所以不能一概认定为买方实力不足。尤其是在连续大幅下跌之后出现的小阳线，有时就带有止跌反弹的含义。

小阳线或小阴线，表面上似乎显示多空双方势均力敌，处于胶着拉锯之中，但随着时间的推移，隐藏实力、有所准备的一方必然会露出真面目，突然发起雷霆一击。所谓物极必反，不仅是指大阳、大阴，也指小阳、小阴，最强势和最弱势总是处于转化之中，强势走向极端，则必然转弱，反之亦然。

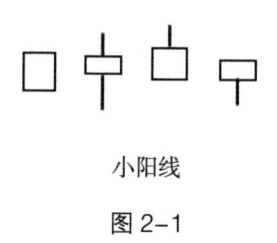

小阳线

图2-1

2. 中阳线

中阳线的出现，显示出买方占据相对明显的优势，但并不具有主导性地位，暂时失利的卖方也并未彻底放弃反击，多空双方仍存有继续争锋的能量。中阳线在K线图中具有上涨趋向继续的意义。

在实盘中，交易者必须注意，如果出现中阳线，当日成交量异常，则有可能形成股价拐点。这里的成交量异常，一般是指当日成交量接近或者超过最近几个月来的最大成交量。如图2-2所示，B处和C处出现中阳线，当日成交量接近或超过了A处的成交量，也都随即出现了股价的短期拐点。

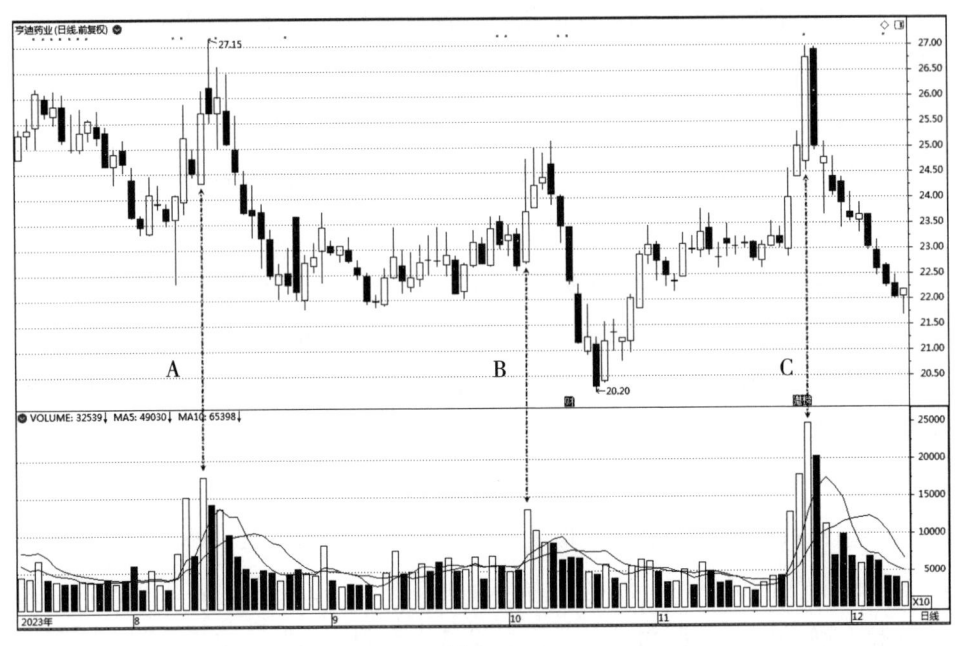

图2-2

### 3. 大阳线

大阳线从形态上来说是指开盘在最低价附近，收盘在最高价附近，实体较长的阳K线，如图2-3所示。以日K线为例，涨幅超过6%为大阳线，限于涨跌幅制度，涨幅在10%~20%应是大阳线的极端表现形式。

没有上下影线的大阳线，又称为光头光脚大阳线，这种类型显示买方具有压倒性的优势。具有上影线的大阳线，显示买方虽然强势，但仍旧遇到卖方较大抛压或买方主动后撤。具有下影线的大阳线，显示买方有一个由弱转强的过程，但这个下影线如果出现在尾盘，则可能意味着买方阵营并不稳固，后市存在变数。上下影线都具有的大阳线，其意义与上述二者大同小异。

## 第二章 单K线与影线分析

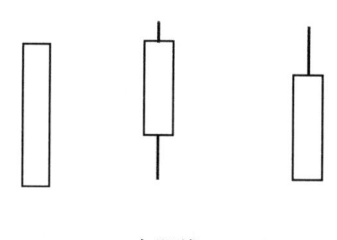

大阳线

图 2-3

实战中，某些个股因长时间交易低迷，其涨跌幅较为微小，可能一根涨幅 2% 左右的 K 线在 K 线图中都很可观，颇类似中大阳线。如图 2-4 中 A 处所示，当日股价涨幅尚未达到 3%，但 K 线实体显示较大。而对于交易活跃的个股来说，可能一根涨幅 8% 的 K 线在其 K 线图中都并不显眼，尤其是一些跳空高收的 K 线形体，看起来颇似中小阳线。

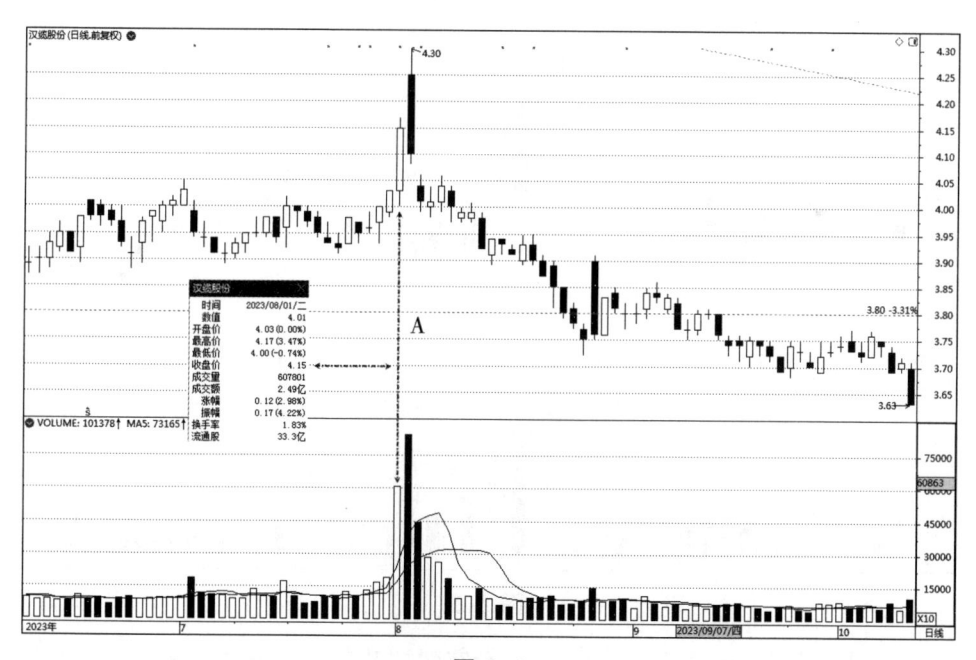

图 2-4

这种视觉上的误差，可能会给交易者造成不利的影响，容易忽视真实 K 线形态应有的含义，造成分析判断上出现南辕北辙般的失误。基于此，定义大阳线不应仅仅依据形态，还应有涨幅上的条件限制。

# K线技术分析与实战

大阳线在 K 线图中最显著的技术含义，就是代表多头极其强势的状态和主导性的地位，至于这种强势状态是否具有持续性，并不由这根大阳线本身决定，而是由这根大阳线所处的技术环境决定。大阳线如果出现在大幅度上涨之后的高位区域，往往是见顶信号，不但不会延续多头的强势，还会成为多空转折点；而大阳线如果出现在长时间或大幅度下跌之后，则意味着多方强势反击的开始；在股价反弹过程中突然出现大阳线，也往往会成为股价的短期高点。

如图 2-5 所示，该股在振荡盘升过程中，于 A 处突然收出一根涨幅超过 8% 的大阳线，但股价并未能继续强势上涨，反而在次日高开低走，A 处的大阳线也成为股价由涨转跌的拐点。

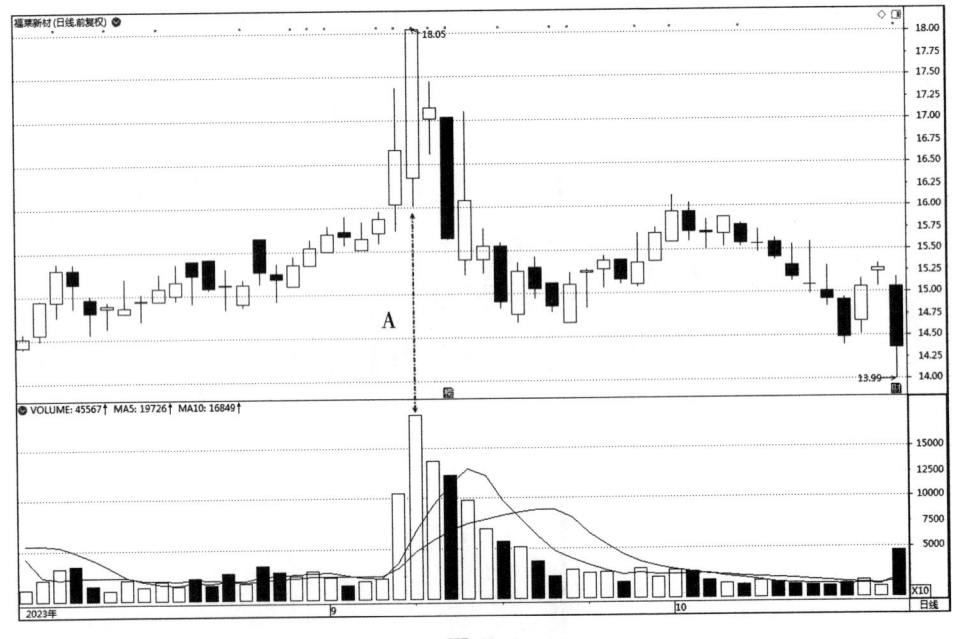

图 2-5

一些个股全天走势平淡无奇，尾盘突然拉升报收大阳线，这种具有偷袭性质的大阳线，多是受到消息面的影响或主力刻意操控，后期走势往往诡异多变。还是图 2-5 中 A 处的大阳线，这根大阳线形成的过程，见图 2-6 所示的分时走势：该股当日大部分时间，涨幅维持在 3% 左右，直至图中标示处才逐渐涨升至 8% 以上。

通过以上分析可见，实战中对于中大阳线要区别对待，不能见到 K 线冲到大阳线的幅度，就认为股价涨势已成定局，可以放心追涨，还要注意分析大阳线形成的过程和所处价位等技术环境因素。

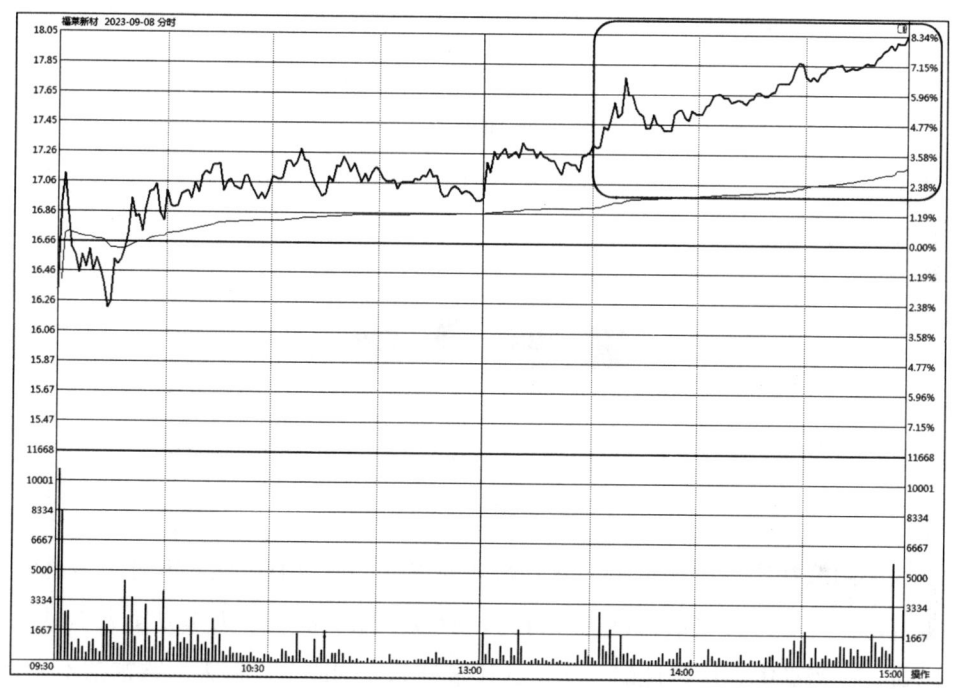

图 2-6

## 二、阴线的变化与技术意义

阴 K 线的出现（以日 K 线为例），说明当日盘中卖方占据一定的优势，否则 K 线不会收阴。与阳 K 线一样，也需要分析两个问题，验证卖方优势有多大：其一，收阴 K 线当日，股价是不是也显示为下跌；其二，当日阴 K 线的实体幅度有多大。

收阴 K 线当日，股价也处于下跌态势，说明对比上一个交易日，目前卖方仍旧占据优势。如果当日 K 线实体较大，进一步说明卖方的优势比较明显；如果 K 线实体较小，则说明卖方可能只是勉强占优或隐藏实力。

收阴 K 线当日，股价并未处于下跌态势，则说明卖方只是在当日盘中占据优势。如果当日 K 线实体较大，说明卖方打压力量较强；如果 K 线实体较小，则说明卖方能量不足，缺乏连续打压的动能。

阴 K 线的实体大小与影线的长短，都对交易者分析股价变化具有极其重要的意义。关于影线后面会讲到，这里先讲一下阴 K 线实体分析的部分。

1. 小阴线

阴 K 线同样是以股价的涨跌幅度来界定 K 线的大小，如图 2-7 所示。通常认为，跌幅在 3% 左右为小阴线，跌幅在 3%～6% 为中阴线，跌幅大于 6% 为大阴线。

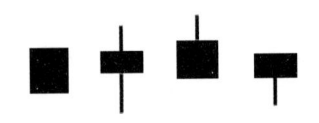

小阴线

图 2-7

小阴线在实盘中显示出卖方只是勉强占优，但也有可能是卖方主力隐藏实力，在大举进攻之前的试探性行为，所以不能一概认定为卖方实力不足。比如，在实盘中，连续性的小阴线，通常称为"阴跌"。每天的跌幅都不大，但连续性的下跌累计跌幅却不小，而且很容易让持仓者产生"跌不了多少"的错觉。

如图 2-8 所示，该股两次下跌波段，都采取了小阴线为主的"阴跌"方式，大部分时间里单日跌幅不超过 3%，但是两个下跌波段累计起来，股价的跌幅并不小。这种类型的下跌方式，很容易让持仓者大意，误以为"跌不了多少"，随之可能错过较佳的减仓时机。

实盘中，交易者不要被一些表面上显示"卖方后劲不足"的小阴线所欺骗，看起来不起眼的形态，却有可能带来难以承受的亏损。分析小阴线时，要注重分析 K 线所处的技术环境，从趋势或趋向上来综合评判小阴线是真的跌不动了，还是可能隐藏着绵绵杀机。

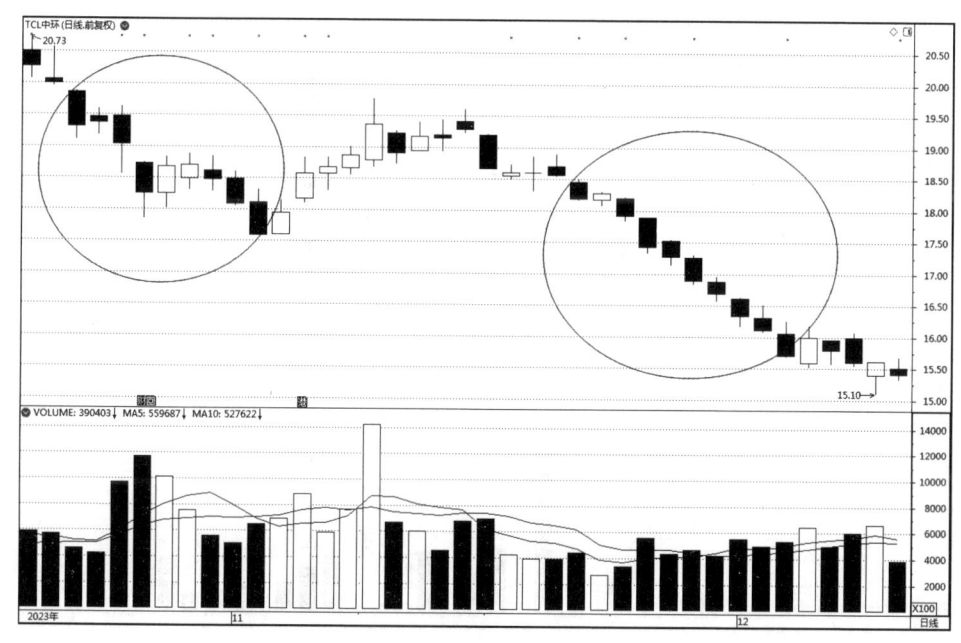

图 2-8

### 2. 中阴线

中阴线的出现，显示出卖方占据相对明显的优势，但并不具有主导性地位，暂时失利的买方也并未彻底放弃反击，多空双方仍存有继续争锋的能量。中阴线和中阳线一样，在K线图中具有趋向继续的意义。

实战中，有些个股以跌幅定义仅属于中阴线，却起到了大阴线的作用。比如图 2-9 中 A 处长上影线的中阴线，当日跌幅 3.23%，刚刚达到中阴线的跌幅标准，股价却由此产生拐点。

通过分析图 2-10 所示该股当日分时走势可以看到，该股当日虽然跌幅不大，振幅却超过了 8%。长长的上影线，其实掩藏了卖方的杀气腾腾。这种貌似中阴线，实质是大阴线的形态，值得交易者高度关注和警惕，不可以寻常视之。

### 3. 大阴线

大阴线从形态上来说是指开盘在最高价附近，收盘在最低价附近，实体较长的阴K线。同样就最常用的日K线来说，限于涨跌幅制度，跌幅

# K线技术分析与实战

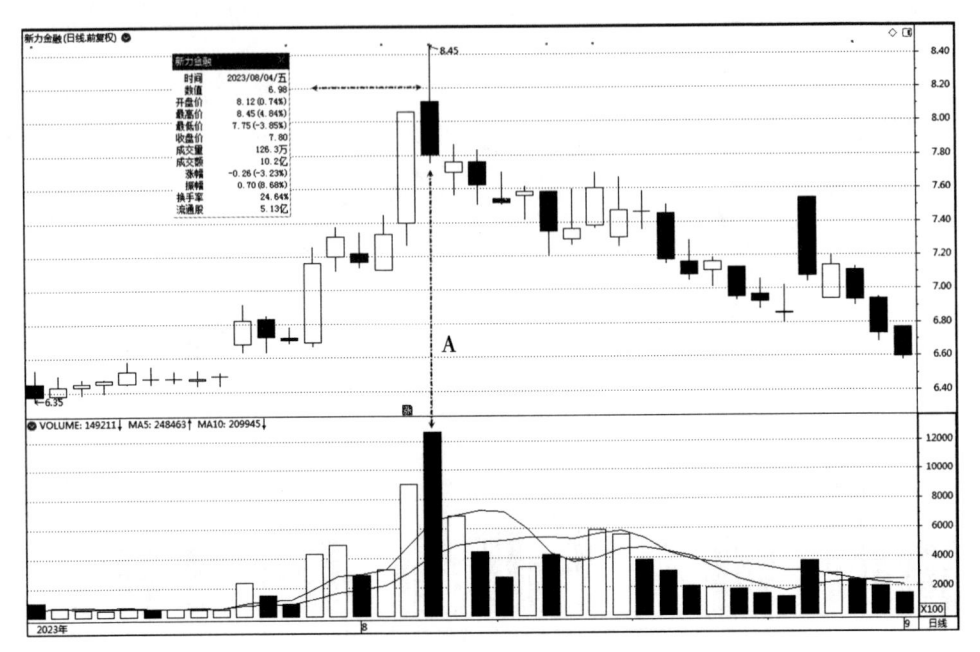

图 2-9

图 2-10

10%~20%是大阴线的极端表现形式。和大阳线一样，某些交易低迷的个股涨跌幅较为微小，可能一根跌幅2%的K线在其K线图中都类似中大阴线。所以定义大阴线也应在参考K线形态的同时，还有跌幅上的条件限制。

没有上下影线的大阴线，称为光头光脚大阴线，这种类型显示空方占据主导性的地位。具有上影线的大阴线，显示多方虽然出现过抵抗，但仍旧完败于空方强大的抛压或是空方虚晃一枪制造的多头陷阱，意在最大程度地绞杀多方力量。具有下影线的大阴线，显示空方遭遇多方强烈抵抗，可能意味着空方阵营并不稳固，后市存在变数，或是空方刻意为之，意在测试多方残存力量的强弱，如图2-11所示。

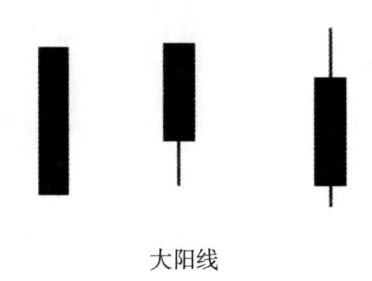

大阳线

图 2-11

大阴线在K线图中最显著的技术含义，就是代表着卖方极其强势的状态和主导性的地位。和大阳线类似，大阴线的强势状态是否具有持续性，并不由这根大阴线本身决定，而是由其所处的技术环境所决定。

大阴线如果出现在大幅上涨之后的高位区域，那么见顶信号的强烈程度远远超过其他K线形式，即使这根大阴线出现的价位不是最终顶部高点，也会是重要的、大级别调整的高点。

如图2-12所示，该股在一波反弹的高位出现一根高开低走的大阴线，虽然股价当日跌幅只有6%，但是通过图2-13分时走势可以看到，股价从涨停板位置一路下跌，当日振幅高达16.63%，主力资金逃逸迹象非常明显。这种类型的大阴线出现在相应的股价高点，对于交易者来说，就是明确的卖出信号。

# K线技术分析与实战

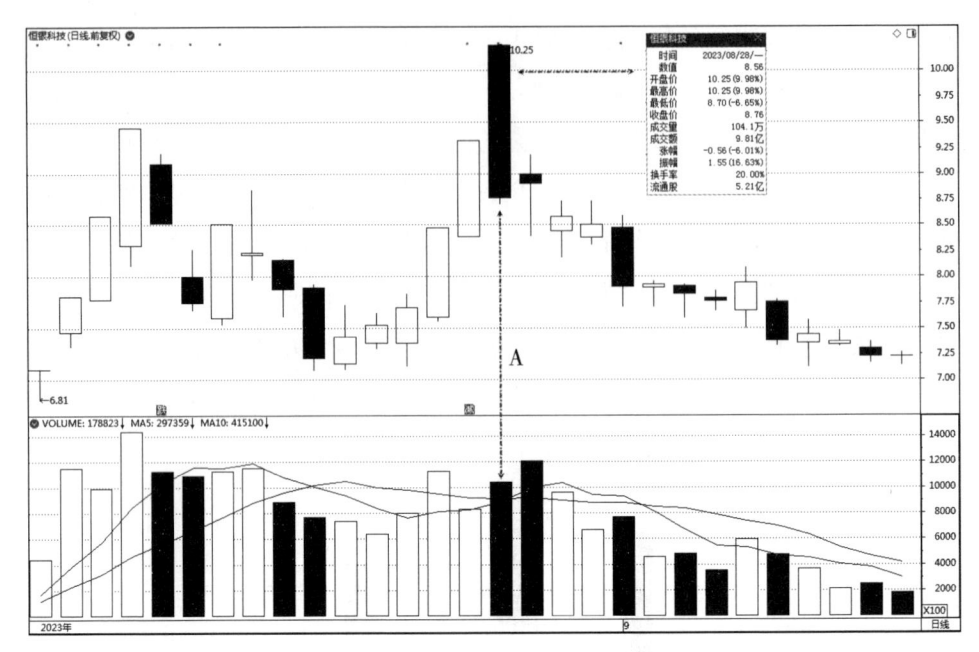

图 2-12

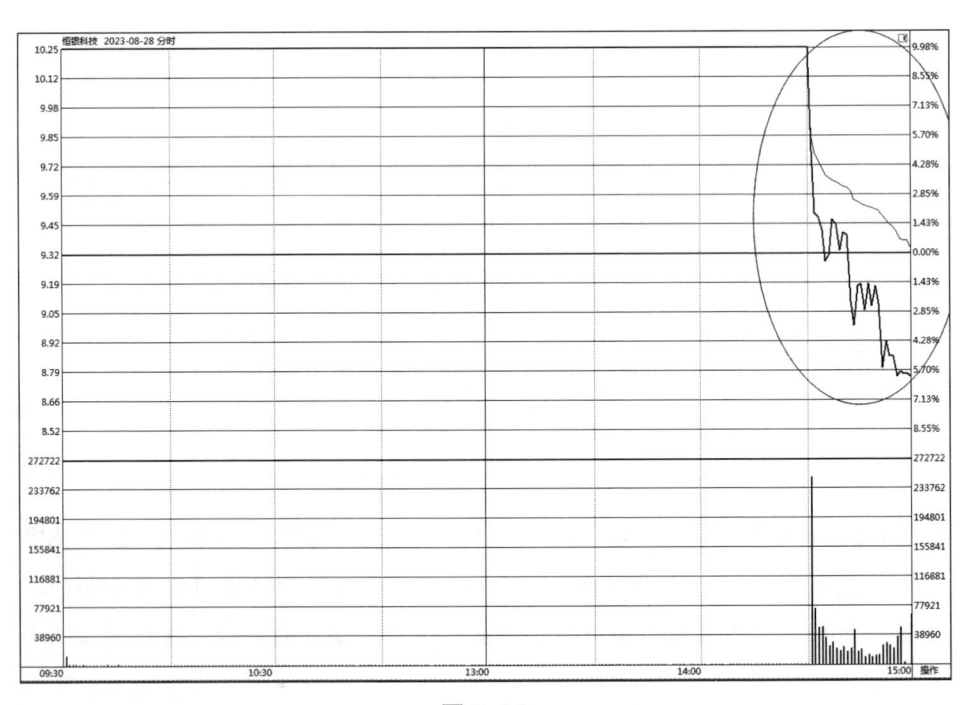

图 2-13

实战中，大阴线带给交易者的通常都是恐慌和忧惧，但是一个专业交易者不能全部依靠感觉来决定交易。分析大阴线出现的技术环境、大阴线的内在构成，才能决定这根大阴线究竟是应该卖出，还是应该买进。

如图 2-14 所示，该股连续两个涨停板后，于 A 处低开低走，最终大跌 12.21%，报收一根大阴线。在图 2-14 中，加入了 5 日、10 日两条短期均线。根据均线相关理论，这两条短期均线的主要作用，不在于观测对股价有无支撑，而在于测试股价涨升强度的下降程度。通常来说，最强势的调整，股价会在 5 日均线上转跌回升，次之在 10 日均线上。

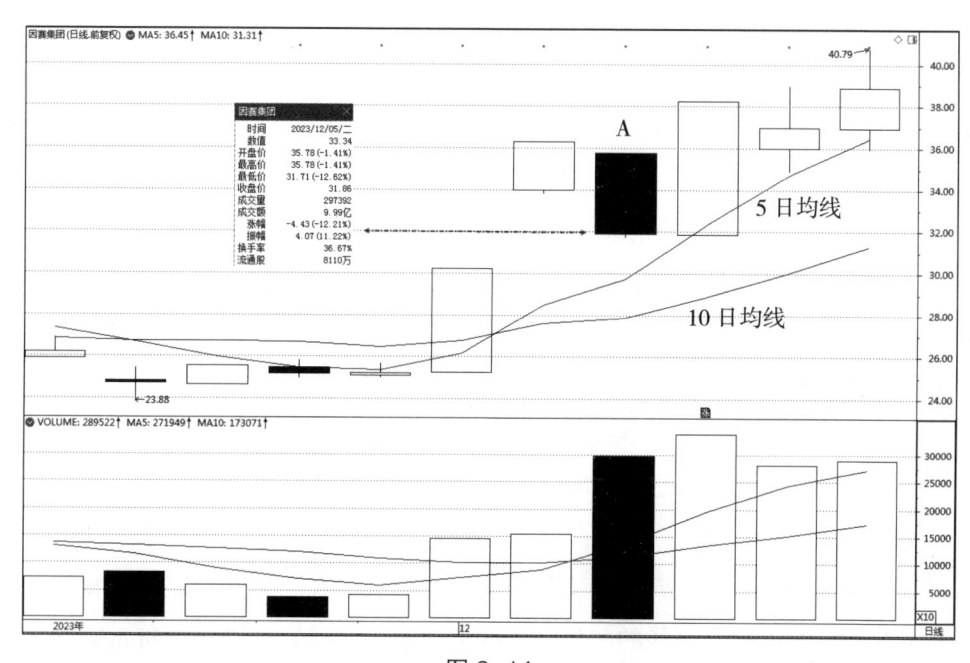

图 2-14

图 2-14 中 A 处之前股价连续两个涨停板的强势上涨，必然给低价介入的持仓者带来一定程度的兑现欲望，同时过快的拉升也不利于提高市场介入成本，所以 A 处股价调整的出现有其必然性。

大阴线形态的调整，有主力资金高卖低买降低持仓成本的需要，同时也能起到恐吓持仓者卖出的作用。这时交易者辨别大阴线的真伪，就可以用到 5 日、10 日两条短期均线。利用这两条短期均线，测试股价调整强度，为自己的交易设定防线。图中 A 处股价调整至 5 日均线上方，次日触及 5 日均线后便转跌回升，显示出股价仍旧具备强势涨升的能量。

### 三、十字星与十字线

十字星与十字线，是两种外观非常类似于"十"字的 K 线形态。

构成上，十字星的开盘价和收盘价非常接近，所以 K 线实体部分非常小。收盘价高于开盘价为阳十字星，收盘价低于开盘价则为阴十字星，如图 2-15 所示。

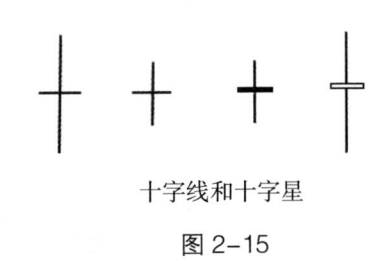

十字线和十字星

图 2-15

十字线是指开盘价和收盘价一致，具有上下影线的 K 线。在交易软件中，十字线因开盘价和收盘价一致，一般用白色标示。二者的技术意义并无太大差异，实战中十字星更为常见。

无论是十字星还是十字线，虽然它们的开盘价和收盘价接近或一样，但盘中都有明显的上涨和下跌过程，只是买卖双方都未能扩展自己的优势，最终买卖双方趋于平衡。

如图 2-16 中 A 处所示，该股开盘价与收盘价有三分钱价差，收盘报收十字星。虽然仅有三分钱的实体，K 线更像是十字线，但当日股价走势并不意味着风平浪静。如图 2-17 所示，为当日该股的分时走势图，股价上下波动，当日振幅超过 9%。

分析十字星或十字线，应着重分析股价波动幅度与收盘价之间的关系，加入个股所处的技术环境，由此可以判断股价是否接近重要的拐点。

十字星或十字线的技术含义，更多的是显示盘中买卖双方之间经过拉锯战之后的力量平衡，但在博弈中，几乎所有的平衡都是用来打破的，绝不是用来长久维持的，所以这种 K 线形态告诉我们的绝不是股价平稳、变化不大，

第二章 单K线与影线分析

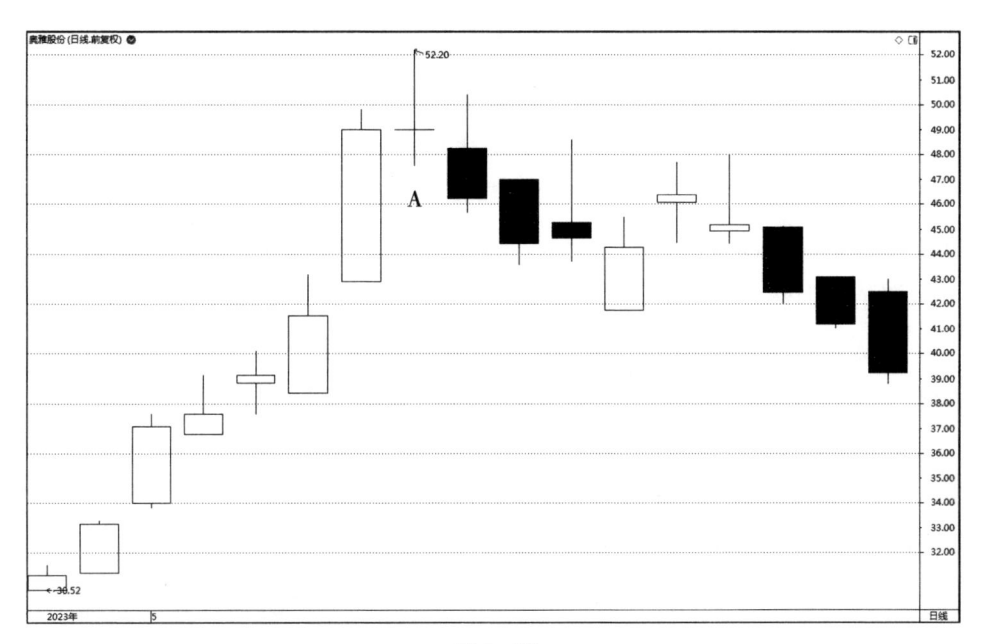

图 2-16

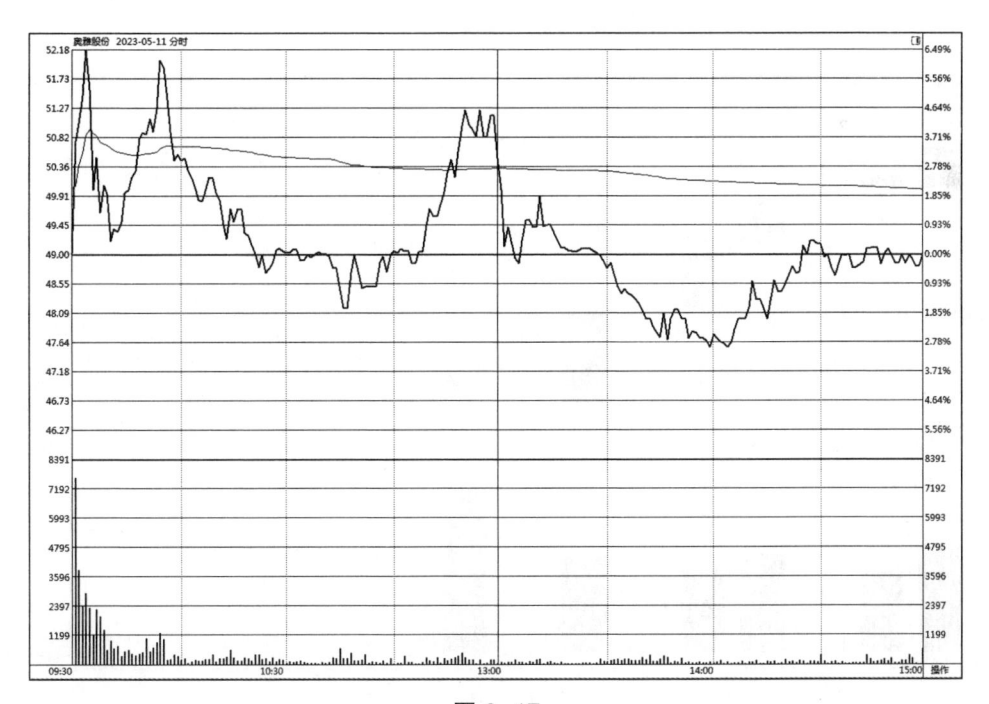

图 2-17

- 29 -

反而应该是高度警惕价格突变可能已经临近。无论是十字星还是十字线，其影线越长，所代表的技术信号越强烈。

当涨幅较大或涨势运行时间较长后出现十字星或十字线，尤其是上影线极长的十字星形态，更应当引起高度警惕，如图2-16所示。从资金流动的角度来说，买方优势明显的境况下，突然出现所谓的买卖平衡，预示着必然有大资金在悄然卖出。

在股价跌幅较大或跌势运行时间较长后出现的十字星或十字线，有可能迎来股价反弹，如图2-18中A处所示，该股报收十字线，之后股价展开反弹。

除了上述大涨、大跌两种情况之外，在上涨或下跌中途以及振荡过程中出现十字星时，只是说明多方或空方的宣泄过程达到一个相对的平衡点，在防守一方并未发起主动性攻击的情况下，这时的十字星并不代表价格必然发生转折，它的出现只能说明攻击方需要通过休整来积蓄持续运行的能量，图2-18中B处所示的十字线就属于这种情况。

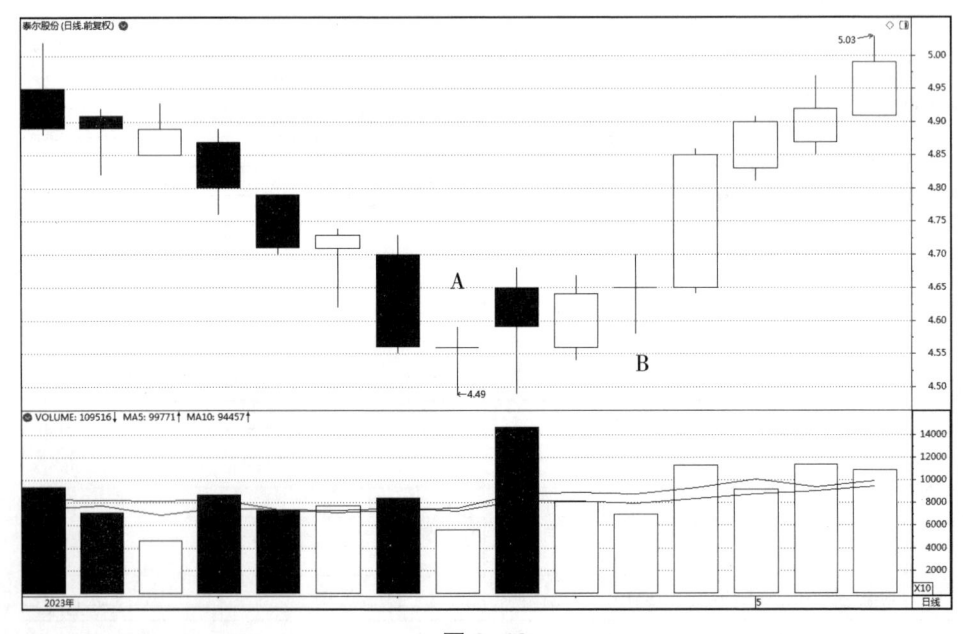

图 2-18

## 四、一字线

一字线是一种如同"一"字一样的K线形态。构成上，一字线的开盘价、收盘价、最高价、最低价都在同一价位，既不具有上影线和下影线，也不具有明显的实体。一字线大多出现在涨停价开盘或跌停价开盘的极端强势个股上，代表买方或卖方具有绝对主导地位。

从资金流动的角度来说，连续的暴涨必将导致低位介入资金的获利程度迅速提升，提升的速度越快、幅度越大，其兑现利润离场的欲望就越大；而连续暴跌也是同样的道理，跌速越快、跌幅越大，对于准备买入资金的诱惑就越大。

图2-19中连续出现4个一字线涨停板，其成交量非常微小，显示盘中卖单极少，买方的主导性地位非常明确，但单方向上的过度强势必然引发买卖双方激烈的对决。图2-19中，结束连续性一字线涨停板，采取了同样极端的跌停板的方式。买方从绝对强势的一方，迅速转化为绝对弱势。

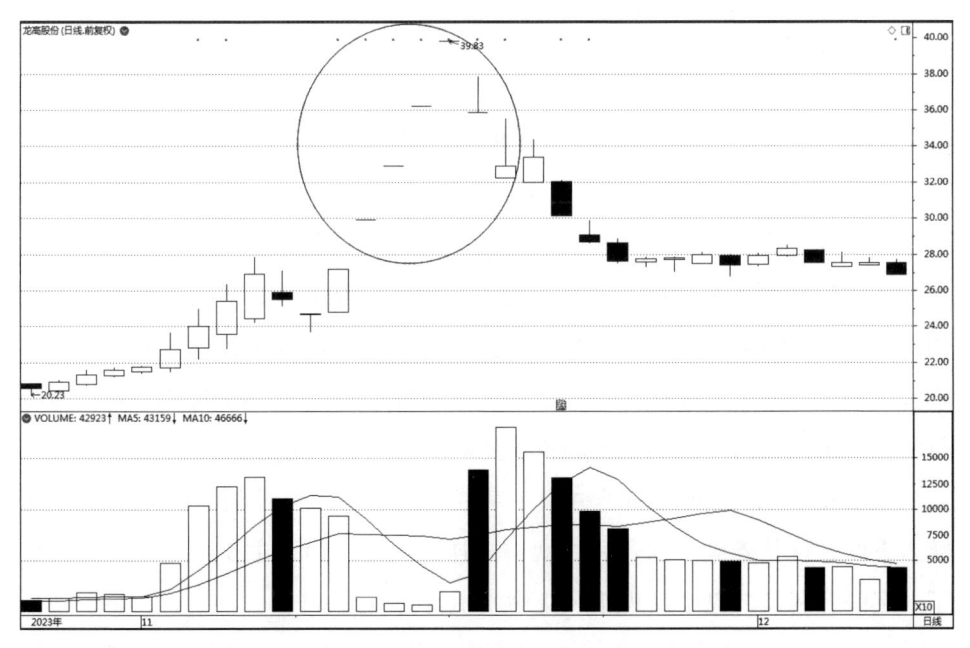

图2-19

实盘中，买卖双方的转换非常频繁，很多资金是追逐股价变化来决定交易方向：涨时追涨，跌时跟风杀跌。所以，当股价处在极端走势的尽头时，成交量会大幅放大。一字线存在期间，成交量不会过度放大，一旦出现放大迹象时，交易者不必等待涨停板打开，就应该提前减仓。

### 五、T字线与倒T字线

T字线是指像英文字母"T"一样的K线形态，倒T字线是指像倒过来的英文字母"T"的K线形态。

构成上，T字线是指开盘后价格出现下跌，但在收盘时价格重新回到开盘时的价位，开盘价和收盘价相一致的K线形态。倒T字线是指开盘后价格出现上涨，但在收盘时价格重新回到开盘时的价位，开盘价和收盘价相一致的K线形态。如图2-20所示。

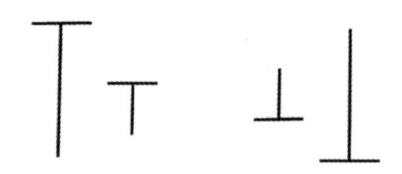

T字线和倒T字线

图2-20

T字线、倒T字线这两种K线形态和十字星的技术意义有相同点，T字线、倒T字线所要显示的是买方或卖方一种逆向反击行为或诱惑性的骗线行为。T字线、倒T字线的影线越长，其趋向中止的技术含义越强烈，从技术环境上来说，连续大涨或大跌之后出现影线较长的T字线或倒T字线，即使行情并未由此转向，但小级别的价格逆向波动几乎不可避免。

图2-21中，A处出现了一根T字线，次日再封涨停板，但随后股价便转入下跌。这是连续上涨过程中卖方的逆向反击行为，主要是连续上涨累积了一定的获利盘，盘中出现跟风集中卖出行为所致。

一般来说，只要形成T字线涨停板，说明买方的强势仍旧存在，后续走势还可以暂作等待。但是实盘中要注意两点：其一，T字线的长度，过长

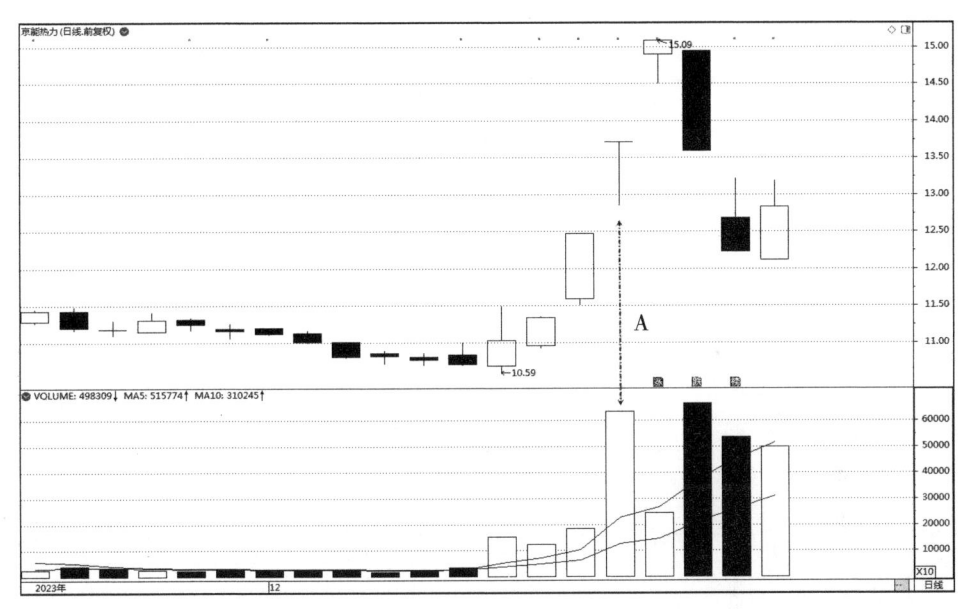

图 2-21

的下影线会过多消耗买方的力量；其二，成交量大幅放大，说明卖方不是一般性的散单，存在主力行为的可能性。

如图 2-21 中的 A 处，这两点基本都具备。图 2-22 是 T 字线当日的分时走势，图中可见，当日股价从涨停板一直回落到 3% 左右才回收，也就是说回落幅度达到 7% 左右，几乎抹平涨停板的幅度，同时成交量也明显大幅放大。虽然该股之后再次报收涨停板，但这根 T 字线无疑消耗了买方过多的能量，致使涨势很快就终结了。

实战中，很多类似形态个股次日的走势，可能不会像图 2-21 中的个股这么强势，还能够再次封上涨停板，而是大多会选择直接低开低走，交易者要注意选择交易时机。

实盘中，个股出现 T 字线或倒 T 字线，要特别注意减少交易频率，谨防弱反弹或主力资金骗线行为。如图 2-23 所示，股价从横向波动的状态中向下跳空，A 处形成倒 T 字线跌停板收盘。图中可见，这根倒 T 字线的上影线较短，说明买方的反击力度比较有限，同时成交量有序放大，也说明卖方保持强势压制的态势。

# K线技术分析与实战

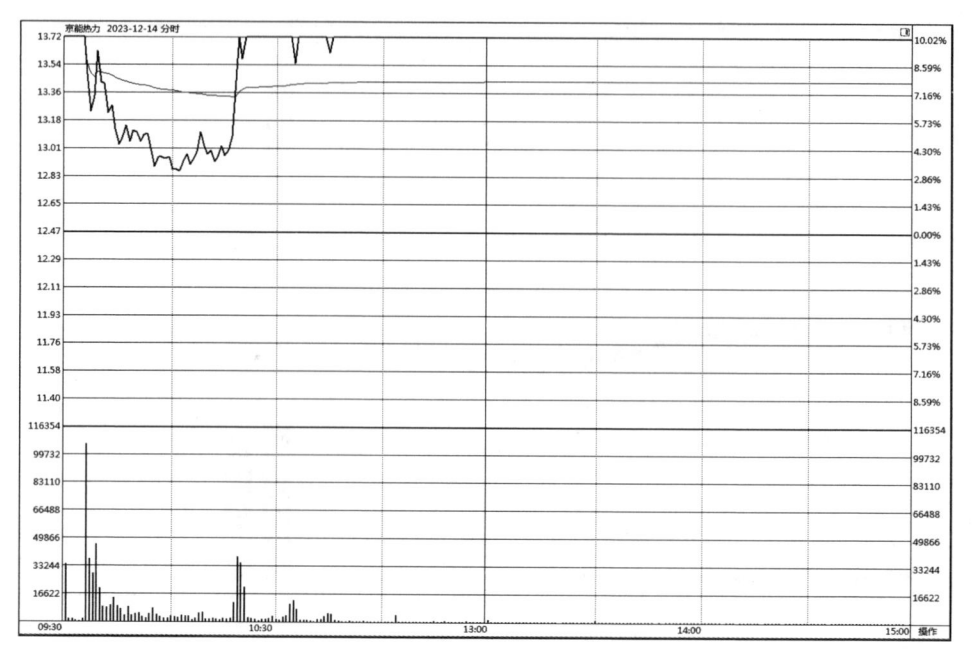

图 2-22

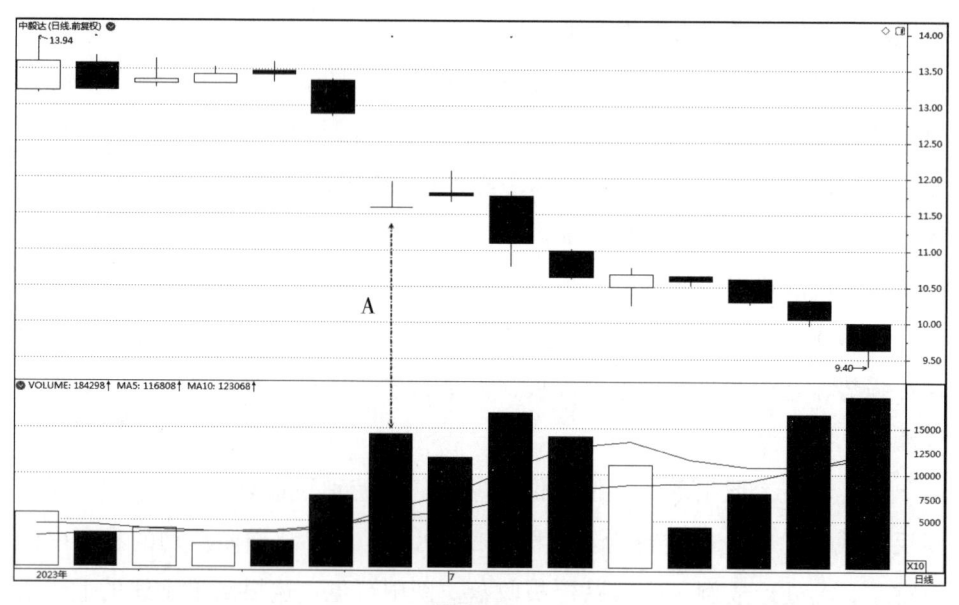

图 2-23

图 2-24 是 A 处倒 T 字线当日的分时走势图,图中可见,股价只是在开盘后极短的时间内出现一个微弱反击,很快就被卖单淹没,股价再次封上跌停板。这种盘中走势和 K 线形态,都说明买方几乎没有还手之力,交易者不可贸然进场博反弹。

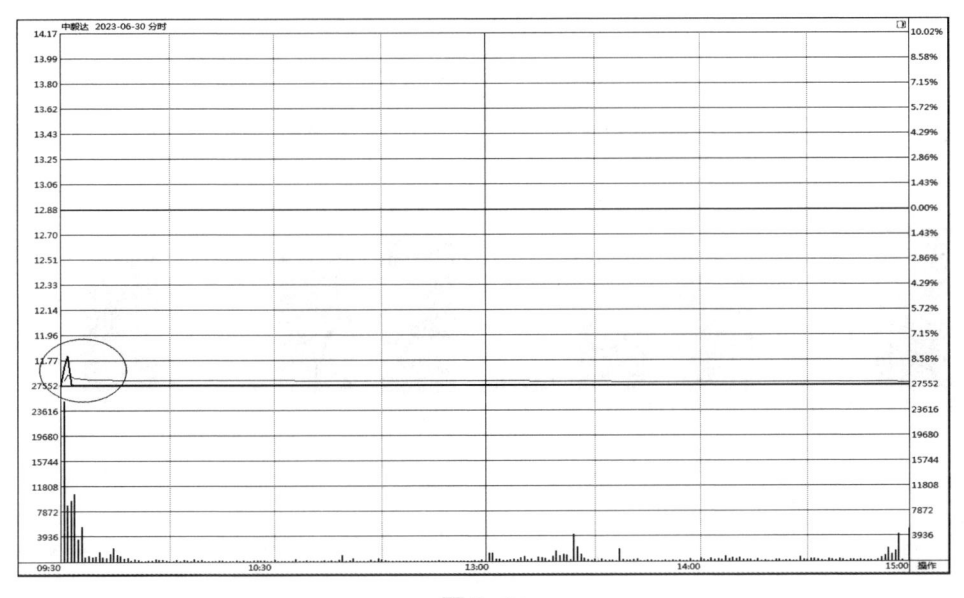

图 2-24

如图 2-25 所示,股价在下跌过程中出现倒 T 字线,这根倒 T 字线的形成过程,见图 2-26 的分时走势。图中可见,当日股价跌停开盘后,迅速展开反弹,反弹强度较高,一度逼近昨日收盘线。

这种反弹形态明显区别于图 2-24 中的弱反弹,所以可能会对急于入场抢反弹的资金带来较大的诱惑。从图中成交量放大的情况分析,当日确实有资金进场,但是从图 2-25 中可以看到,A 处之后股价并没有太大起色,次日仍旧保持"下跌—反弹"的弱势格局。这个案例中出现的倒 T 字线,极有可能就是主力资金制造的骗线。

总而言之,T 字线和倒 T 字线是偏重于风险提示的 K 线形态,交易者对于这两种 K 线形态,要保持高度警惕。有时候并不确定该不该买入时,放弃交易是最好的选择。

# K线技术分析与实战

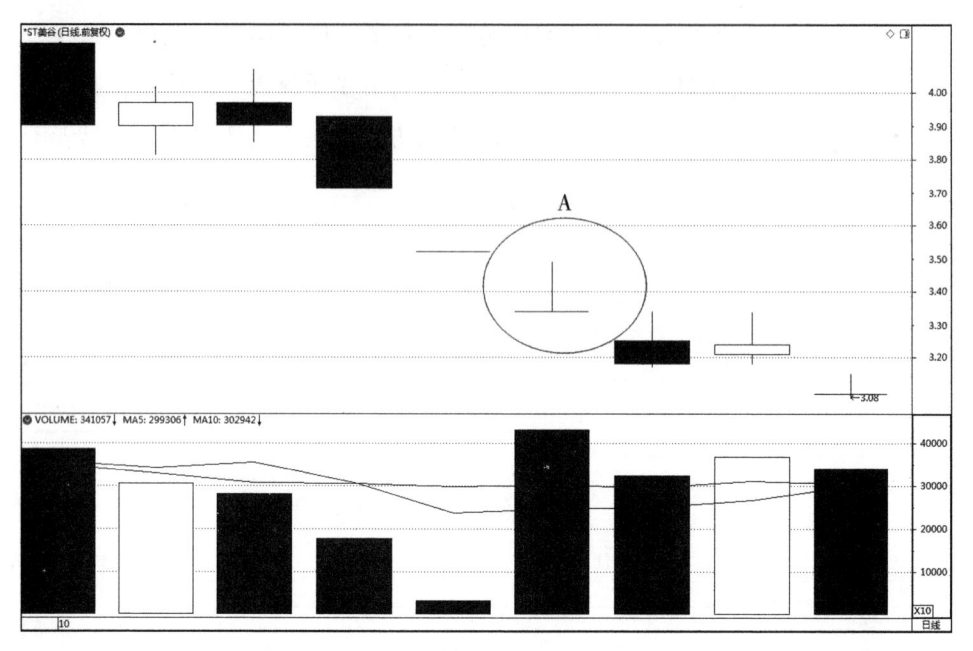

图 2-25

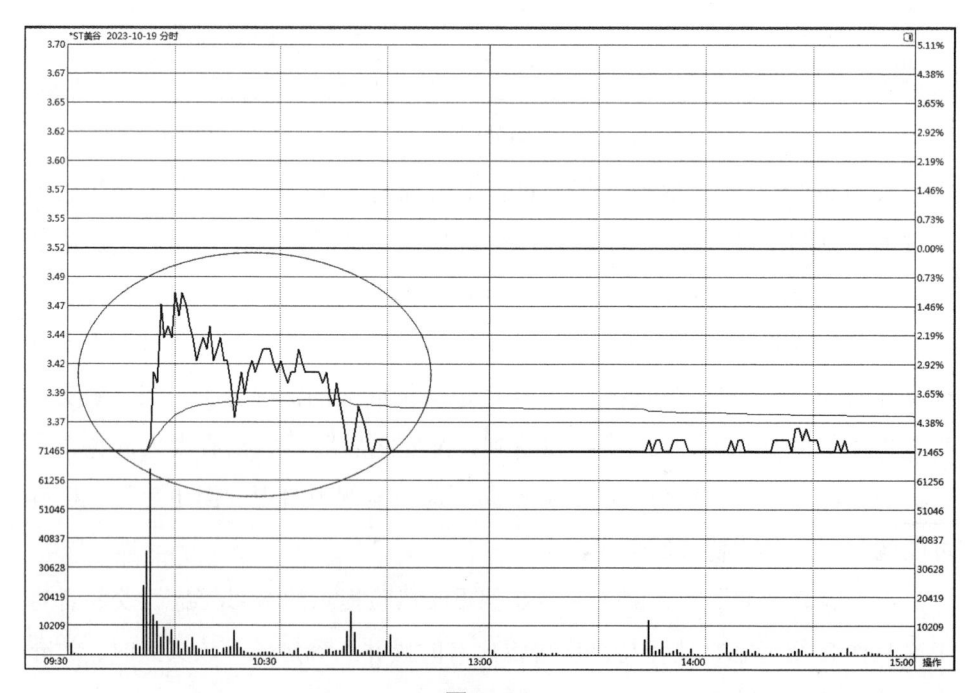

图 2-26

## 六、锤头线与倒锤头线

锤头线是指像"锤子"一样的 K 线形态，倒锤头线是指像倒过来的"锤子"一样的 K 线形态，如图 2-27 所示。

**锤头线与倒锤头线**

图 2-27

构成上，锤头线是指开盘后价格出现下跌，但在收盘前价格重新回到开盘价上下的 K 线形态。收盘价高于开盘价的，为阳锤头线；收盘价低于开盘价的，为阴锤头线。部分锤头线的变形，可以有较短的上影线。

倒锤头线是指开盘后价格出现上涨，但在收盘前价格重新回到开盘价上下的 K 线形态。收盘价高于开盘价的，为阳倒锤头线；收盘价低于开盘价的，为阴倒锤头线。部分倒锤头线有较短的下影线。

实战中锤头线和倒锤头线出现的几率远高于 T 字线和倒 T 字线，二者之间的主要区别在于：其一，锤头线和倒锤头线具有小阴或小阳的 K 线实体；其二，T 字线和倒 T 字线可以有相对较短的影线，而锤头线和倒锤头线的影线必须较长，通常应为实体的两倍以上，否则应视为小阴线或小阳线。

锤头线的形态说明盘中卖方发起过向下的强烈攻击，但随后买方反击并将卖方之前的大部分优势化解。从技术环境的角度进行分析，这种 K 线形态如果出现在连续下跌之后，则多是反弹信号。如图 2-28 所示，该股连续下跌后至 A 处出现锤头线，股价由此展开反弹。

锤头线如果出现在连续大涨之后，且实体极小、下影线极长，多称之为吊颈线，为短线见顶信号。如图 2-29 所示，A 处出现锤头线后，虽然次日股价仍有上冲，但最终还是冲高回落。锤头线在趋势运行过程中出现，具有趋向内振荡和休整的含义。

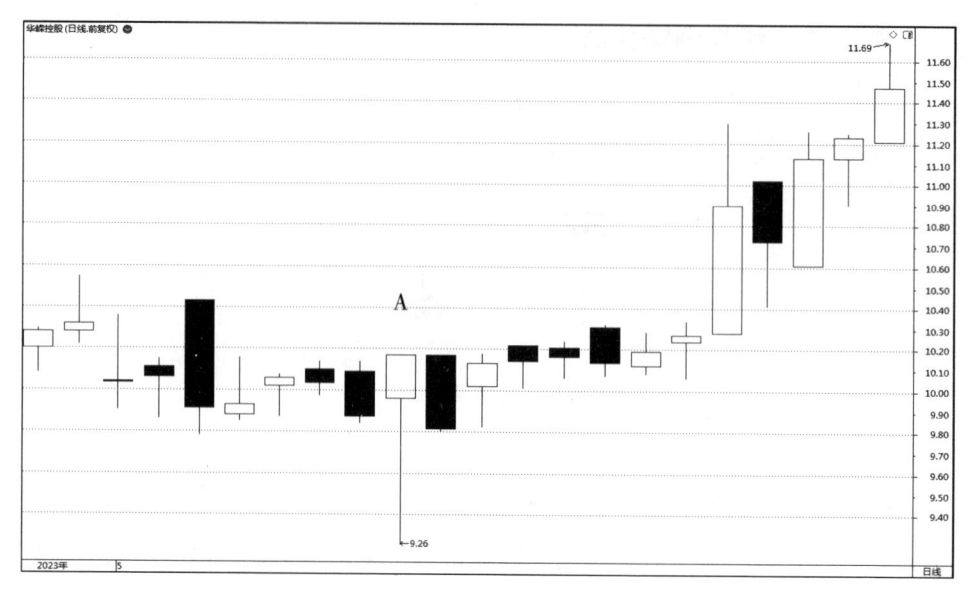

图 2-28

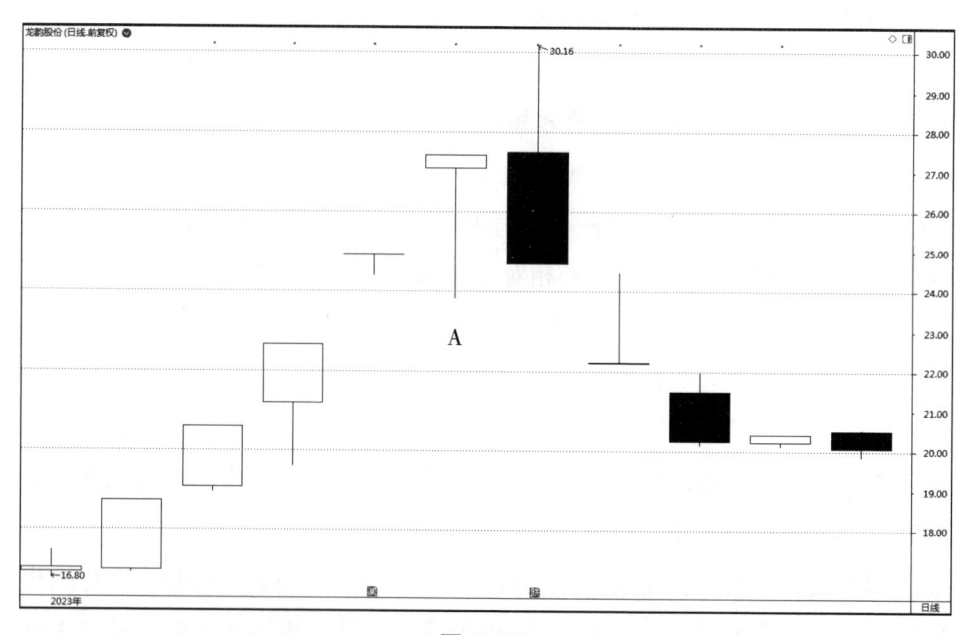

图 2-29

倒锤头线所显示的是盘中买方一度展开上攻，但是最终在卖方打压下无功而返。从技术环境的角度进行分析，这种 K 线形态如果出现在连续大涨之后，多会成为短线见顶信号。如图 2-30 所示，A 处出现倒锤头线后，股价展开回落调整。倒锤头线出现在连续大跌之后，则多是买方大规模反攻前的试盘行为。

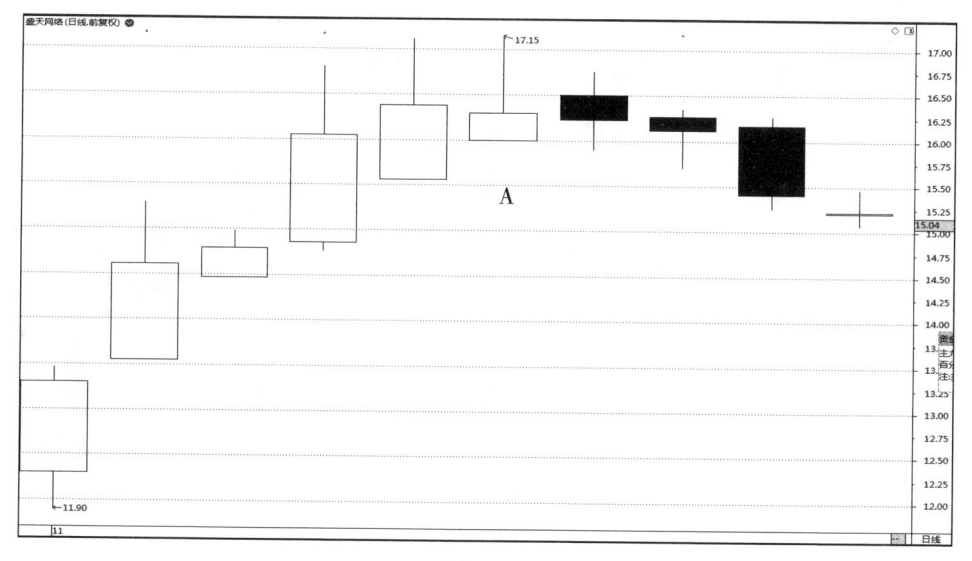

图 2-30

倒锤头线在趋向运行过程中出现，具有趋向内振荡和休整的含义。如图 2-31 所示，该股处于一波下跌过程中，分别于 A 处和 B 处出现倒锤头线，但股价并未由此止跌，而是振荡后继续下跌趋向。

分析倒锤头线能否成为止跌信号，重点在于股价所处的技术环境。比如，案例中个股虽然处于下跌过程中，但下跌过程中时有幅度不等的反弹发生，下跌过程并不连续，也不急促。在这种技术环境下出现的倒锤头线，只能认定为弱反弹性质，而不太可能具有止跌的属性。

## 七、螺旋桨

螺旋桨是指像"螺旋桨"一样的 K 线形态，如图 2-32 所示。

构成上，螺旋桨是指同时具有较长的上下影线，而实体部分呈小阳或小阴的 K 线形态。螺旋桨这种 K 线形态应为长十字星的衍变形态，只不过实体部分要大于长十字星，一般实体可以达到小阳或小阴的标准。

# K线技术分析与实战

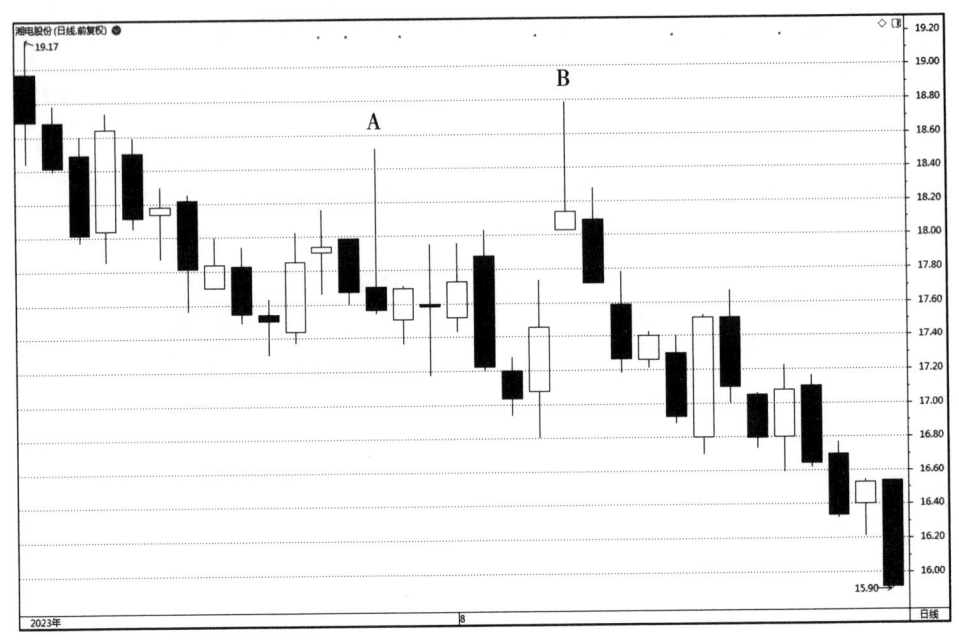

图 2-31

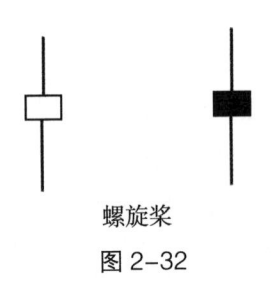

螺旋桨

图 2-32

　　螺旋桨较长的上下影线显示盘中多空争斗颇为激烈，双方在相对较大的价格空间内反复拉锯，但最终并未显现出某一方明显的优势。一根K线展现出多空激烈争斗后的平局，在技术环境中却绝不仅仅具有平局的含义，平局有时显现出的却是扭转或者重大变局。

　　当螺旋桨K线形态出现在较大涨幅之后，说明一向顺风顺水的多方遇到了空方的强力反击或挑战，而能够在多方统治阶段获取一根K线上的平局，证明空方至少已经做好全力反击的准备，接下来如果空方接连不断地发起对于涨势的侵蚀，那么螺旋桨K线形态就意味着价格顶部信号的出现。同样的道理，当螺旋桨 K 线形态出现在较大跌幅之后，则可能是价格底部信号。如图 2-33 所示，A 处和 B 处出现螺旋桨形态后，股价由此转入下跌趋向中。

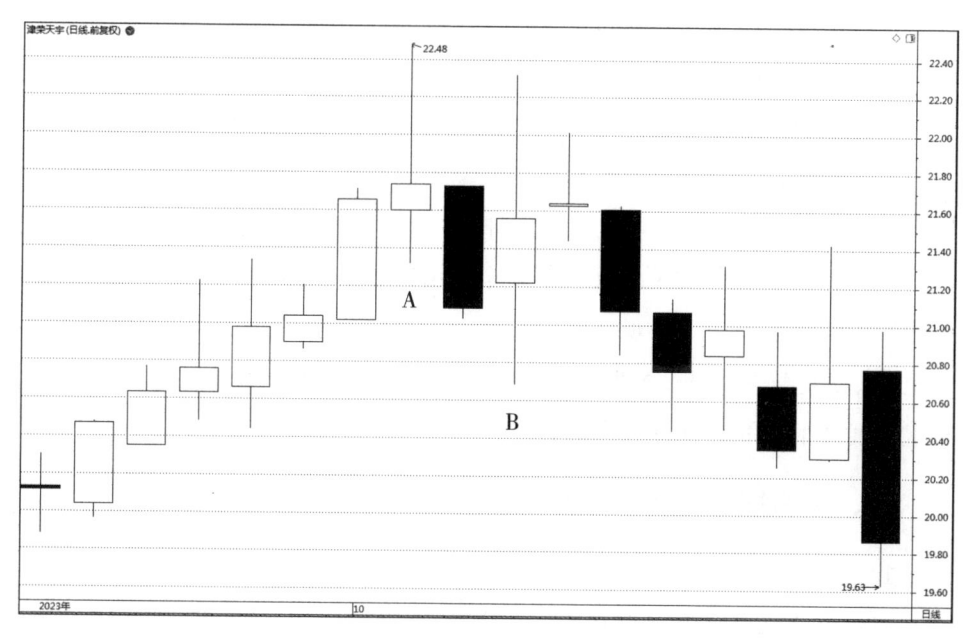

图 2-33

实战中，单 K 线发出见顶或见底信号后，并不意味着股价马上就会扭转到上涨或下跌趋向中，有时信号出现后股价仍会维持一段时间原有的趋向。上述重要单 K 线多是典型的 K 线形态，K 线构成形态在实战中的衍变较为繁杂，很多变化往往由这些典型形态引申而出，无法一一列举，但是技术意义并无太多变化，可参考典型形态。

## 第二节　不可忽视的上下影线

在实盘分析 K 线的过程中，会发现多数 K 线带有长短不一的上影线或下影线，这些影线代表股价盘中的波动幅度和方向，尤其是较长的影线更具有分析价值，对于判断 K 线技术意义具有重要的作用。

前面讲到的十字星、十字线、T 字线、倒 T 字线、锤头线、倒锤头线、螺旋桨等 K 线形态都带有影线，而且影线的存在决定了这些 K 线的构成，在实盘中，多数阴 K 线和阳 K 线也带有影线。

影线的存在，总会让买入者或卖出者多了一份期待。比如，卖出者看到长长的上影线，会为自己及时卖出而庆幸不已；买入者看到长长的下影线，则会为买入就获利而欣喜不已，类此种种，不一而足。

其实影线的具体技术意义，不是全部由其本身决定的，还需要重点关注影线所处的技术环境。外观一样的 K 线、影线，其涵盖的技术意义可能差之千里，甚至是截然相反。本节选取涨势中、顶部、跌势中、底部这些技术环境，将上影线和下影线分别进行讲解。

## 一、上影线的重要交易点

1. 底部与涨势中

股价处于底部或上涨过程中，K 线带有较长的上影线，大多有以下几种原因：其一，卖方集中打压，遇阻回落；其二，主力资金诱导性减仓；其三，主力资金试盘；其四，清洗获利盘。

如图 2-34 所示，股价在底部构筑过程中，于 A 处和 B 处出现带有较长上影线的 K 线，之后股价振荡回落，甚至一度创下股价新低。在这个案例中，A 处和 B 处的上影线 K 线就具有比较明显的试盘意图，即通过股价两次冲高过程来测试股价上方卖压的强度，以便为之后的运作做好准备。

图 2-35 就是 B 处当日的分时走势图。股价开盘后急速上涨，随后回落振荡，如果存在大量急于套现的卖盘，可能就会选择在这时抛出。经过测试，主力资金发现上方并没有过于沉重的卖压，于是试盘结束，进入挖坑阶段，目的就是在正式拉升前，将套牢盘和低位介入者尽量驱赶出去，这个过程也可以称为洗盘。在实盘中，也有部分个股试盘结束就直接拉升的，挖坑并不是必备环节。

# 第二章 单K线与影线分析

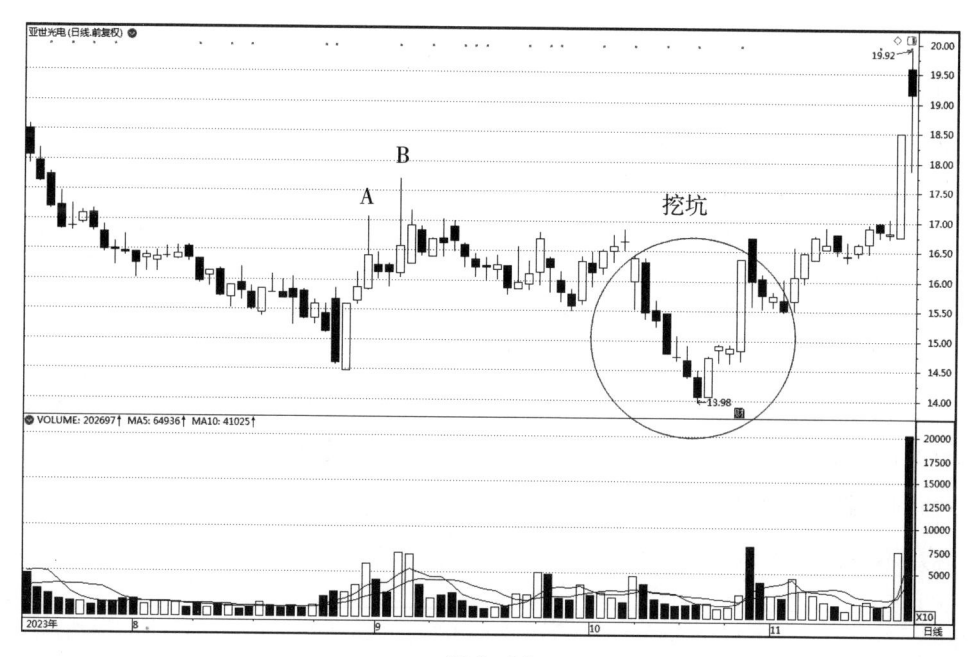

图 2-34

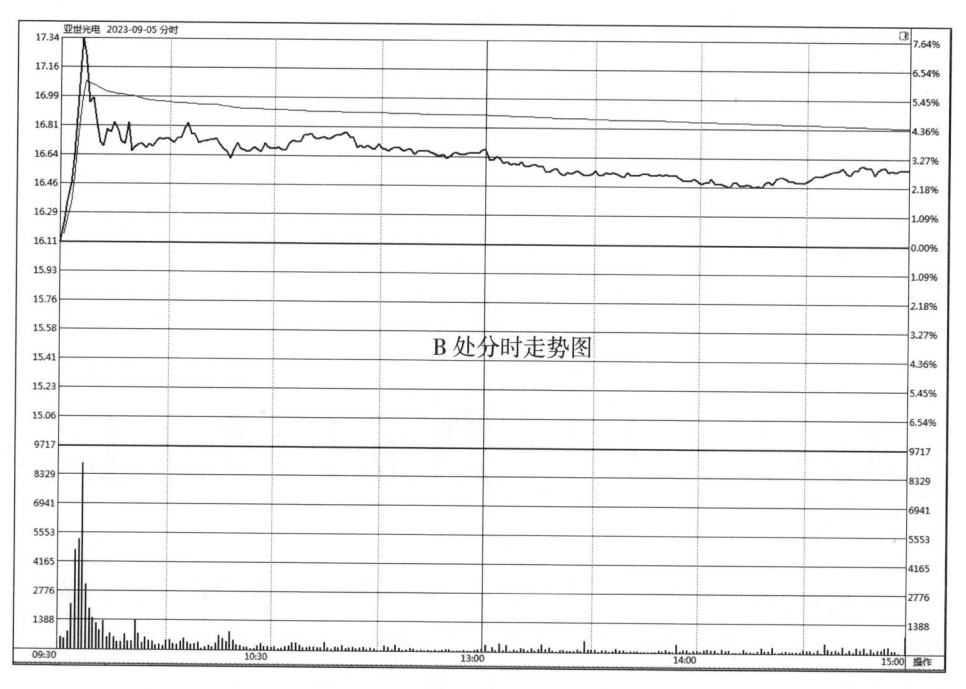

图 2-35

这个案例所讲的，就是股价处于底部构筑过程中，K线出现上影线的作用之一——试盘。试盘的作用，有时不仅仅体现在测试股价上方压制上，还可以在帮助主力资金清洗低位筹码等方面起到作用。

以图2-34为例，比如有短线交易者在A处或B处股价冲高的过程中追涨买入，那么在随后股价向下振荡尤其是挖坑过程中，可能大多会选择止损卖出；甚至一些更低价位的持仓者，也会因为悲观情绪而失去继续持仓的信心。

至于主力资金诱导性减仓，主要是指主力资金利用股价冲高时故意以大单减仓。如图2-36所示，就是股价处于涨势中K线出现上影线的情形，图中可见，每一次出现相对较长的上影线或上影线集中出现时，股价都会面临幅度不等的回落调整。

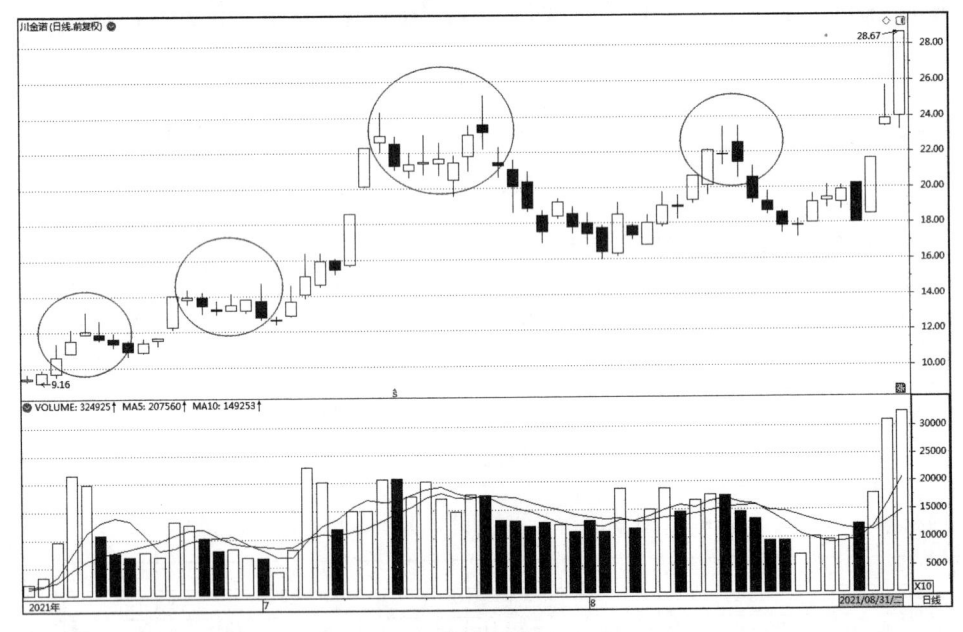

图 2-36

这样做有两个目的：一是制造恐慌，让持仓者跟风卖出；二是通过高位减仓、回落后低位补回的策略，不断降低自己的持仓成本。所以，有时候预估主力资金建仓成本时，要充分考虑股价的振荡程度，越是振荡频繁的个股，主力资金的建仓或持仓成本越低。

至于卖方集中打压，遇阻回落带来的上影线，是没有主力资金主动或大幅参与下的股价自然表现，这种情形下K线的上影线往往不会很长，具体分析价值不大。

2. 顶部

在股价顶部或反弹高点区域，上影线可以说是最常见的K线表现形式。主力资金为了顺利完成出货任务，拉高出货或减仓是最基本的手法。如图2-37所示，在A处的股价顶部区域，K线多次出现长短不一的上影线。

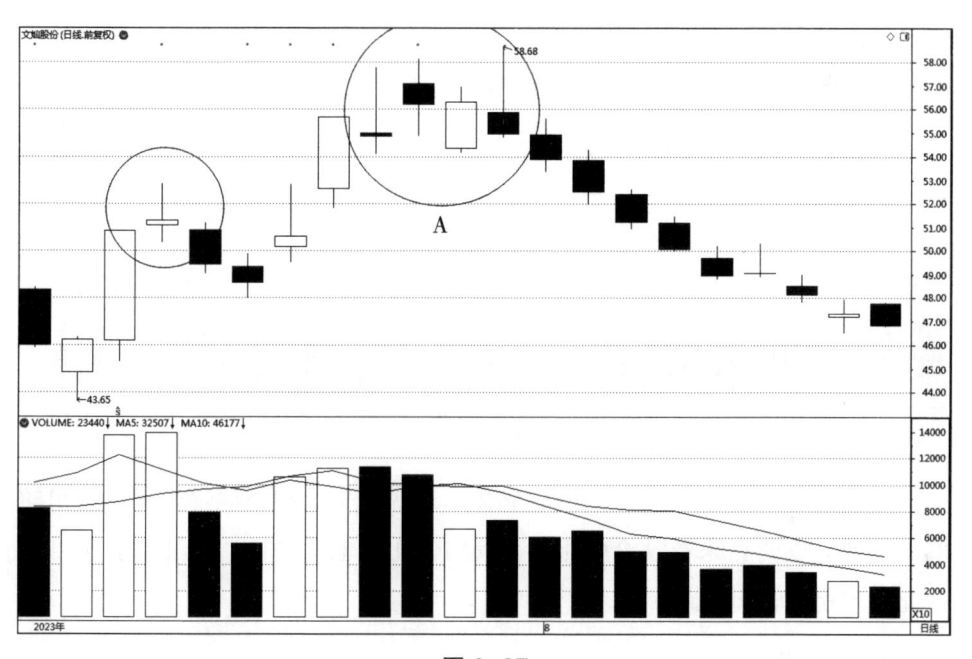

图 2-37

可能有人会说，主力资金拉高不也需要买入吗？主力资金在出货阶段，会通过对倒等手法刻意制造股价交易异常火爆的假象，随着大批的市场跟风资金开始进场参与，主力资金分阶段、分批次有计划地卖出筹码，几乎不会被市场资金察觉。至于在这个过程中被动买入的"启动"筹码，相对于主力资金卖出的数量，可以说根本不值一提。

图 2-38 是该股下跌途中多个反弹高点的 K 线形态，几乎都存在上影线，而且大多处在股价反弹的最高点上。在实盘中，交易者需要高度警惕出现长上影线的同时，成交量也放大，尤其是成交量达到近期峰值的现象。图 2-38 标示的几个反弹高点，都存在这个现象。

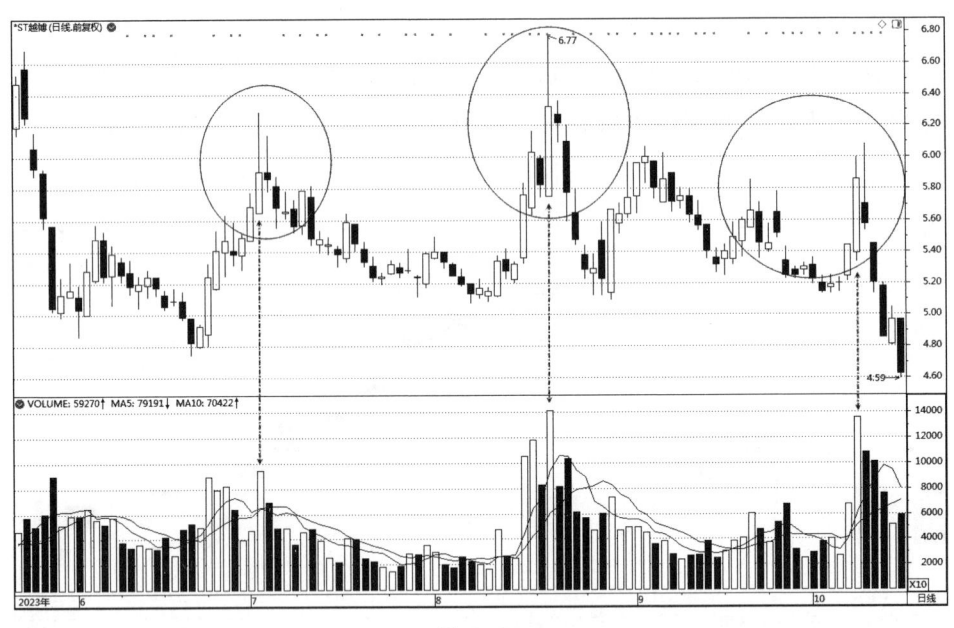

图 2-38

从量能催化理论来说，突出的成交量或换手率，却不能带来同样突出的股价表现，也就意味着股价可能将被反向催化。也就是说，上涨的股价可能就此出现拐点转而下跌。

### 3. 跌势中

个股在下跌过程中也会经常性出现上影线。实盘中，大多数时候上影线相对较短，一旦出现长上影线时，说明股价可能处在反弹高点附近，如图 2-38 所示。

跌势中，出现相对较短的上影线，所代表的技术意义就是"盘跌"，即在振荡盘整中继续下跌，毫无交易价值。如图 2-39 所示，该股在下跌过程中频繁出现上影线和下影线，成交量一直处于量能消散的态势中，这种技术

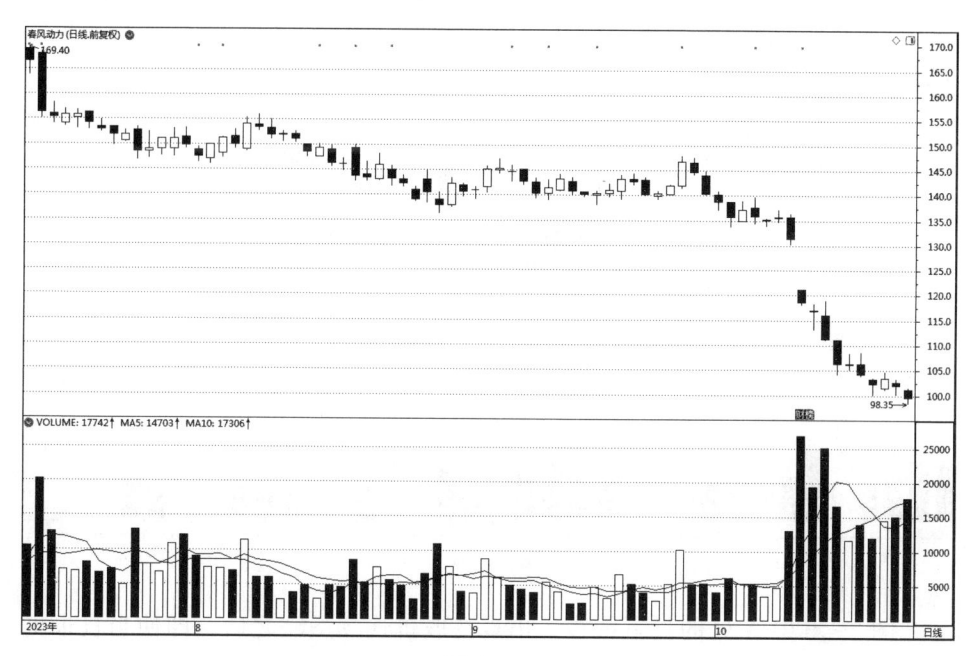

形态就是告诉交易者：短期内不具备交易价值，在形态改变之前远离该股。

图 2-39

## 二、下影线的重要交易点

1. 底部与涨势中

在个股构筑底部的过程中，下影线是非常常见的形态。股价频繁出现折返走势，以消磨持仓者的信心和耐心，当持仓者抛出筹码后，股价却往往不跌反涨，收复之前的下跌部分。将低价筹码卖在下影线里的交易者，通常很难以更低的价位将筹码买回来，即使出现了这样的机会，多数也不敢出手，因为之前被套的经历，往往会让人如惊弓之鸟。

实战中，股价启动上涨之前，下影线（或上影线）往往如影随形，尤其是较长的下影线。如图 2-40 所示，A 处收出长下影小阴线。在这根 K 线未收出下影线之前，股价当日跌幅为 3% 左右，差不多是一根中阴线的幅度，足以让持仓者感受到较大的持仓压力，而耐受不住的持仓者就会选择卖出。

# K线技术分析与实战

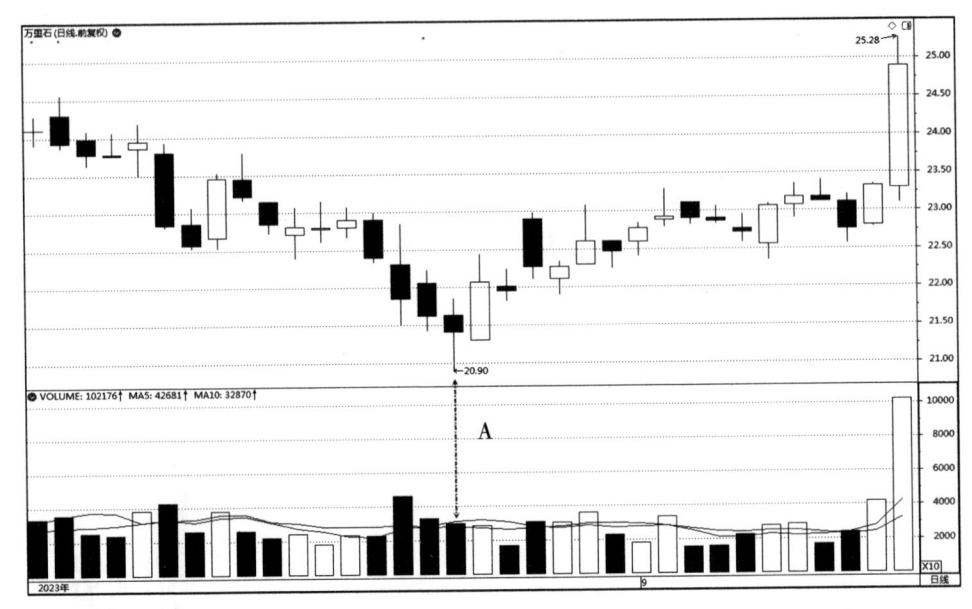

图 2-40

图 2-40 中 A 处的长下影线，出现在股价连续下跌之后。即使当日未出现长下影 K 线，也不应成为持仓者的卖点。经过持续下跌之后，单日再出现中阴线以上的跌幅，而成交量并没有明显放大。如果没有明确的利空影响，持仓者不但不应该选择卖出，反而应选择加仓。

技术上，这种形态下股价至少会出现一个当日做 T 的机会。总之，股价在构筑底部阶段，来回折返是常态，认识到这一点，持仓者也就比较容易把握这个阶段的交易特点。

在股价处于上涨趋向或趋势时，并不意味着股价就会一直上涨，中途会多次出现不同幅度的调整和回落。技术上，可能出自主力资金的洗盘、护盘、降低持仓成本、提高市场持仓成本等目的。

如图 2-41 所示，A 处和 B 处股价多日集中出现下影线，说明盘中振荡幅度较大，收盘前股价有所回收。技术环境上，A 处和 B 处这个时间段，大盘一直处于下跌态势（见图 2-42），该股虽然也相对处于振荡调整状态中，但是跌幅和跌速都远低于大盘。

通过对比图 2-42 的大盘指数，图 2-41 中 A 处和 B 处的下影线具有主力

第二章　单 K 线与影线分析

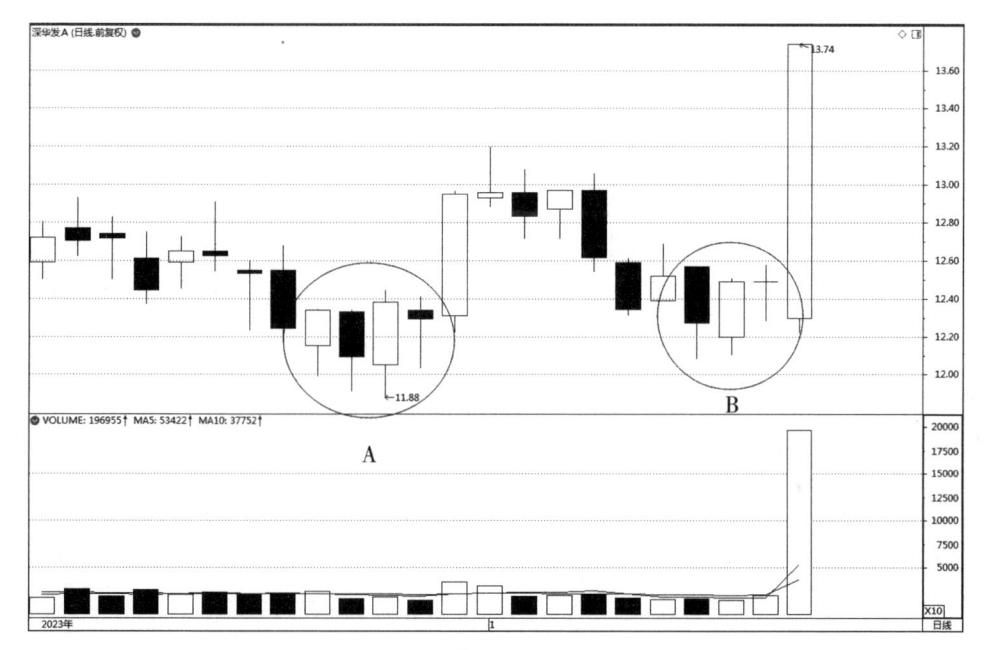

图 2-41

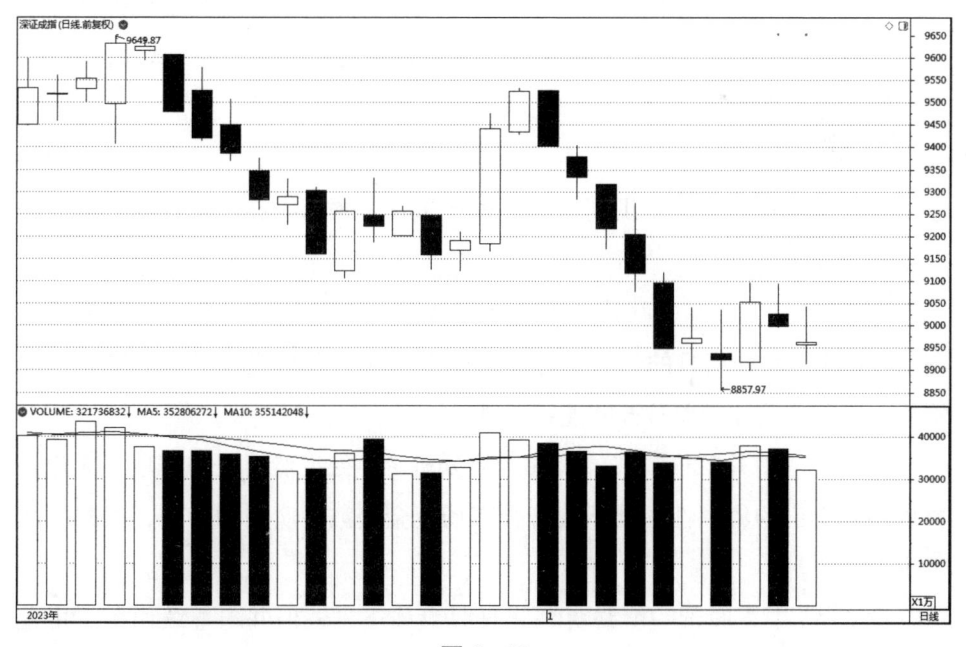

图 2-42

资金护盘的迹象。主力资金通过护盘，才使得股价仍旧保持整体的上升态势，而不是跟随大盘进入下跌趋向，也就为主力资金的下一阶段拉升奠定了基础。

过度下跌会打乱主力的拉升计划，所以在关键价位上，主力资金会出手护盘，从而在K线上留下了这个并不明显的痕迹。但是，在实战中交易者应注意一点：主力资金并非万能，护盘也有可能失败，一旦护盘失败，股价仍会跟随大盘一起下跌。所以，并不能看到有主力资金护盘，就认为后市无忧，而盲目加大仓位，风险对于散户和主力都同样存在。

2. 顶部或相对高点

当股价经过较长时间或大幅度上涨之后，在股价相对高点或最终的顶部区域，有时也会出现长下影K线。这些K线的长下影线，则可能与主力资金借机减仓或出货有关。

之所以在主力资金减仓或出货的前提下，K线依然能够收出长下影线，主要原因有两点。

一是主力资金只是阶段性减仓，并未持续性出货。主力资金减掉部分仓位后，并不想股价因此转入下跌，所以利用对倒或瞬间拉升的方式拉高股价，保持股价停留在相对高位上，由此形成了K线的长下影线。

二是市场处于上涨阶段，主力资金大单开始出货后，市场资金仍然保持逢低买入的策略，并未意识到因主力资金出货，顶部正在逐步构成，由此带来了K线的长下影线。

图2-43中，股价短线快速涨升，于A处和B处接连出现长下影K线。图2-44即为A处当日的分时走势图，图中可见，股价当日早盘一度触及涨停板，但很快就被卖单打开并连续下跌。

结合该股前几日连续涨停板的走势分析，A处突然出现的卖单，无论是数量还是卖出的集中性，都不太符合市场资金松散性卖单的特征，大概率属于主力资金。

图2-44中，股价一度跌落到昨日收盘线下方，但并未继续回落，由此可见，主力资金的卖出是阶段性减仓，并没有持续性减仓的情况。午盘过后，

股价直线拉升到涨停板,但所费资金量并不大,远不及早盘的卖单数量,同时股价封涨停板后,大卖单并未再度出现。

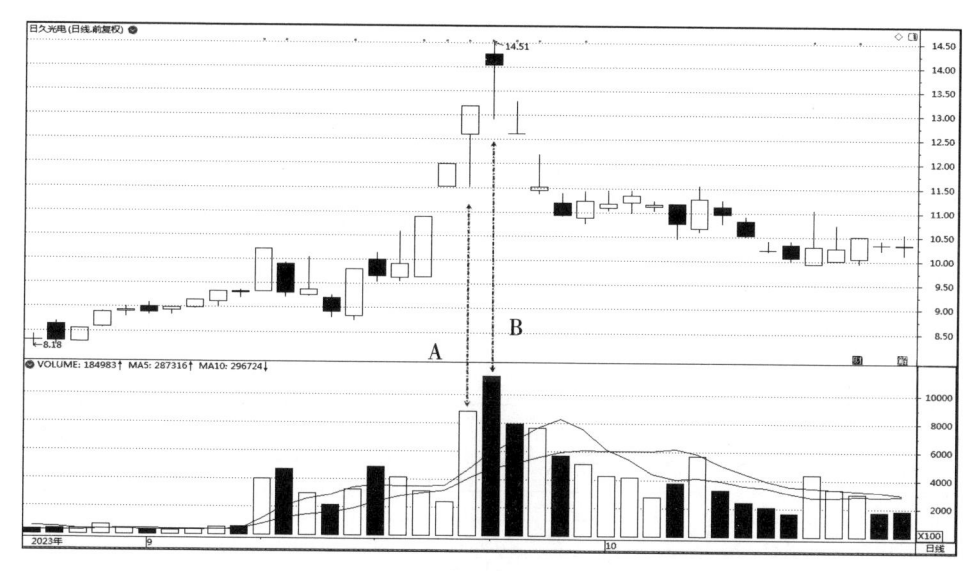

图 2-43

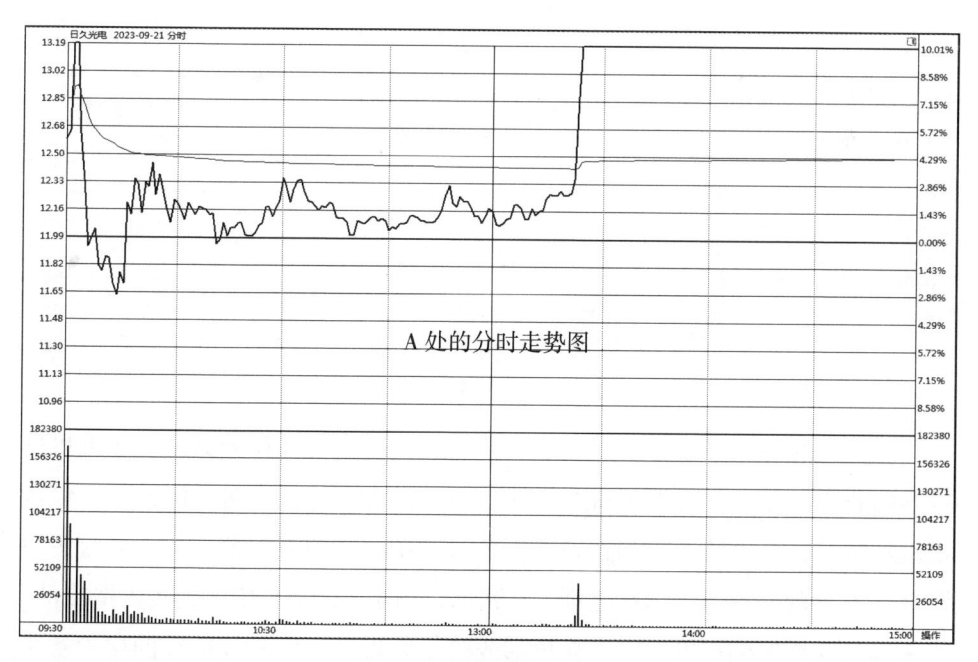

图 2-44

主力资金早盘大单减仓后，利用瞬间拉升的手法，以相对较小的资金量让股价恢复涨停强势，从而让市场资金不再担忧股价见顶，乐观地认为股价还会有大幅上涨的空间。通过这个过程，主力资金成功减掉部分仓位，并保持股价的强势状态，为后续继续减仓创造了极佳的市场条件。

图 2-45 为 B 处当日的分时走势图，图中可见，当日股价开盘即直冲涨停板，并牢牢封住，让市场资金不再对股价能否继续保持强势有过多的担忧。但是在接近 10 点半时，突如其来的大卖单将涨停板砸开，股价下跌接近昨日收线盘，之后保持振荡。

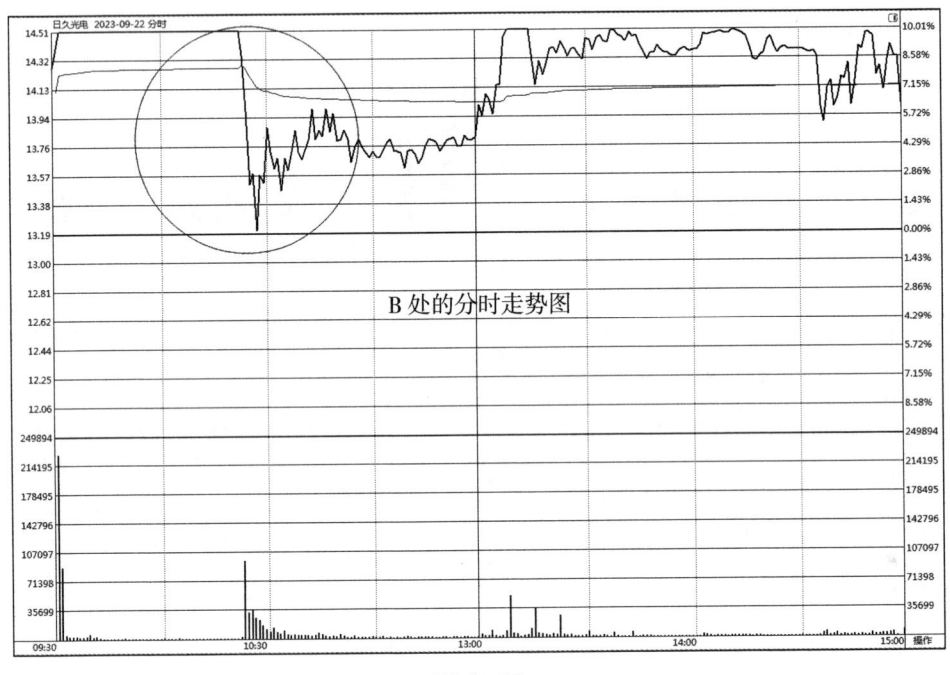

图 2-45

这个走势与前一日（A 处）非常相似，无疑会勾起市场资金对股价再度拉升的联想。图中可见，午后开盘股价节节回升，并一度封上涨停板，但很快就被打开，下午的走势一直处于振荡过程中。这种拖泥带水的走势与主力资金在 A 处的拉升有着天壤之别，由此可以判断，这是市场资金买入造成的。

通过这个案例可以看出，在顶部或阶段性高点，长下影 K 线的技术意义与底部或涨势中有着质的不同，特别是经过快速拉升的个股，出现长下影或长上影 K 线，都是必须警惕主力资金减仓或出货的技术性信号。

## 3. 跌势中

在个股由涨势转为跌势之后的运行过程中，经常在一段连续性下跌或是快速下跌后，出现长下影 K 线，往往会被交易者认作见底信号。但在实盘中，虽然长下影 K 线出现后，股价可能会开始反弹，但多数还是会在不久就重新回归到跌势中。这种在跌势中途出现的长下影 K 线，所能起到的只是弱势反弹和延缓跌势的作用，对于跌势反转并无意义。

如图 2-46 所示，该股在跌势中于 A 处出现长下影 K 线，之后股价弱势反弹，但最终还是回到跌势运行中。盲目抢反弹的资金，如果不能及时出手，将很难以盈利脱身。

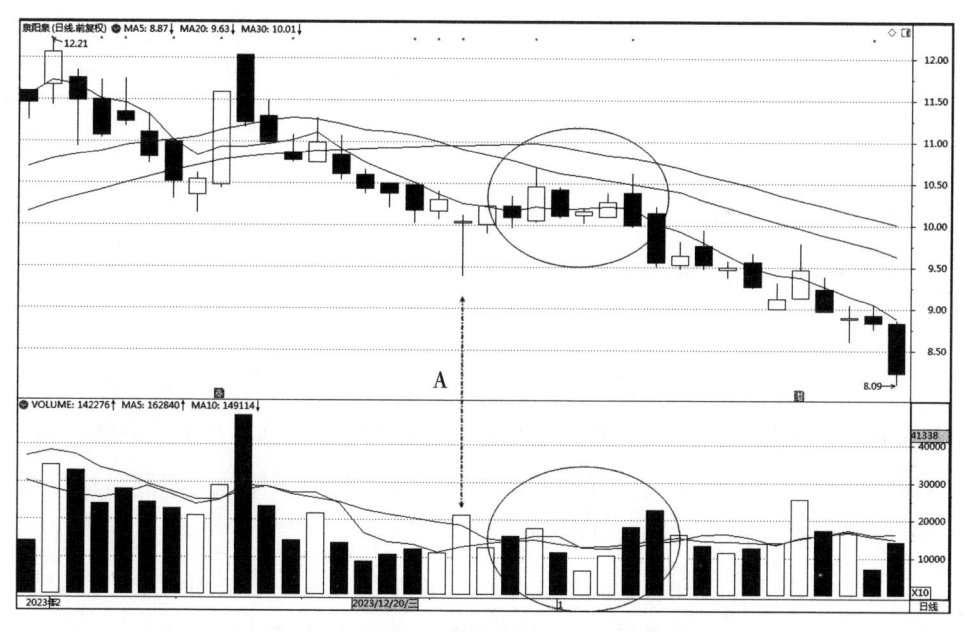

图 2-46

对于短线交易者而言，跌势中的长下影 K 线，既是机会也是陷阱。

之所以说是机会，是因为要选在长下影 K 线的低点买入，这也是短线"袭击下影线"的一种战法。但是需要交易者有充足的盯盘时间，还需要有较高的技术盘口判断能力。如图 2-47 所示，是 A 处当日的分时走势图，可见当日的股价低点仅仅存在短短的几分钟，不能在第一时间买入的话，就很难有较大的盈利空间。如果以追涨的方法，在股价形成长下影线之后才选择买入，那么卖点就非常难以把控，盈利空间也小得可怜。

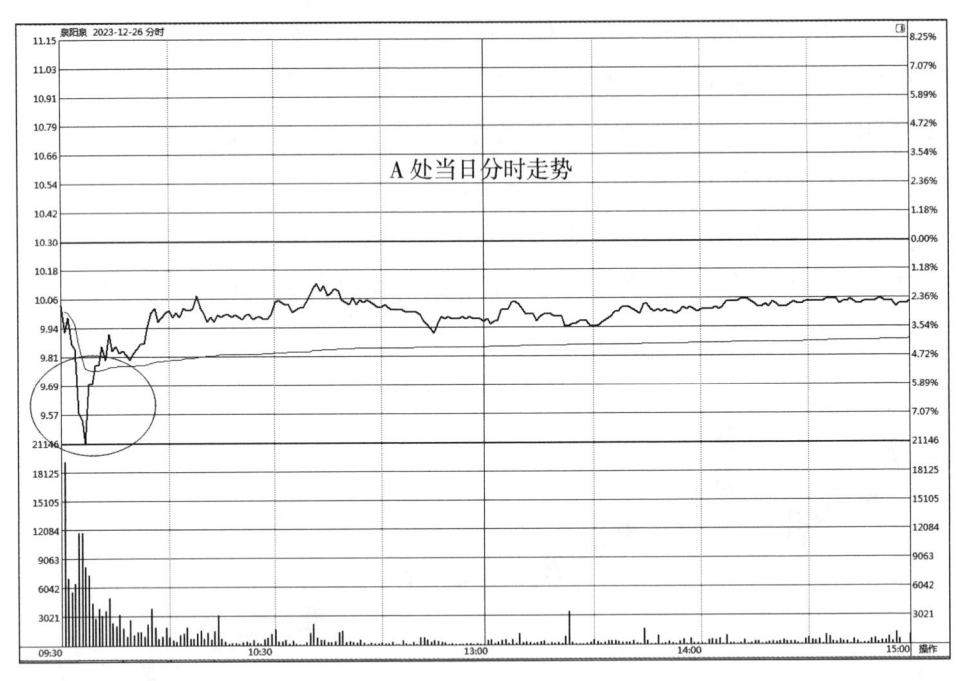

图 2-47

之所以说是陷阱，是因为多数情况下，跌势中途的反弹很难把控。案例中 A 处及之后的反弹空间和时间还算足够，但如果遭遇到更严酷的跌势行情，可能 A 处之后第二个交易日就会遇到低开下跌、回补下影线的不利盘口，短线交易者就只有止损一条路可走。

对于短线交易者而言，选择正确的买点是最重要的事，而对于波段交易者而言，跌势中的大多数反弹都可以放弃，只选择波段性低点才入场交易。如何辨别股价是跌势中弱势反弹的低点，还是波段性低点，需要以技术环境来综合判断。

以图 2-46 为例，A 处前后的均线系统一直处于空头排列，而且股价刚从高点开始下跌，只是因为一段连续性下跌，才导致 A 处出现长下影线，整体下跌幅度、时间都不足以引发波段性涨升行情。

尤其是成交量上，自高点出现量能消散之后，当前的成交量维持在常量上，即使是 A 处之后反弹过程中，成交量也不能出现攻击性的聚量，这就说明这段反弹行情并没有多少场外资金愿意积极参与，只能是存量资金所为或抢反弹的散户资金参与，股价呈弱势反弹也就不足为奇。

第三章

# K线组合的警示信号

# 第一节　K线组合的拐点转折信号

K线组合的拐点转折信号，是指若干根K线在下跌或者上涨趋向上出现的、对于原有趋向发生扭转的K线组合形态。当这些形态出现时，股价趋向可能就此发生转折，从而形成行情的拐点。

## 一、遭遇线

遭遇线是指相邻两根实体相仿的中大K线，由不同趋向相聚汇合的形态。犹如敌我双方狭路相逢，必有血战。遭遇线的出现，说明之前运行的趋向发生停滞并存在被扭转的可能。实盘中，遭遇线可以带有上下影线。

图3-1中的空头遭遇线，是指一根中大阴线后，次日低开高收一根实体相仿的阳线，收盘价与前一根阴线收盘价大致相同，两根K线形成对峙，不再是空方占据全面主导地位，多方的反击力量可能继续爆发。

图3-1中的多头遭遇线，是指一根中大阳线后，次日高开低收一根实体相仿的阴线，收盘价与前一根阳线收盘价大致相同，说明多方的上涨势头即告终结，空方的反扑可能已经来临。

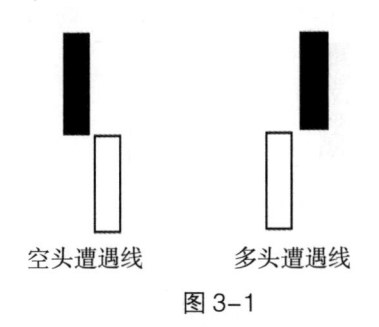

空头遭遇线　　多头遭遇线

图3-1

在遭遇线的研判上，需要具体分析技术环境，不能仅凭形态就作出最后的决定。尤其是在大势处于振荡折返阶段时，过于急切地认定反转或者拐点，可能会给交易带来重大的误判。

技术环境上,当跌势持续较长时间或较大幅度后,空头遭遇线的出现,可能预示着拐点将至。实盘中还要密切注重分析遭遇线出现后,买方(多方)反击的强度,如果买方不能持续发力,则不能认定反转,只能认为当前的上涨只是反弹,在操作上要注意控制仓位,在盈利幅度上不要有过高的预期。甚至在弱势行情中,空头遭遇线形成之日的中大阳线或次日高点,可能就是最佳卖出点。

当涨势持续较长时间或较大幅度后,出现多头遭遇线时,同样预示着可能拐点将至。甚至在多数行情中,这种K线组合的出现就是明确的见顶信号。只有在大牛市行情,或者个股受到资金热炒的情况下会出现例外,即使如此,多头遭遇线出现后,后市的股价高点也不会离得太远。

## 二、尽头线

尽头线,通常是指一根中大K线过后,第二根K线为实体较小的K线或十字星(线),并且被包容在第一根中大K线的下影线或上影线之内,如图3-2所示。股谚说"多头不死,空头不止",意思是指只要买方或卖方还在不断抵抗,那么趋势就会一直持续,终有一方放弃后,趋向才可能发生转折。尽头线就代表空方或者多方在原来的运行趋向上已经很难持续推进,原有趋向可能已经运行到了尽头。

空方尽头线　　多方尽头线

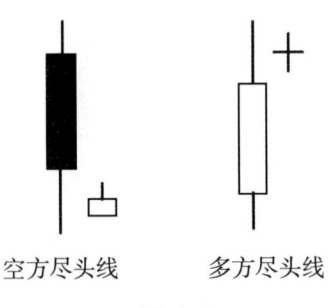

图 3-2

一般来说,尽头线的第二根K线实体越小、影线越短,其转折信号越强。因为意味着趋向推进迟滞,甚至是难以为继的程度,所以就此发生转折的可能性很大。

　　实盘中，尽头线出现后，股价并不一定立即转变趋向，有些情况下（比如在暴跌暴涨的极端阶段），尽头线只是转折的萌发点，在相近的价位上股价可能还会出现反复盘整振荡。总而言之，尽头线的出现应当让我们对于当前趋向可能走到尽头有一个充分的认识，并积极做好相关准备。

　　部分交易者容易将尽头线和趋向中继性质的K线相混淆，其实从技术环境的角度来看，二者之间是泾渭分明的，具有转向性质的尽头线出现在一段时间的大幅上涨或下跌之后，而中继性质的K线出现在涨势或跌势的初中期。

　　在尽头线的研判上，同样需要具体分析技术环境因素。无论是单K线还是K线组合，不注重分析大盘或个股所处的技术环境，所得出的结论十之八九会出现谬误。

　　技术环境上，在经过一段时间的大幅下跌之后，一根中大阴线留有较长的下影线，次日价格并未再创新低，而是在中大阴线的下影线之内报收一根实体较小的K线（见图3-2中空方尽头线）。此时，本来忍不住想顺势杀跌的交易者，应极力控制住极度悲观的心态，因为你极有可能会卖在下跌趋向的最低点附近。这时候，如果你不知道该做什么，那就选择等待，至少也比选择卖出要好。

　　技术环境上，在经过一段时间的大幅上涨之后，一根中大阳线留有较长的上影线，次日价格未能再创新高，而是在中大阳线的上影线之内报收一根实体较小的K线（见图3-2中多方尽头线）。这时我们要做的是管住自己的手，绝不因上涨而冲动追高，因为你买入的价位很可能就是顶部高点或阶段性高点附近。

## 三、夹子线

　　夹子线由三根K线组成，因形似夹子夹物而得名，是指一根中大K线之后，第二根K线形体较小且实体价位在第一根K线收盘价附近，第三根K线和第一根K线形成对攻，如图3-3所示。

多头夹子线　　　　空头夹子线

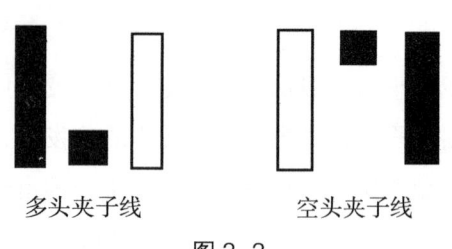

图 3-3

夹子线的对攻 K 线是这一组合的关键因素，而夹在中间的小 K 线所起到的是迷惑作用。实战中很多人不会在第一根 K 线上卖出或买入，却会选择在第二根小 K 线上开始交易，而多数人的交易方向却与第三根 K 线相反。夹子线转向信号较为强烈。

图 3-3 中的多头夹子线，三根 K 线的最低价大致相同，第三根 K 线的反攻高点基本等同于第一根 K 线最高点，这是多头夹子线的形态特征之一。多头夹子线是买方强力反攻的一种技术形态，在技术环境上，短期下跌形成的这种形态，比较容易走出失败形态。

多头夹子线主要出现在跌势中，第一根中大阴 K 线的出现，使得部分持仓者因恐慌而跟风杀跌，第二根小阴线更是让尚未卖出的持仓者产生价格进一步下跌的联想，很多人会因失去信心而选择清仓或减仓，但第三天开盘后价格并未进一步下跌，而是在连续三天最低价相近的基础上展开强势反攻。

图 3-3 中的空头夹子线，三根 K 线的最高价大致相同，第三根 K 线的反攻低点基本等同于第一根 K 线最低点，这是空头夹子线的形态特征之一。空头夹子线主要出现在涨势中，第一根中大阳 K 线的出现，使交易者兴奋异常，部分人积极追涨，第二根小阴线实体不大，不但会让持仓者漠视，还会令踏空者以为是难得的进仓机会，而第三天开盘后价格却急转直下，空头反攻拉开大幕。

## 四、谍线

谍线以测试、探知为主要特性，犹如间谍窃取敌方情报一样，所以命名为谍线。主要用于测试股价的支撑和压力等，对提示行情的连续性有参考作用。在交易者判断拐点转折信号时，谍线往往会带来较大的困扰，容易导致交易者作出误判。

谍线的第二根K线如果未能收出影线而是形成实体，那么整个组合就不再是谍线，而是空头侵入线或多头侵入线（详见后文），则趋向扭转的信号非常强烈。在第二根K线形成锤头和倒锤头线后，K线组合的性质则发生变化，谍线大部分情况下仅为中继形态的K线组合，如图3-4所示。

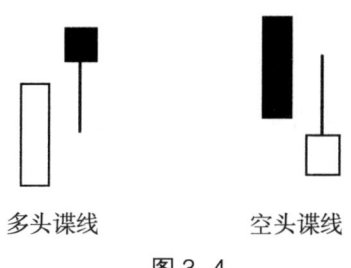

多头谍线　　空头谍线

图3-4

多头谍线是指在涨势中出现一根中大阳线后，次日高开低走侵入大阳线实体之中，但收盘时却大幅收复失地，形成阴或阳锤头线。这种K线组合的技术意义，多为测试下方支撑或遭遇上方压制主动后撤，引诱割肉盘集中兑现以及清洗不稳定筹码。当主力确认下方支撑强劲或完成洗盘等任务后，价格会继续升势；反之，主力大多会继续下探寻求市场心理支撑点，或进一步振荡洗盘将浮筹甩在价格低点。

空头谍线是指在跌势中出现一根中大阴线后，次日低开高走侵入大阴线实体之中，但收盘时却丧失大部分胜利成果，形成阴或阳倒锤头线。这种K线组合的技术意义，多为测试上方压制或制造多头陷阱套牢跟风入场资金。当主力确认上方存有强大压制或成功吸引跟风资金入场后，价格会继续跌势；若抛盘不多而跟风资金持续不绝，在跟风资金推动下，价格还会维持弹升，但多数会随着主力的逐级加大减仓力度而再度回落。

谍线通常出现在价格的压制位或支撑位一线。谍线出现后，并不意味着价格必然已经完成相关波动，如果主力探知存在强烈压制、支撑或其他情形，股价可能也会由此发生转向。

# 第二节　K线组合的卖出信号

## 一、空头覆盖

空头覆盖是指第一根 K 线为中大阳线，第二根为大阴线且将前一根阳线完全覆盖在自身的实体之内，如图 3-5 所示。空头覆盖组合发出的趋向扭转信号极为强烈，多数情况下是极佳的卖出信号。

空头覆盖 K 线组合的最大威胁，在于其具有欺骗性和突发性，比如第二根大阴线的高开最具欺骗性，因为给交易者延续前一日涨升势头的错觉；部分盘口经验欠缺的交易者，很难在极短的时间内发现价格存在滞涨等不利因素，因此当股价猝然转为下跌时，不能迅速做出反向操作，等到空头覆盖组合完全成型时，股价上的损失已经很大。

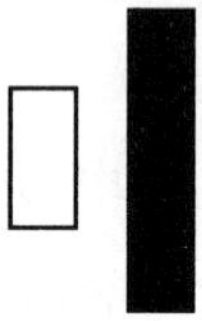

空头覆盖

图 3-5

空头覆盖这种图形在股价高位出现，则代表着资金集中抛售、大肆逃逸。如果空头覆盖形成当天的成交量较大，则见到重要顶部的几率极高。在股价长期底部区域出现空头覆盖形态，如果没有利空因素的影响，那么主力制造骗线的可能性极大。

判断空头覆盖的技术要点有如下几点。

（1）上涨趋向已维持较长时间，或具有相对较大的涨幅。

（2）第二根阴线的开盘价和收盘价，完全覆盖第一根阳线的开盘价与收盘价。

（3）第二根阴线的实体越大，趋向发生扭转的信号越强烈。

（4）第二根阴线成交量较大。

如图3-6所示，该股连续大幅涨升后至A处再次报收涨停板（A处第一根阳线），但次日股价却高开低走。随着抛盘的不断增加，最终报收大阴线，并将第一根阳线完全覆盖，这根大阴线的最高涨幅超过4%，而最大跌幅超过9%，当天成交量也创出阶段性新高。

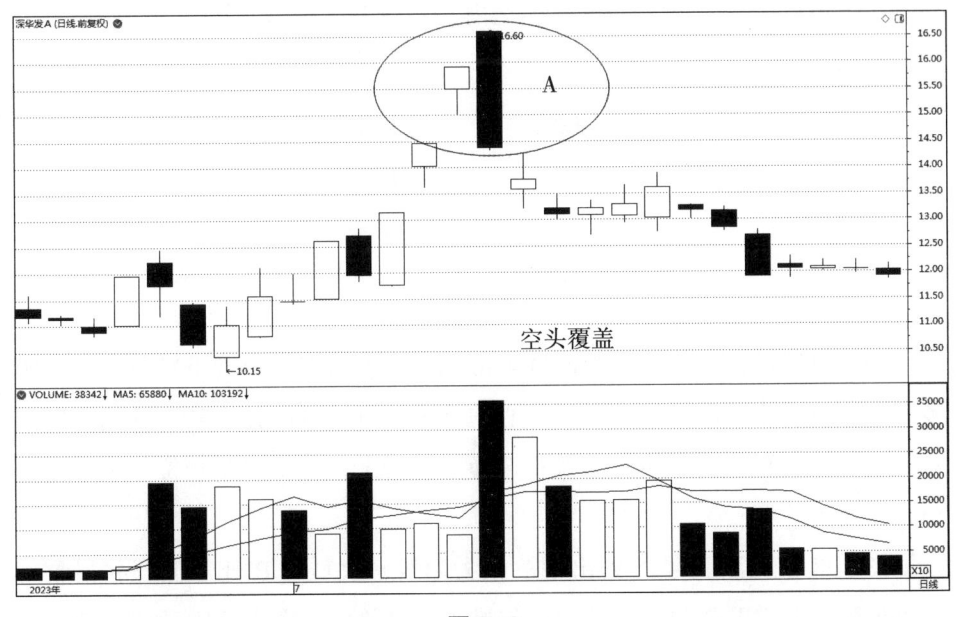

图 3-6

空头覆盖K线组合，就是一个强力的趋向扭转信号，对于交易者来说，是明确的卖出信号。但是必须指出，空头覆盖K线组合出现后，股价并未继续大幅下跌的情况，在实盘中也会出现，但概率较小，多数都属于控盘情况较好的个股。

## 二、下跌孕线

下跌孕线是指一根中大阳线之后，第二根K线为低开的中小阴线或十字星（线），且被包容在前一根中大阳线的实体之内。

下跌孕线的第二根 K 线，可以是标准的中小阴线、十字线（星），有时也可能是小阳线；究其空头信号强度而言，十字线（星）最强烈，中小阴线次之，小阳线相对最弱。下跌孕线的空头信号强度低于空头覆盖，其所产生的迷惑性和判断难度却大于空头覆盖。

判断下跌孕线的技术要点有如下几点。

（1）上涨趋向已维持较长时间，或具有相对较大的涨幅。

（2）第二根 K 线实体较小，上影线可以超出第一根 K 线实体，但实体部分必须包容在第一根 K 线的实体之内，如图 3-7 所示。

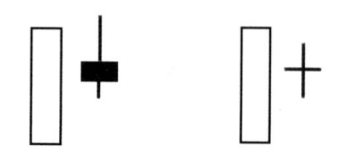

下跌孕线

图 3-7

在上涨行情已经持续较长时间或涨幅较大的情况下出现下跌孕线，说明多方要保持目前趋向已经有力不从心的迹象，行情可能转入到下跌趋向中。在下跌孕线形态下，即使交易者不选择当日卖出，也要控制仓位，不可盲目加仓和做 T。

图 3-8 中，该股在 A 处出现一根大阳线，次日的 B 处却低开并报收一根小阴线，形成下跌孕线，随后股价进入下跌趋向。图中下跌孕线的第二根小阴线整体位置离大阳线的收盘价并不太远，实战中会遇到第二根小阴线整体远离大阳线的收盘价，位于大阳线中下方位置，其空头信号强度更高。

### 三、乌云盖顶

乌云盖顶是指一根中大阳线后，第二根 K 线高开低走，且其实体侵入前一根中大阳线实体之内，如图 3-9 所示。第二根 K 线侵入第一根中大阳线实体的比例，通常认为应达到 50% 左右，侵入的比例越大，其信号强度越高。

第三章　K线组合的警示信号

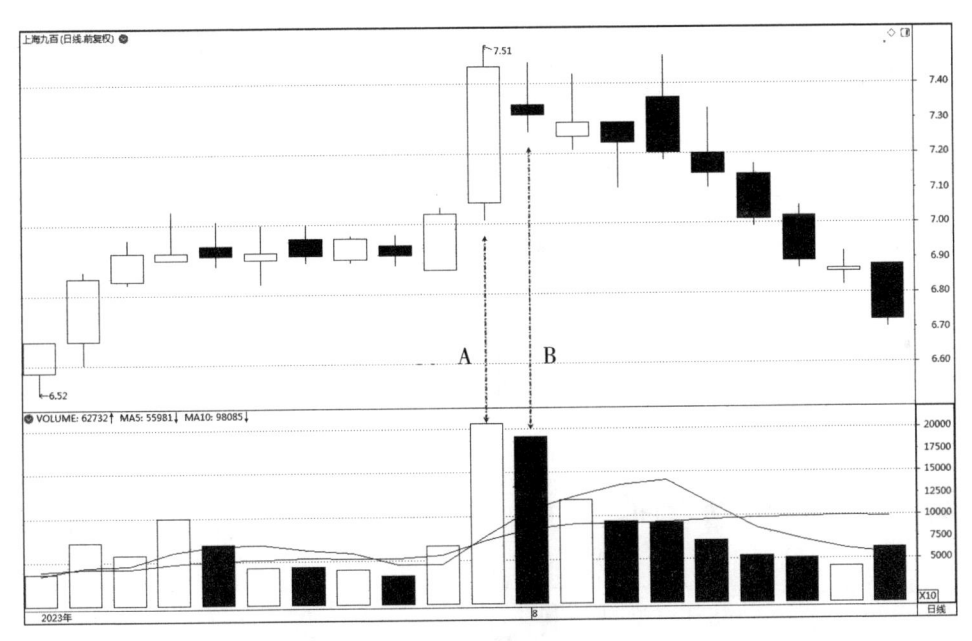

图 3-8

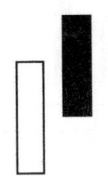

乌云盖顶

图 3-9

判断乌云盖顶的技术要点有如下几点。

（1）上涨趋向已维持较长时间，或具有相对较大的涨幅。

（2）两根 K 线的实体越大，则空头信号越强烈。

（3）第二根阴线的开盘价越高，侵入前一根中大阳线实体的比例越多，则空头信号越强烈。

乌云盖顶形态是典型的空头侵入线，是卖方强力侵入买方领域，并占据主导地位的 K 线形式。实战中，即使侵入幅度达不到 50% 以上，如果当日成交量较为巨大，也可认定为乌云盖顶形态。

图 3-10 中 A 处一根大阳线后，次日 B 处高开低走的阴 K 线侵入 A 处大阳线实体的比例一度达到 50% 以上，但收盘留下的下影线已不足 50%。鉴于盘口形态且当日成交量较大，应认定为乌云盖顶形态成立。

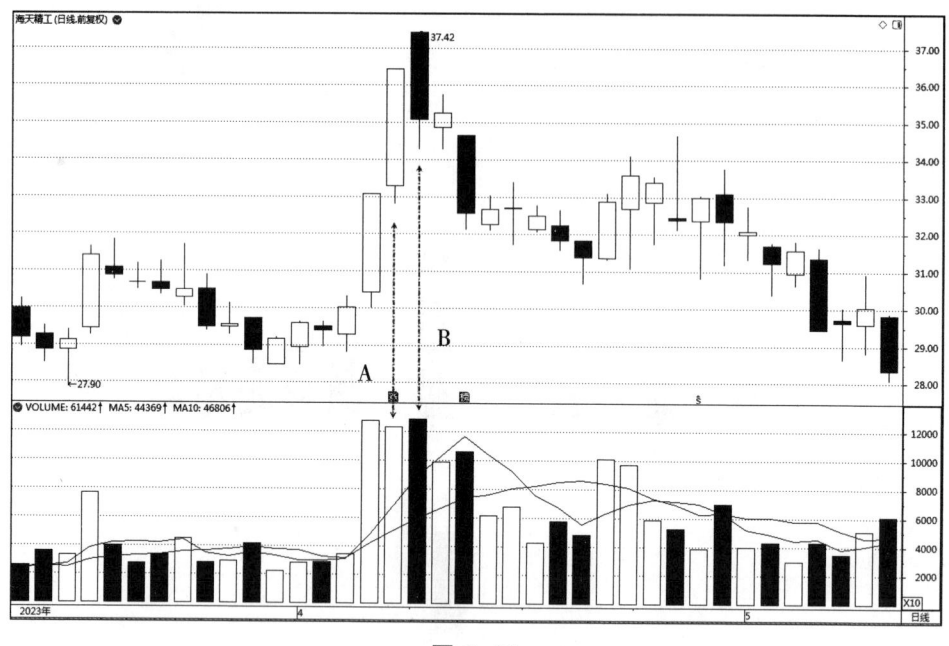

图 3-10

## 四、倾盆大雨

倾盆大雨是指一根中大阳线后，第二根 K 线低开低走，且收盘价明显低于前一根中大阳线的开盘价，如图 3-11 所示。

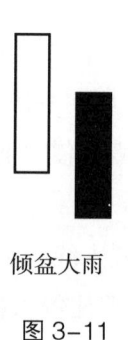

倾盆大雨

图 3-11

倾盆大雨形态，从股价上来说应属于空头覆盖的特殊衍变形态，但K线实体上其第二根K线出现一个向下的跳空低开，实体上留存一段空白交易空间，价格上虽出现覆盖而实体并未完全覆盖，所以将其列为空头侵入线，信号强度仅次于空头覆盖形态，大于乌云盖顶形态。

判断倾盆大雨的技术要点有如下几点。

（1）上涨趋向已维持较长时间，或具有相对较大的涨幅。

（2）两根K线的实体越大，则空头信号越强烈。

（3）第二根阴线收盘价低于第一根中大阳线开盘价越多，则空头信号越强烈。

如图3-12所示，该股在A处收涨一根中阳线，次日的B处却低开低走最终报收大阴线。该股出现倾盆大雨形态后，股价随即进入下跌阶段。对于倾盆大雨和乌云盖顶这两种空头侵入线类型的K线组合，交易者要充分认识到其对多头极为凶悍的杀伤力，在价格高位出现这类K线组合，短线持仓者不应抱有幻想，及时减仓或参与做空是较佳选择。空头侵入线出现后，即使不是最终趋势的拐点，也大多会引发一波较大幅度的回落。

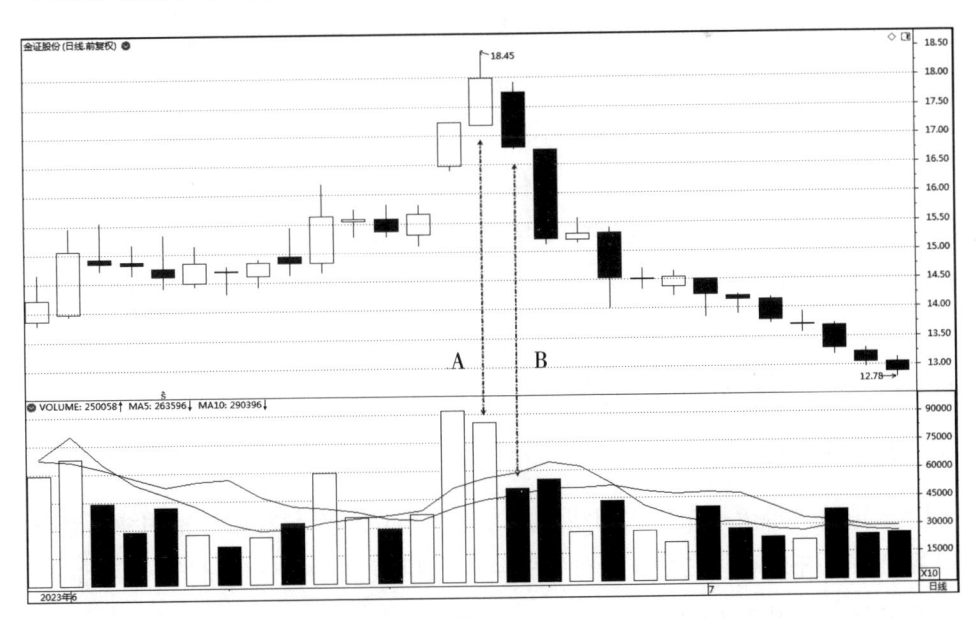

图 3-12

## 五、揉搓线

揉搓线由一根 T 字线和一根倒 T 字线组成，两根 K 线的下影线和上影线说明价格经历过相对激烈的上下颠簸，持仓者的心态接连不断地受到来自两个方面的揉搓，如图 3-13 所示。

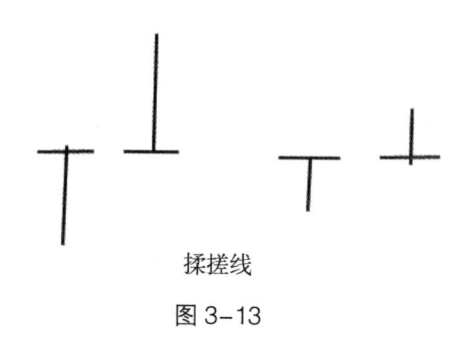

揉搓线

图 3-13

揉搓线的上下影线都很长，因为只有经过相对较大幅度的上下振荡，才能达到主力的目的：第一根 T 字线代表价格有一个先下后上的过程，部分持仓者会为没在下跌时卖出而庆幸，而卖出者看到价格最终转跌为升会很沮丧，部分激进型交易者会选择尾盘追回或第二天买回来。

当第二根倒 T 字线出现时，无论是继续持仓还是追高被套的人都不会太惊慌，因为大部分人仍会认为主力在洗盘或仅仅是突破时遇到压制。在大幅涨升之后的价格高位出现上下影线都很长的揉搓线，则预示着一波涨势接近终点。

标准形态的揉搓线并不常见，但一旦出现准确性较高。揉搓线的衍变形态主要有：由小阴线或小阳线、十字星或十字线、锤头线或倒锤头线构成，这种揉搓线变形形态在涨跌途中出现较多，通常不具有较强的做空信号，多显示为形态短期拐点。如图 3-14 中 A 处所示，就是变形的揉搓线。图中可见，这个形态构成了跌势途中反弹的拐点。

## 六、三只乌鸦

三只乌鸦是指一根中大阳线之后，连续出现三根阴线，每根阴线高开低收或虽未高开但有较长的上影线，最终三根阴线几乎或已经将第一根大阳线全部覆盖，如图 3-15 所示。

第三章　K线组合的警示信号

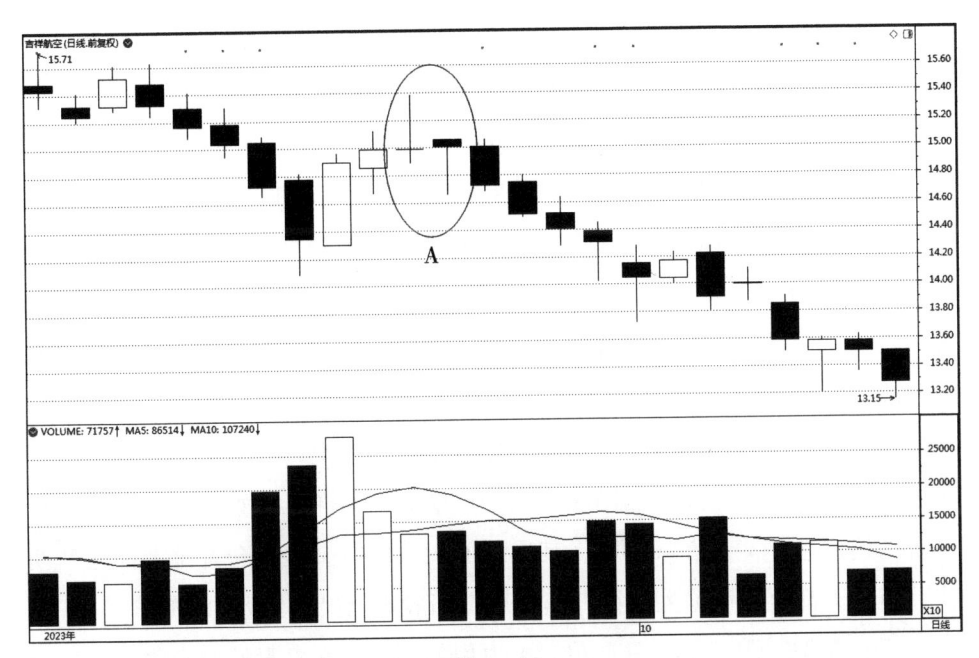

图 3-14

三只乌鸦的形态颇具迷惑性，每一根高开低走的阴线或其较长的上影线，最初都会给交易者"回调后上涨"的感觉，但每天都会以失败告终。因为单根阴线跌幅并不太大，所以并不会引起恐慌盘集中卖出，但三根阴线的累计跌幅将第一根中大阳线带来的涨幅几乎销蚀殆尽。

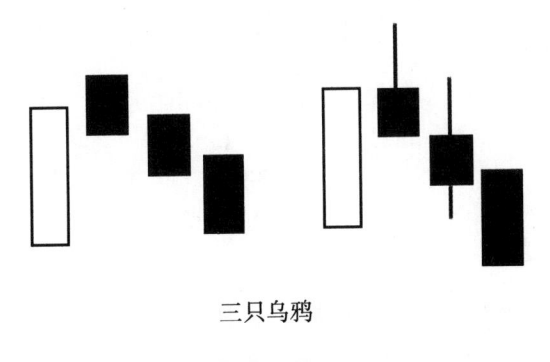

三只乌鸦

图 3-15

出现三只乌鸦形态后，股价并不一定直接开始下跌，部分个股会先有一个小反弹，然后才真正进入到下跌趋向中。

判断三只乌鸦的技术要点有如下几点。

（1）上涨趋向已维持较长时间，或具有相对较大的涨幅。

（2）三根阴线每一根都是高开低收，或虽未高开但有较长的上影线。

（3）三根阴线跌幅几乎或已经超过第一根中大阳线的涨幅。

与三只乌鸦相似的空头K线组合，也非常具有迷惑性，即倒三阳，如图3-16所示。倒三阳是指一根中大阳线后，连续三根低开高收的阳线，每根阳线的收盘价都低于上一根阳线的开盘价，和三只乌鸦一样几乎或已经将之前大阳线的涨幅全部吞没。

倒三阳和三只乌鸦的空头信号强度相仿。形态上，三只乌鸦是连续三阴线下跌，而倒三阳是连续三阳线下跌，可谓有异曲同工之妙。倒三阳对于交易者的迷惑性要甚于三只乌鸦，其连续的三根阳线会让持仓者每天都充满期待，但每天都由期待陷入彷徨，不知不觉间股价已出现较大的跌幅。

无论是倒三阳还是三只乌鸦，主力用的都是温水煮青蛙的套路，让持仓者产生犹豫、彷徨的心态，买入就被套，卖出又不甘心，如此辗转再三，主力达到阶段性减仓目的后，股价通常会进入下跌阶段。

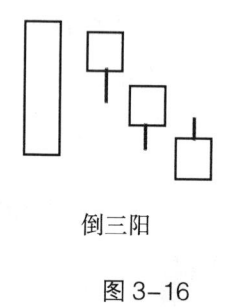

倒三阳

图 3-16

## 七、黄昏之星

黄昏之星是指连续上涨尤其是一根中大阳线之后，再出现长上影线、实体很小的K线或十字线（星），第三根K线为中大阴线。如果第二根K线是长上影线的倒锤头线，则称为射击之星。如图3-17所示。黄昏之星、射击之星是较为强烈的空头提示信号。黄昏之星和射击之星的技术意义基本相同，此处不再分别讲述。

有理论认为，黄昏之星、射击之星是一种单 K 线的空头形态，并不要求之前出现一根中大阳线，但是结合技术环境分析和实战案例来看，黄昏之星、射击之星作为单 K 线空头形态容易发生误判，而以 K 线组合进行分析，则更为有效和恰当。

黄昏之星　　　　射击之星

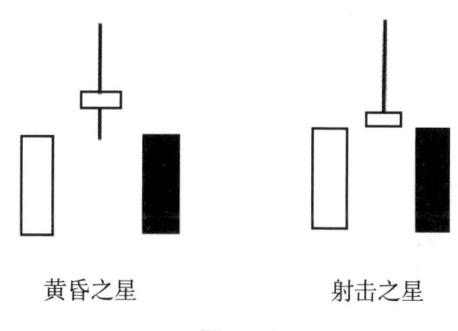

图 3-17

判断黄昏之星、射击之星的技术要点有如下几点。

（1）上涨趋向已维持较长时间，或具有相对较大的涨幅。

（2）第二根 K 线的上影线至少为实体长度的两倍以上，上影线越长，则空头提示强度就越大。

（3）黄昏之星、射击之星出现当天的成交量越大，则行情发生转折的几率越大。

（4）第三根阴线未创出价格新高，实体未过多侵入第二根 K 线上影线。

实盘中，黄昏之星、射击之星组合会出现一定程度的变形，从博弈的角度出发，股价的变化具有复杂性和灵活多变性，没有任何一个组合、形态是可以按图索骥、一成不变地进行傻瓜式应用的。

图 3-18 中 A 处的三根 K 线形成黄昏之星形态，这个形态和图 3-17 中的形态还是有一定变形的，但并不影响我们进行认定。A 处的第一根 K 线，当天涨幅为 8% 以上，符合中大阳线的标准；第二根 K 线实体仅有 0.15 元，而上影线最高点至收盘价却有 0.77 元，符合上影线至少为实体长度的两倍以上的特点；至于第三根阴线跌幅超过 3.6%，只要其影线部分并未创出价格

新高、实体并未过多侵入第二根 K 线上影线（反之，则不构成黄昏之星），仍旧可以认定黄昏之星形态的有效性。

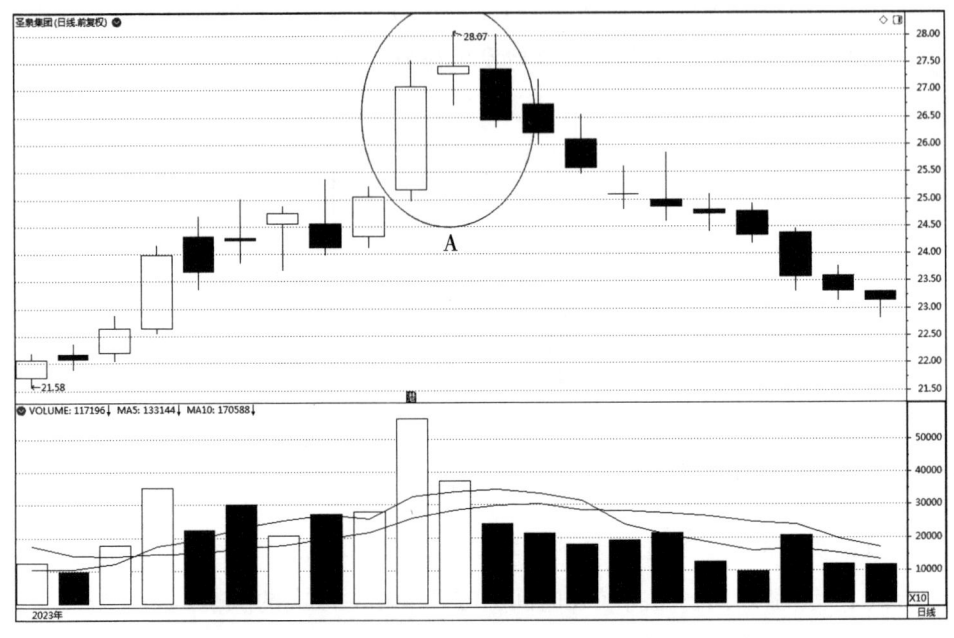

图 3-18

## 八、下跌三叠阳

下跌三叠阳，是指一根中大阴线之后，连续出现三根实体渐次缩小的阳线，再收一根中大阴线完全覆盖三根阳线，如图 3-19 所示。

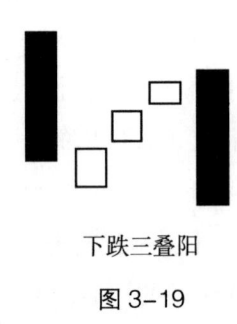

下跌三叠阳

图 3-19

判断下跌三叠阳的技术要点有如下几点。

（1）经过连续上涨后，价格转入跌势初期。

（2）三根实体渐次缩小的阳线未能突破之前中大阴线的开盘价。

（3）后一根中大阴线完全覆盖三根阳线。

下跌三叠阳多出现在跌势的初期阶段，多方不甘心失去涨势，虽然出现抵抗，但终究大势已去，难以抵御空方源源不断的抛单。

从资金逃逸与回归的角度来说，主力在价格高点出货导致趋向发生转折后，因为处于跌势初期，空头主导的格局尚未完全显现出来，股价下跌出现折扣后仍会吸引到部分买入资金进仓。这部分买入者并不认为趋向已经改变，仍将下跌视为正常的回落调整，下跌低点买入的习惯还在继续，而主力也乐于在相对高位区尽可能多地抛出筹码。

这就是三根阳线资金与筹码的逃逸与回归关系，也是三根阳线形成的原因。三根阳线实体渐次缩小，显示为外部进场资金的逐渐减少；当卖出大于买入并且引发更多持仓者跟随减仓或转而做空时，后一根中大阴线便自然而然地到来。

## 九、升势受阻

上涨趋向运行一段时间后，在临近重要调整或拐点时，一些K线组合会发出非常细微的卖出提示信号，很容易被交易者忽视。这部分K组合并不像前面所提及的空头覆盖、乌云盖顶、倾盆大雨等具有相对明显或强烈的空头指向，而是通过一系列K线组合反映出趋向开始出现变缓、受阻等可能引发调整或转折的情况。这一系列K线组合我们将之命名为升势受阻。升势受阻K线组合的表现形态较多，下面列举具有代表性的三种予以讲解。

1. 升势受阻之连续跳空阳线

当股价走势中连续数根阳线都留有向上跳空缺口时，需要注意股价可能面临调整或发生转折。股价在单一方向的过度表现，往往预示着拐点将至，如图3-20所示。

升势受阻K线组合的技术原理，主要在于缺口的引力。当向上跳空缺口越大越多，持仓者获利越丰厚，其兑现欲望就越强，同时涨得越多，愿意追涨的人就越少。当买入量和卖出量发生逆转，股价必然随之出现调整或产生拐点。

**K线技术分析与实战**

连续跳空阳线

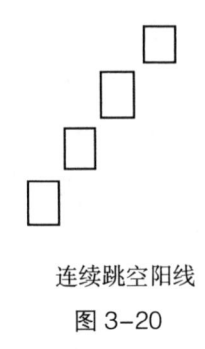

图 3-20

判断连续跳空阳线的技术要点有如下几点。

（1）上涨趋向已维持较长时间，或具有相对较大的涨幅。

（2）连续跳空阳线的缺口未在盘中被回补。

（3）阳线实体越大（或一字线），缺口空间越大、数量越多，则空头提示信号越强。

向上跳空缺口对股价会带来向下回补的引力，而股价能否摆脱这种引力，则是由多种因素决定的。缺口空间大小及缺口数量多少所形成的引力，并不是股价回补与否的唯一因素，个股的强弱度（主力的控盘程度、股本大小、股性等）也起到很重要的作用。例如某些连续一字线涨停板的个股，往往会出现十几个缺口，但缺口引力并未在短期内发生作用。

在大势走牛或相对平稳的技术环境中，连续跳空阳线出现两个以上缺口，股价和成交量并无任何异动，可继续持仓。一旦缺口被补，稳健的操作应该是宁愿放弃之后可能有的涨势，也要及时了结过重的仓位。

成交量在预判连续跳空阳线K线组合上具有重要作用。随着股价连续跳空上涨，成交量呈聚量形态放大，属于正常的量价配合，多数情况下不会出现拐点。如果成交量出现突然过度放大的变量形态，则要注意产生拐点。如果成交量随着连续跳空阳线逐步减小，而股价并没有处于连续涨停的情况下，也要小心拐点可能已经临近。

2. 升势受阻之双飞乌鸦与平顶

双飞乌鸦是指一根中大阳线后，第二根K线为高开低走回补缺口、带下影线的中小阴线，第三根K线仍旧高开低走并覆盖第二根阴线的实体部分，如图 3-21 所示。

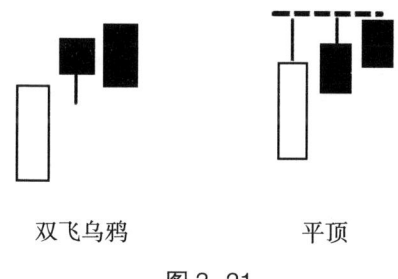

双飞乌鸦　　　　平顶

图 3-21

双飞乌鸦的特点是股价每天都会创新高，但后两根 K 线都出现高开低走，如同两只折翅下坠的乌鸦。双飞乌鸦的空头提示信号强度中等，多出现在阶段性高点或反弹高点附近。

判断双飞乌鸦的技术要点有如下几点。

（1）上涨趋向已维持较长时间，或具有相对较大的涨幅。

（2）第二根阴线回补缺口。

（3）第三根阴线覆盖（影线或实体覆盖均可）第二根阴线的实体。

（4）三根 K 线都曾创出价格新高。

平顶与双飞乌鸦的形态较为接近，是指一根带上影线的中大阳线后，第二根 K 线最高点与第一根中大阳线的最高点相近，第三根 K 线收高开低走的阴线，其最高点也在前两根 K 线的最高点附近，如图 3-21 所示。

判断平顶的技术要点有如下几点。

（1）上涨趋向已维持较长时间，或具有相对较大的涨幅。

（2）三根 K 线的最高价都在同一价位附近。

（3）第二根 K 线可以是阴线或阳线。

实战中，双飞乌鸦与平顶形态对于股价将要转跌的拐点提示并不强烈，所以容易被交易者忽视，而主力往往会利用这种"并不危险"的 K 线组合，来完成阶段性减仓等任务。

3. 升势受阻之多空交错

多空交错是指涨势中一根中大阳线后，次日高开低走，与前一根 K 线形成乌云盖顶或空头覆盖的形态，但接下来价格并未继续下跌，而是返身上涨报收中大阳线，似乎上涨已成定局，却不料之后交易日价格再度发生下跌，如图 3-22 所示。

这个组合中出现的乌云盖顶、空头覆盖或倾盆大雨等 K 线形态，并不要求与原形态技术要点一致，即使与图 3-22 中的组合不尽相同，只要能够反映出多空之间反复而激烈的缠斗即可。

判断多空交错的技术要点有如下几点。

（1）上涨趋向已维持较长时间，或具有相对较大的涨幅。

（2）阴阳 K 线交错出现，多为中大 K 线或影线较长。

（3）总体成交量远大于之前，或呈现逐渐消减的量能消散形态。

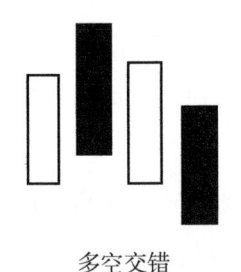

多空交错

图 3-22

多空交错形态反映的是多空之间的激烈缠斗，无论是经过大涨还是大跌之后出现类似的这种 K 线形态，都预示着趋向将要发生转折。一轮涨势运行过程中，多空争斗是必然的和相互依存的，但是当这种争斗开始改变股价原有的运行重心，并且是以较大的 K 线形式出现，则说明空方已经发起大规模、重量级的攻势，并极有可能在之后的缠斗中夺取主导地位。

多空交错形态对于交易者具有很大的迷惑性，同时对短线交易者具有较大的杀伤力，因为很少有人能完全跟上变化的节奏，每一步都做对。面对这种形态，离场观望、等待局面明朗，就是最佳的选择。

如图 3-23 所示，经过一轮大幅上涨后，A 处出现多空交错 K 线组合，这期间成交量呈逐渐消减的量能消散形态，预示交易的资金正在逐步减少，而对股价的争夺已经显露出买方的疲态。交易者应及时减仓离场。

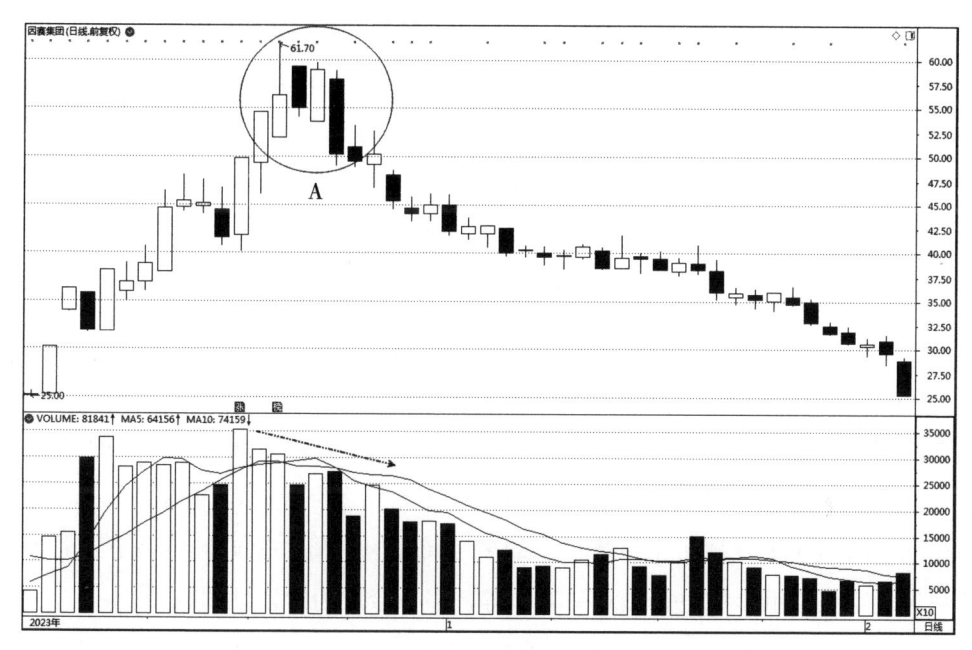

图 3-23

## 十、空头帽

空头帽是指一根中大阳线后，在其收盘价位附近连续出现数根小阴线或小阳线，之后突然出现一根中大阴线，打破了之前多头主导和之后相对平衡的局面。空头帽组合一前一后的大阳线和大阴线，以及夹杂其间的数根小阴线或小阳线，构成了一个类似帽子的形状，所以称为"空头帽"，如图 3-24 所示。

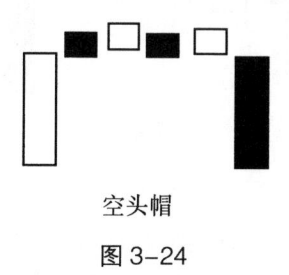

空头帽

图 3-24

判断空头帽的技术要点有如下几点。

（1）上涨趋向已维持较长时间，或具有相对较大的涨幅。

（2）数根小阴线或小阳线的运行重心基本在中大阳线收盘价上下。

（3）小阴线或小阳线的具体数量并不固定，有的可长达6～7根。

（4）中大阳线和中大阴线的实体并不一定对等、对称。

和空头帽类似的还有一种高位盘旋组合，也需要注意：即在上涨高位一根中大阳线后，在其收盘价位附近连续出现数根小阴线或小阳线。高位盘旋也是一种空头提示信号，只不过与空头帽相比较缺少了后一根具有确认和加强含义的中大阴线。

有些高位盘旋组合会演化为空头帽，但更多的会采取其他下跌形式，如连续的中小阴线等，或长时间延伸高位盘旋形态，直至达到主力的目的。

空头帽组合相对完整地展现了由多头主导到多空平衡，再到空头主导的过程，虽然这个过程相比趋势形态的多空转化应属简化模式，但环节上并不缺失。空头帽组合的空头提示强度中等，多数会成为阶段性的高点。

## 十一、空头指路

空头指路是指一根带有较长下影线的中大阴线后，连续报收数根中小阴线或中小阳线，最后出现一根向下突破的中大阴线。空头指路形态中第一根带有较长下影线的中阴线，可以看作空头发起大规模、重量级攻势前的一次试探行为，为之后的向下突破指明了方向，故称为空头指路，如图3-25所示。

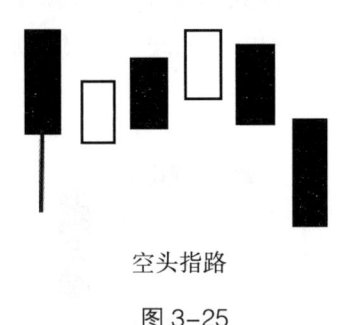

空头指路

图3-25

判断空头指路的技术要点有如下几点。

（1）经过连续上涨后，价格转入跌势的初、中期。

（2）第一根中大阴线的下影线至少超过实体一半以上。

## 第三章　K线组合的警示信号

（3）中小K线数量并不固定。

实盘中，中小K线运行在第一根中大阴线实体内时，其迷惑性最大；也有运行于第一根中大阴线影线中甚至创出股价新低的，这种情况多属于突发情况，为抛盘集中所致，也反映出主力已经渐渐失去控盘能力。

如图3-26中A处所示，第一根中大阴线收出长下影线后，之后的K线虽然相对较小，却创出股价新低，使"空头指路"组合的迷惑性大幅降低。为了挽回这个失误，股价随后反弹接近第一根中大阴线的高点，制造了进一步上涨的假象，但之后直接以一字线跌停板连续下跌，显示出主力资金已经难以较好地掌控市场集中抛出的筹码。

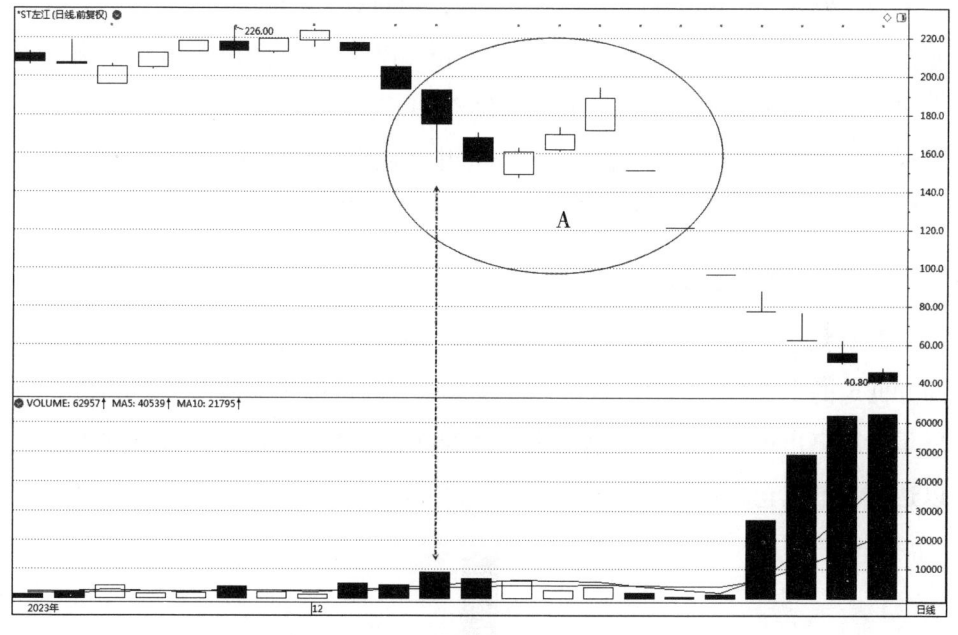

图3-26

空头指路组合中第一根带有较长下影线的中大阴线，往往都有较大的成交量，从资金逃逸与回归的角度来说，这根K线具有一个资金大幅逃逸、小幅回归的过程。

某一阶段过于明显地进行资金逃逸，其实并不利于主力有效减持仓位，跟风杀跌盘甚至会先于主力资金将股价打到跌停板上。对于只想在相对高位减掉部分仓位的主力来说，让市场保持做多的信心和希望，是一项不可忽视的工作。基于此，在第一根带有较长下影线的中阴线上（加上下影线幅度，原应为大阴线），主力必然会先减掉计划中的仓位，然后借助盘口挂单、对倒、交易时间段选择等手法，通过小幅增加仓位再将股价拉升到一定程度。

不要小看股价的这个回升幅度，也就是下影线的部分，它会给市场无限大的想象空间，使很多原本惶恐不安、意欲跟风杀跌的人收住了手，继而一步步恢复做多的信心。主力资金无疑就是看破了市场上存在这种心理，于是接下来空头指路组合中的中小阴线或中小阳线，就顺应市场心理作为反弹的主体出现了。

对于已经逐步恢复做多信心的人来说，判断对了股价运行的方向，不但会使自己很兴奋，还会进一步加重已有的仓位，以便让自己的盈利在"正确"的方向上飞奔。这一点，正是主力资金最乐于见到的。上述步骤之后，如果主力顺利完成计划任务，那么一根向下突破的中大阴线就会出现；如果暂时还没达到目标，那么中小阴线或中小阳线还会多上几根，主力也就多陪市场玩上几天。

## 十二、跳高出逃

跳高出逃是指在下跌初中期，连续的小阴线、小阳线后，突然出现一根高开低走的中大阴线，之后价格仍旧恢复原有的运行节奏和状态，如图3-27所示。跳高出逃是主力资金借助突然性的高开来迷惑和吸引市场追涨资金，以达到自己减仓的目的。

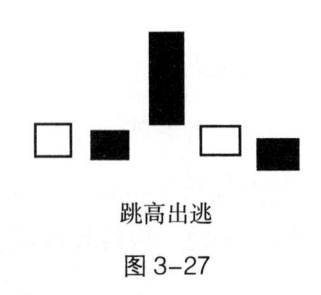

跳高出逃

图 3-27

判断跳高出逃的技术要点有如下几点。

（1）经过连续上涨后，价格转入跌势的初、中期。

（2）高开低走中大阴线之前和之后的 K 线，多以小阴线、小阳线为主。

（3）高开低走的中大阴线，高开幅度较为明显。

（4）高开低走的中大阴线具有相对较大的成交量。

跳高出逃这种 K 线组合多出现在跌势初期阶段，因为这个阶段跌势尚不明显，空头并没有显示出绝对的主导地位，市场各方对于后期走势仍旧存有不同的看法，所以选择这个阶段以高开的方式来完成减仓的任务，对于主力来说相对容易达到目的。

如图 3-28 所示，在下跌阶段，K 线以小阴小阳的节奏运行，某日突然出现一根高开低走的中大阴线后，股价逐渐开始向下跌落。跳高出逃具有较大的隐蔽性和迷惑性，主力采用这种手法来减仓不仅不会引起恐慌，有时还会勾起市场无限的遐想。

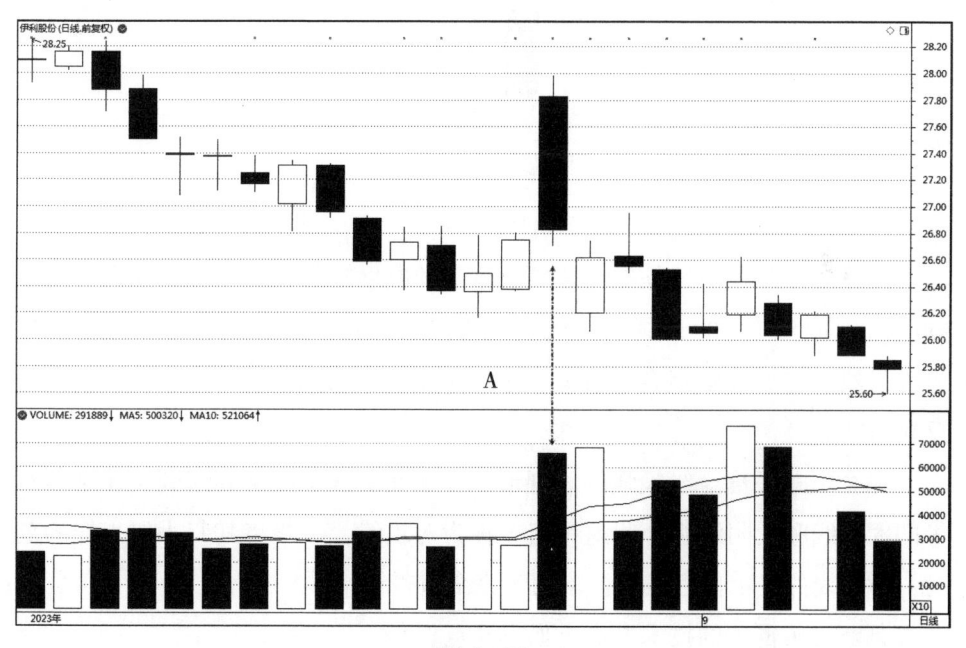

图 3-28

# 第三节 K线组合的买入信号

## 一、多头覆盖

多头覆盖是指一根阴线之后，第二根为中大阳线且将前一根阴线完全覆盖在自身的实体之内，如图3-29所示。多头覆盖显示出多方强劲的反攻势头，是强烈的买入提示信号。

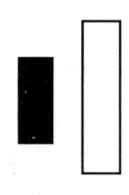

多头覆盖

图3-29

无论是多头覆盖还是空头覆盖，覆盖的幅度越大，则攻势越强烈、信号越明确。如果当天的K线实体能够覆盖前面好几天的K线，那么提示信号更为强烈。这个K线组合的意义在于以第二根中大阳线覆盖强度来显示多头反攻力度。

完全覆盖是覆盖线最强的表现形式，而在实战中经常会遇到实体基本对等的大阳线和大阴线组合，这种组合称为对攻线，一般将其归入侵入线的范畴。对攻线的提示信号强度，略弱于完全覆盖线。

判断多头覆盖的技术要点有如下几点。

（1）下跌趋向已维持较长时间，或具有相对较大的跌幅。

（2）第二根中大阳线低开高收，将第一根阴线完全覆盖。

（3）第二根中大阳线的成交量呈温和放量态势。

多头覆盖组合的成型具有一定的突然性。原本处于下跌趋向或弱反弹过程中，但主力资金突然发力改变原有的运行格局，因此不会有太多的市场资金大规模参与，所以组合出现当天的成交量一般不会过大。温和放量是多头覆盖组合第二根大阳线理想的放量形式，如果是突然性剧增的成交量，则后面出现调整或走成失败型的几率就比较大。

如图 3-30 所示，A 处形成多头覆盖组合，但这根大阳线的成交量达到变量级别，突然性剧增的成交量，使后期走势变得极为复杂多变。虽然该股股价后期也出现了大幅上涨，但是持仓者所受的颠簸与煎熬也非常大。

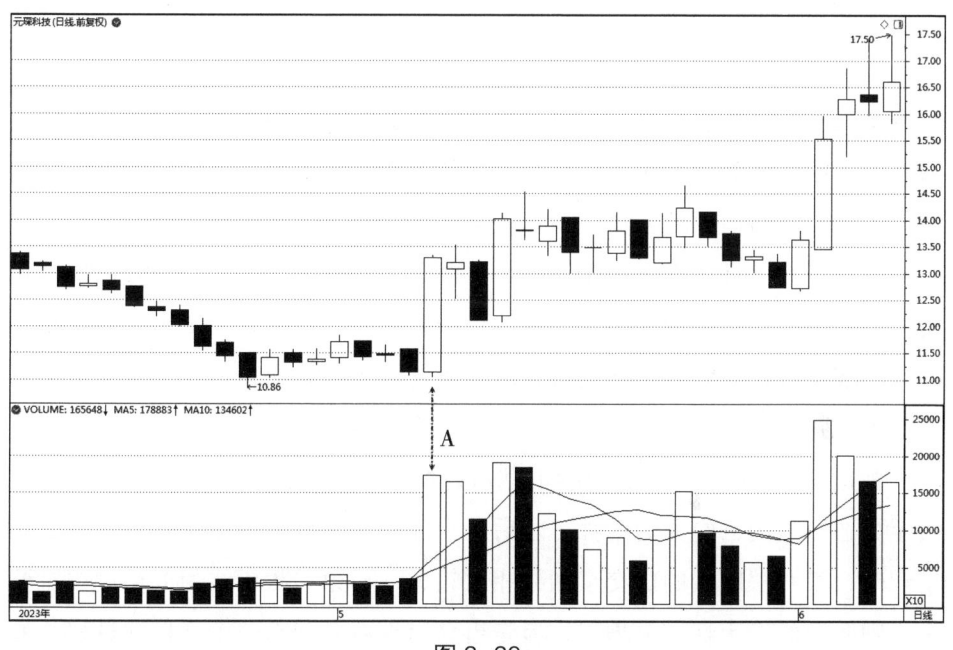

图 3-30

## 二、上涨孕线

上涨孕线是指一根中大阴线后，第二根 K 线为高开的中小阳线或十字星（线）等，且整体蕴藏在前一根中大阴线的实体之内，如图 3-31 所示。孕线既是对这种 K 线组合形象性的称谓，同时也暗示股价正孕育着趋势的扭转，将诞生一个新的方向。

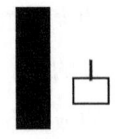

上涨孕线

图 3-31

判断上涨孕线的技术要点有如下几点。

（1）下跌趋向已维持较长时间，或具有相对较大的跌幅。

（2）第二根 K 线实体相对较小、影线较短且最高价和最低价都包容在第一根 K 线的实体之内。

上涨孕线组合多出现在跌势中或级别较大的调整阶段，通常来说中大阴线本身具有跌势扩展的意义，但上涨孕线组合第一根中大阴线之后，跌势并未随即扩展，反而向上跳收小阳线。为什么空头拉出大干一番的架势，却又突然止步不前？是引而不发、静候最佳时机？还是已势穷力竭？

不同的技术环境下，具有绝对不同的技术含义。在由多转空的跌势初期，类似上涨孕线形态出现，多是空头故意布置陷阱，意在剿杀多头残部；而当跌势已维持较长时间或短期具有相对较大跌幅时，则必是空头式微、多头悄然反攻的开始。

如图 3-32 所示，该股连续下跌后，A 处出现上涨孕线组合，昭示着空头至少在短期内已经无力逞强，之后股价随着多头反攻逐步走强。上涨孕线出现时，第一根阴线的成交量如果相对较大，而第二根阳线的成交量相对缩小，则组合的确定性较为理想，但是组合出现后必须有一个增量的过程，如果在之后的反弹中缺乏增量的过程，那么这个上涨基本可以肯定是一个短命的弱反弹。

## 三、雨后初阳

雨后初阳是指一根中大阴线后，第二根低开高走的中大阳线侵入前一根中大阴线的实体之内。如果将跌势或阴线比喻成连绵雨季，一根多头强力反攻的中大阳线就像雨季结束后升起的第一轮红日，故名雨后初阳，如图 3-33 所示。

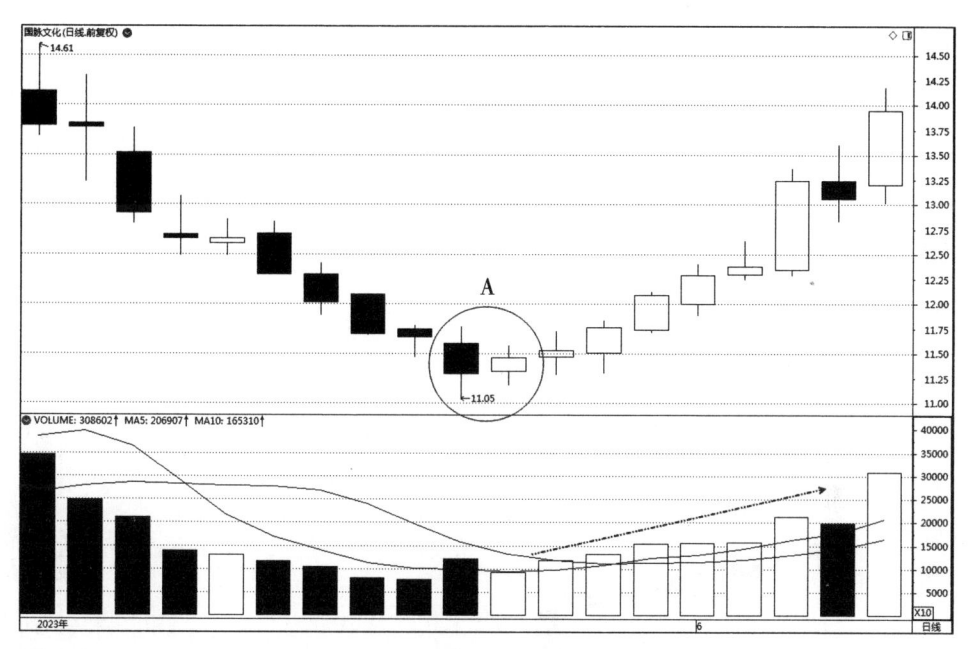

图 3-32

判断雨后初阳的技术要点有如下几点。

（1）下跌趋向已维持较长时间，或具有相对较大的跌幅。

（2）中大阳线侵入前一根中大阴线实体的比例越大，多头提示信号越强烈。

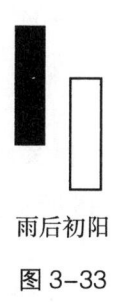

雨后初阳

图 3-33

雨后初阳组合是实战中较为常见的多头侵入线形式。这个组合成型于跌势之中，具有一定的突然性，但是因其未能覆盖前一根阴线，所以多头信号提示强度低于多头覆盖组合。在这个组合形成时，盘面上多头发起全面反攻的势头暂时未显示，所以成交量通常不大，如果价格继续升势，那么成交量必须具有一个增量的过程，否则极有可能走出失败形态。

如图 3-34 所示，A 处雨后初阳组合出现后，股价呈盘升态势，成交量也随之不断放大。在这个案例中，雨后初阳组合出现后，成交量放大到变量级别。过于放大的成交量，也会给后期走势带来较大的折返，交易者对此要有全面的认识。

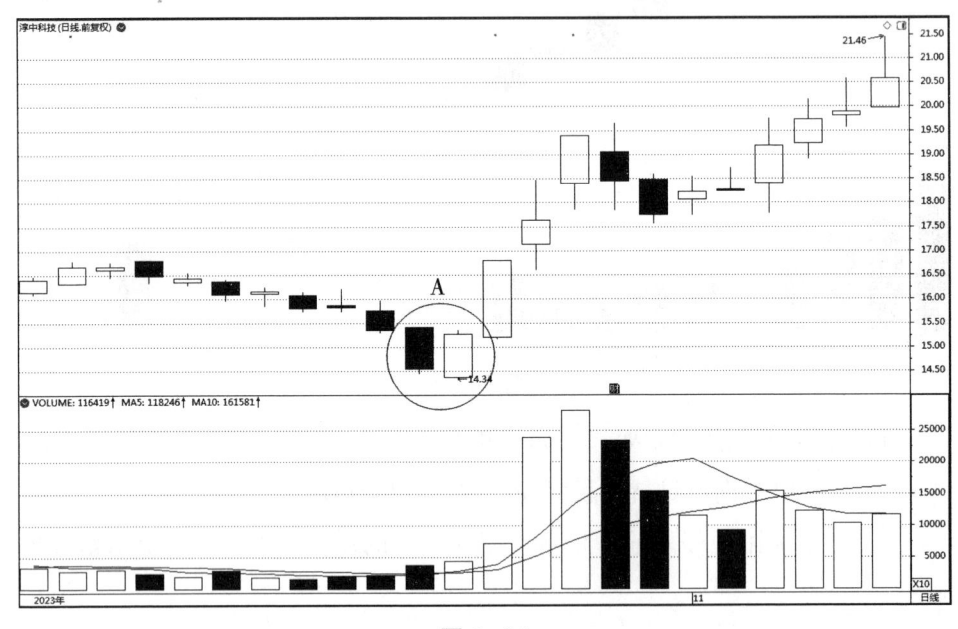

图 3-34

## 四、旭日东升

旭日东升是指一根阴线后，第二根 K 线为高开高走的中大阳线，其收盘价超越第一根阴线开盘价，如图 3-35 所示。

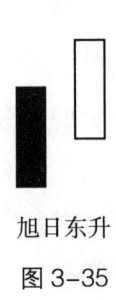

旭日东升

图 3-35

判断旭日东升的技术要点有如下几点。

（1）下跌趋向已维持较长时间，或具有相对较大的跌幅。

（2）第二根中大阳线的收盘价超越第一根阴线开盘价越多，则多头提示信号越强烈。

（3）第二根中大阳线当天的成交量应有明显放大。

旭日东升组合虽在股价上覆盖了前一根K线，但实体上并未完全覆盖，也属于多头侵入线类别。旭日东升组合的多头提示强度低于多头覆盖。如图3-36所示，一波快速下跌后，A处出现旭日东升组合，之后股价盘整后进入升势。

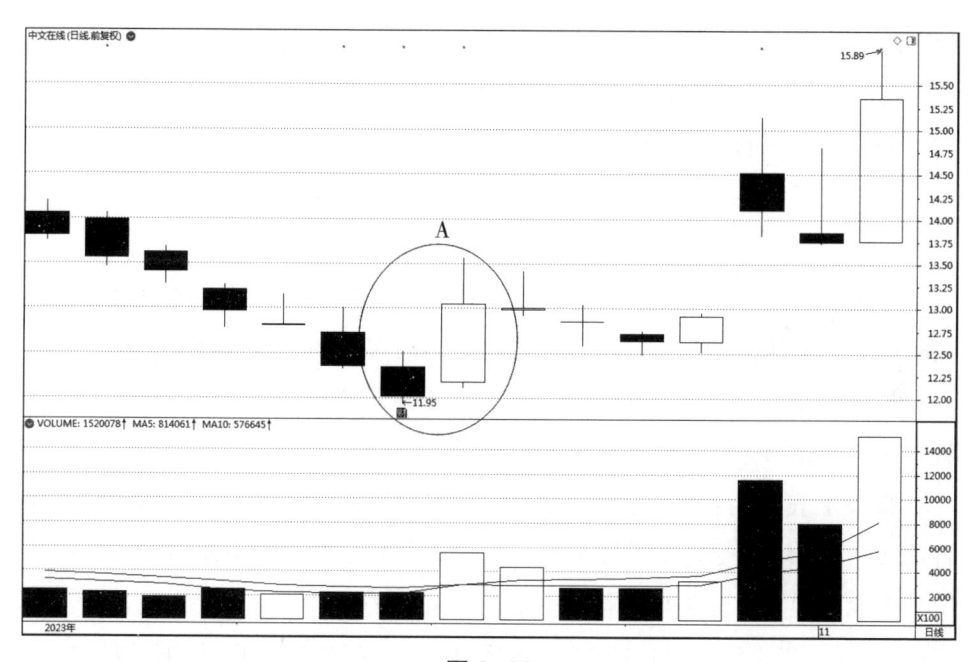

图 3-36

## 五、红三兵

红三兵是指连续三根上涨的小阳线每天都创价格新高，但并无跳空缺口（包括盘中回补）。三根上涨的小阳线就像战斗中的尖兵，在悄无声息中拉开多头进攻的序幕，如图3-37所示。

红三兵

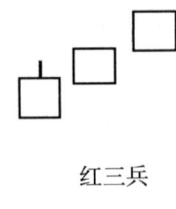

图 3-37

在底部区域或盘整阶段出现红三兵，意味着蛰伏多日的多方已蠢蠢欲动。同时可以观察在股价下跌过程中和红三兵出现后，成交量是否存在一个逐步缓慢缩减到放大的现象，如果存在这种现象，那么随着股价继续延续升势、量能渐次增大，趋向的扭转就会逐渐显现出来。红三兵形态出现在长期、大幅下跌趋势运行的末期，其见底提示的可信度较高，在下跌中段出现时，则往往会成为下跌中继形态。

判断红三兵的技术要点有如下几点。

（1）大跌过后的底部区域或盘整区域。

（2）三根小阳线依托 5 日均线上升。

如图 3-38 所示，该股在 A 处出现红三兵组合，成交量在盘中表现为回调时缩量、上涨时增量，预示行情正处于转向多方的发展过程中。红三兵组合和 5 日、10 日均线系统的配合，主要在于显示股价涨升强度，而 5 日、10 日均线是能在第一时间反映出强度的指标。

盘口上表现为：红三兵组合至少在 5 日均线上方运行，并逐渐突破 10 日均线，5 日均线受到牵引转为上行，显示涨升强度正在不断增加，多数情况下至少会迎来一波强反弹行情。下跌过程中的弱反弹，也会出现连续三阳线或多阳线，但多数不会停留在 5 日均线上太久，很快就会回到 5 日均线之下，恢复跌势的疲态。

## 六、早晨之星

早晨之星是指第一根 K 线是中大阴线，第二根 K 线是小阳线或小阴线（十字线）具有上下影线，第三根 K 线为中大阳线，如图 3-39 所示。

判断早晨之星的技术要点有如下几点。

第三章　K线组合的警示信号

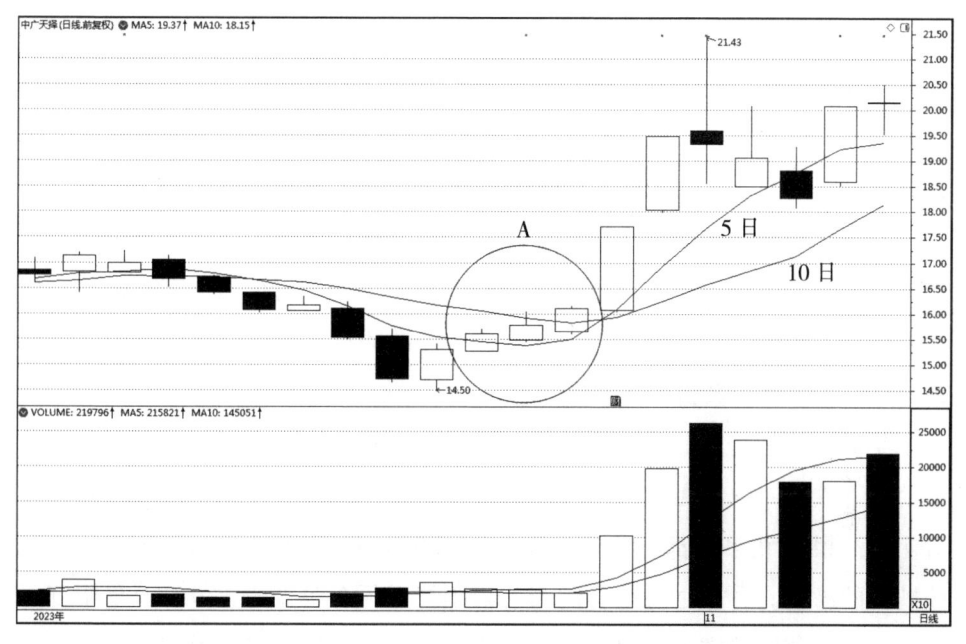

图 3-38

（1）下跌趋向已维持较长时间，或具有相对较大的跌幅。

（2）第二根 K 线具有相对较长的上影线或下影线。

（3）第三根阳线侵入或覆盖第一根阴线的实体越多，多头提示信号越强。

（4）第三根阳线当天成交量应有所放大。

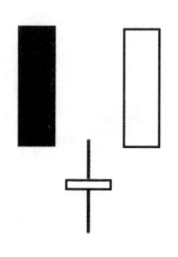

早晨之星

图 3-39

下跌过程中或弱反弹结束后，市场普遍悲观地认为行情不可能有任何转机，于是以卖出或做空股票为主。在一根中大阴线之后，卖出要求未能得以

# K线技术分析与实战

实现的交易者次日会选择继续卖出或做空，但不久就发现价格并没有延续上一交易日的深跌，而是开始缓慢回升，虽然回升幅度有限，却显现出极有韧性的支撑。出乎多数人的意料，第三个交易日空头似乎突然人间蒸发，而多方释放出巨大的能量，价格开始迅速上涨。

早晨之星组合的第一根阴线，显示交易者被恐慌情绪控制，很难作出理性分析，只能选择跟随大众抛售；第二根小阳线、小阴线或十字线则是非理性抛售到了极点，K线形态上也具有跌势停歇的意义；第三根阳线说明行情趋向可能发生重要转折。

早晨之星组合有一个成交量上的筛选项，对于实战中辨别真伪有一定的帮助。下跌趋向中，在价格阶段性低点出现的早晨之星组合，其第二根K线对比第一根K线多数都有放量的现象，如图3-40中A处所示，这也是恐慌性抛售的缘故。早晨之星组合的第三根阳线必须有明显的放量，放量幅度至少不能低于前期的常量阶段，同时在之后的上涨过程中应能保持增量，而如果出现逐渐缩量，可能会走出失败形态。

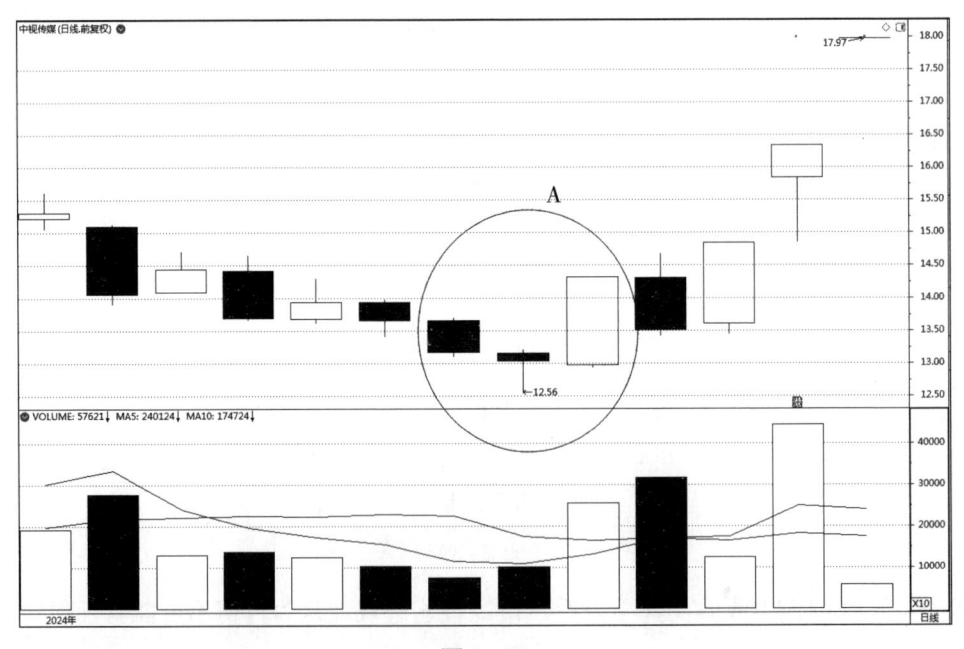

图 3-40

## 七、跳低回收

跳低回收是指上涨过程中某一日股价突然大幅低开，但收盘时股价不但收复失地而且有一定涨幅，之后股价继续升势，如图3-41所示。

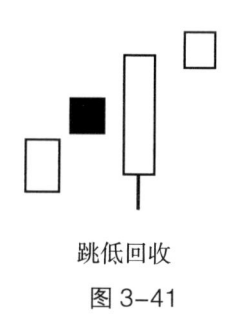

跳低回收

图3-41

判断跳低回收的技术要点有如下几点。

（1）上涨趋向形成的初、中期。

（2）跳低回收后股价能延续增量上涨。

在上涨过程中，股价出现不同幅度的折返和反复振荡是难免的。在这个阶段，刻意的低开或借助利空大幅低开，都是常见的震仓手法，力度不够大的振荡，是难以达到震仓洗盘的目的的。

跳低回收是一种比较"狠"的震仓手法，往往会给短线交易者带来股价转折向下的错判，部分交易者会选择及时止损。如图3-42所示，在股价逐步回升的过程中，A处股价突然性大幅低开，这个低开在股价上覆盖了前面两根K线的实体，并有继续向下跌落的势头，这种盘口势必会给持仓者带来很大的持仓压力。

图3-42的K线图似乎并不能反映出"跳低回收"给持仓者带来的恐惧感，我们可以看一看A处当天的分时走势图，就能够很好地理解这一点了。图3-43是A处的分时走势，图中可见，当日股价低开低走，上午大部分交易时间都在跌停板附近振荡。这种走势会让持仓者产生怎样的联想？是不是大部分人都在考虑：马上就会跌停，想卖都卖不出去！

如果你在恐慌情绪的控制下清仓离场，那么至少说明你不适合在市场恶劣的环境下进行短线操作。在分时图显示股价穿刺般下跌时，如果你敢于选

# K 线技术分析与实战

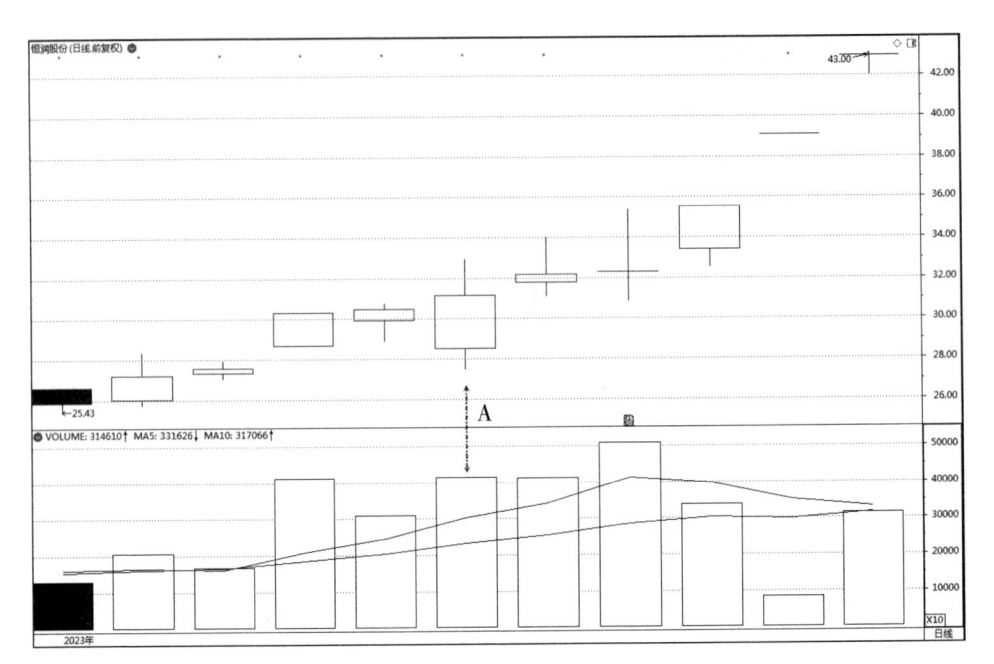

图 3-42

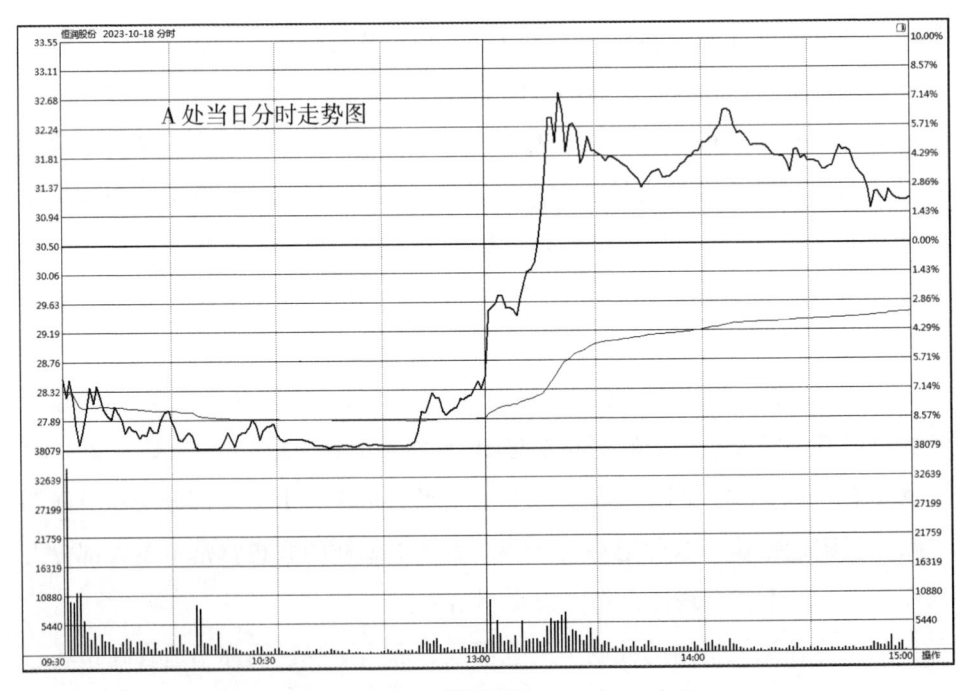

图 3-43

择控制仓位买入（底仓的存在可以保证及时纠错和获利 T 出），这个操作的前提如果不是建立在盲目好动的基础上，而是有计划、狙击恐慌杀跌的一种操作手法，那么你的操作技术在大部分市场环境下都可以生存。

经受住"跳低回收"的考验，或者及时纠错的交易者，才有机会重新审视和理解这个 K 线组合的真实含义，并从中寻找到盈利的机会。"跳低回收"是一次震仓洗盘，也是一次测试股价自身上涨强度的过程。经过测试后的股价，能让交易者更加有信心选择加仓。

## 八、上涨三叠阴

上涨三叠阴是指一根中大阳线后，连续出现三根价量渐次萎缩的中小阴线，三根小阴线的最低价未能跌破前面中大阳线的开盘价，之后再收一根中大阳线，如图 3-44 所示。上涨三叠阴的出现，多为主力清洗浮筹或借机吸筹等方面的需要。

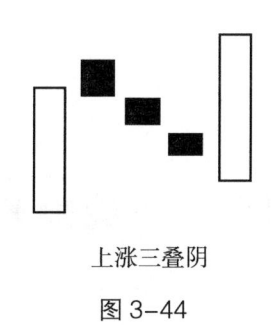

上涨三叠阴

图 3-44

判断上涨三叠阴的技术要点有如下几点。

（1）上涨趋向形成的初、中期。

（2）三根中小阴线价量渐次萎缩，未破第一根中大阳线开盘价。

（3）三根中小阴线侵入第一根中大阳线实体比例越小，多头提示信号越强烈。

（4）最后一根中大阳线超越三根中小阴线最高点越多，多头提示信号越强烈。

上涨三叠阴衍变形态主要包括：中小阴线的数量上有增减，如二叠阴或四至五根小阴线，在技术意义上并无太大差异。

如图 3-45 所示，股价经过一波下跌后，于 A 处出现上涨三叠阴组合，随后股价开启了升势。这个组合在实盘中的主要判断基点看起来好像就在于最后一根中大阳线，其实不然。在组合形成过程中的三根（甚至更多）调整小阴线，更为重要。

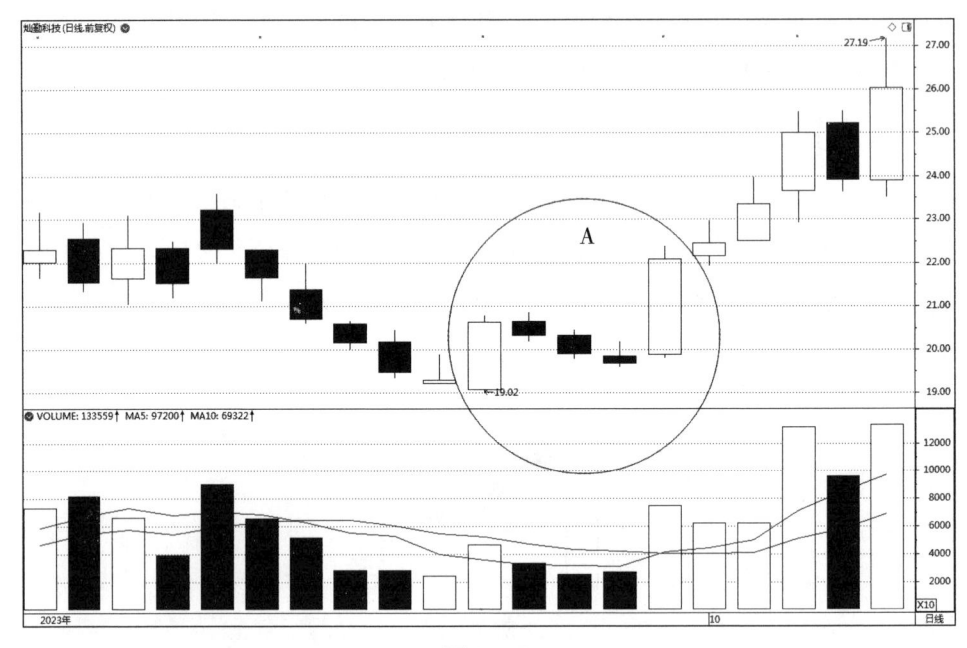

图 3-45

在看盘过程中，股价的回落和涨升分别具有相应的强度。这种强度有时候只能是盘中体会，却没有指标能够准确反映。例如该跌而跌不动，是回落无强度的体现，结合个股技术环境分析，就能够判断出股价大概率会转向上涨。涨与跌，总是处于相互转化的过程中。

组合中三根小阴线反映出跌无可跌时，至少应该是短线交易者买入的时机。实盘中，最后一根 K 线实体未能达到中大阳线的标准，但是具有上影线（达到大阳线标准），这种情况只要上影线不是过长，同时实体收盘价在三根中小阴线最高点附近，也算符合组合要求，但买入提示信号强度也相对要弱。

## 九、多头帽

多头帽是指一根中大阴线后，在其收盘价位附近连续出现数根低位盘整的小阴线或小阳线，之后突然出现一根中大阳线，引领价格转入升势，如图 3-46 所示。

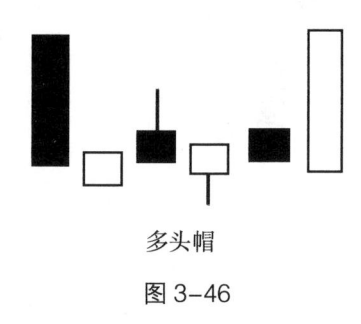

多头帽

图 3-46

判断多头帽的技术要点有如下几点。

（1）下跌趋向已维持较长时间，或具有相对较大的跌幅。

（2）数根小阴线或小阳线的运行重心基本在中大阴线收盘价上下。

（3）小阴线或小阳线的具体数量不宜超过 5～6 根，过多的盘整小 K 线可能使变化更复杂。

（4）中大阴线和中大阳线的实体并不一定对等、对称。

（5）最后的中大阳线应有明显的增量。

如图 3-47 所示，该股连续下跌后于 A 处构成多头帽组合。在多头帽组合中，最后一根放量的中大阳线具有确认作用，这根 K 线是多头对于趋向强力扭转的开始。

实战中，一根中大阴线后，连续出现数根低位盘整的小阴线或小阳线，当这种盘整性质的小 K 线过多时，往往会使多方失去攻击的凝聚力。新买入的持仓者因为久等不到涨势的来临，而选择转多为空，卖出持仓；原有的持仓者会渐渐认可股价会进一步下跌而选择卖出，空头合力使股价选择下跌。主力资金有时会利用这个平台进行跳水挖坑，或者进一步减仓。

综上所述，多头帽组合中的小 K 线不可过多，出现过多小 K 线时，交易者很有必要重新审定该股的技术环境，为可能出现的风险走势做好准备。

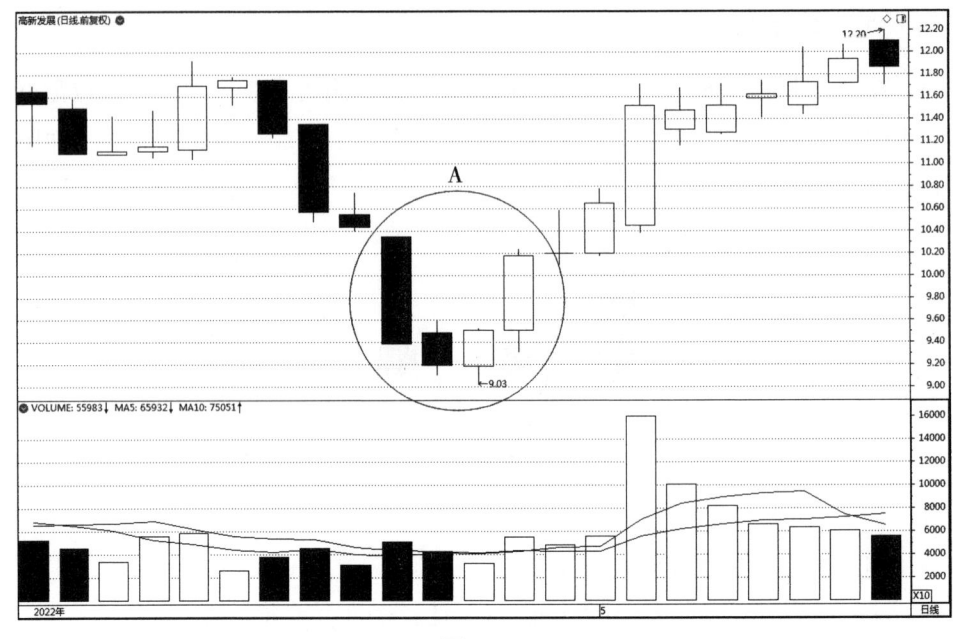

图 3-47

## 十、多头指路

多头指路是指一根带有较长上影线的中大阳线后,在开盘价之上连续出现数根中小阳线或中小阴线,之后价格继续升势,如图 3-48 所示。

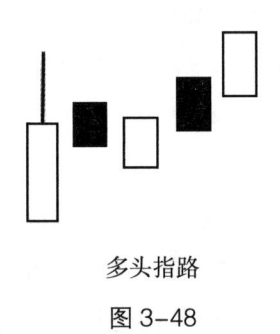

多头指路

图 3-48

判断多头指路的技术要点有以下几点。

(1)上涨趋向形成的初、中期。

(2)第一根中大阳线的上影线至少超过实体一半以上。

(3)中小阴线或中小阳线的运行重心在第一根中大阳线的开盘价之上。

（4）中小阴线或中小阳线数量并不固定。

多头指路组合的第一根带有较长上影线的中大阳线，具有测试上方压制或诱空的作用。通过这种测试所反馈的信息，主力会做出不同的反应，例如上方压制轻微或没有振荡洗盘的必要，则直接拉升；上方具有较强压制或接近密集成交区以及需要振荡洗盘，则以连续出现数根中小阳线或中小阴线进行反复振荡来消化相关筹码，直至达到自己的目的。

基于此，多头指路的中小阳线或中小阴线数量并不固定，多则6~7根，少则2~3根。如图3-49所示，A处出现第一根带有较长上影线的中阳线后，连续六根中小K线，才再次出现中阳线。

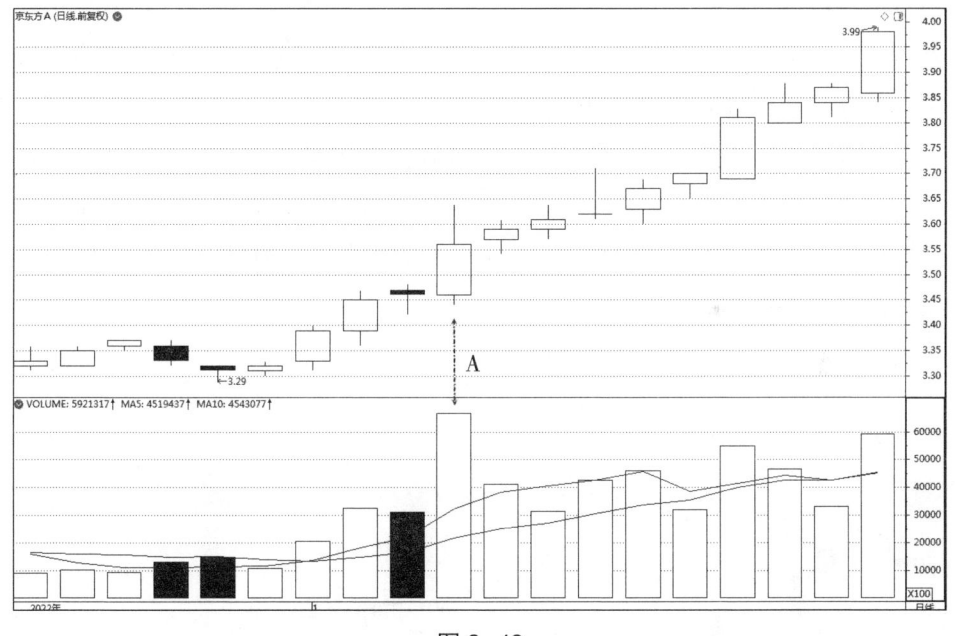

图3-49

## 十一、低位小阴价不跌

低位小阴价不跌，是指股价在下跌过程中连续出现数根小阴线，但股价累计跌幅并不大，之后突然出现逆转向上的走势，如图3-50所示。

判断低位小阴价不跌的技术要点有如下几点。

低位小阴价不跌

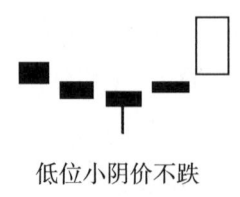

图 3-50

（1）经过较长时间或大幅度下跌后。

（2）成交量与价格同步呈长时间低迷态势。

（3）需要确认有起涨阳线和量能的出现。

低位小阴价不跌组合需要一个确认要件，即有起涨阳线和量能的出现，来打破之前空头沉闷下跌的趋向。没有这一点，无法确认低位小阴价不跌组合的成立。在漫长的熊市下跌过程中，类似低位小阴价不跌组合在中大盘股中很常见，并不能成为交易者建仓的依据。

如图 3-51 所示，该股股价大幅下跌后，于 A 处形成低位连续阴线（允许少数小阳线）下跌，但这个连续阴线中，有部分 K 线达到中阴线标准，而且股价创下新低。从稳健的角度来看，尚不能完全认定股价会由此转势上行。

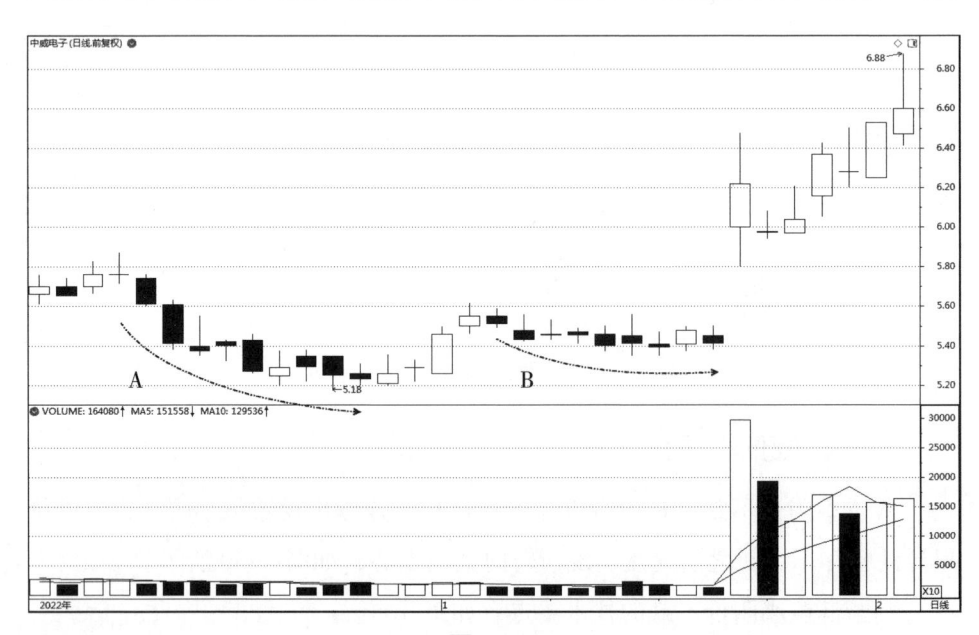

图 3-51

之后股价展开反弹，于 B 处再次出现连续阴线，但整体下跌幅度非常有限，低位支撑明显，可以判定 B 处形成了低位小阴价不跌组合。低位小阴价不跌组合实质上是主力的一次洗盘行为，为将要开始的拉升做好最后一次震仓洗盘的工作。

有一点必须说明，并不是所有出现低位小阴价不跌之后，都会迎来股价的快速拉升。当主力利用低位小阴洗盘时，发现资金流入远比筹码逃逸的多或筹码逃逸的程度不够，那么延长洗盘打压或者再次向下挖坑都有可能。

## 十二、漫漫小阳线

漫漫小阳线是指经过大幅下跌后，个股股价在相对低位区域连续出现多根小阳线。漫漫小阳线组合的多头信号提示强度，高于低位小阴价不跌组合，如图 3-52 所示。

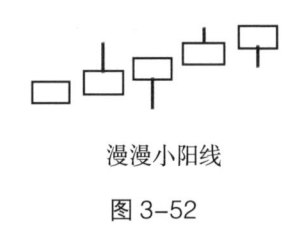

漫漫小阳线

图 3-52

判断漫漫小阳线的技术要点有如下几点。

（1）上涨趋向形成初期。

（2）多根小阳线呈缓慢、小角度向上运行态势，成交量同步增加。

漫漫小阳线因其量价均缓慢向上运行，并没有量价骤增暴涨的现象，往往并不为市场所关注；同时连续小阳线上下振幅有限，买点和卖点不易选择，因此短线追涨资金并不会关注，而主力也因此得以吸足筹码并蓄势待发。这种 K 线组合，显示多方正在构建底部，积蓄上涨动能。漫漫小阳线如果出现在股价相对高位区域，则极有可能是主力制造的多头陷阱，往往小阳线连涨数十天，却抵不上一根大阴线的下跌幅度。

如图 3-53 所示，该股跌势完结后，出现连续的小阳线，形成小角度向上爬升的态势。对于走出漫漫小阳线组合的个股，交易者应耐心守候。连续多日的小幅度上升并且每天都包含折返振荡，会让短线资金认为该股上涨乏力，缺少大资金关照，很难获得较好的收益而选择卖出。

　　这类个股比较适合波段交易者，介入时应遵循低吸技术的原则，避免追涨。漫漫小阳线组合虽然走势缓慢、上升角度相对较小，但振荡都在当天完成回收，一般不会延续到次日。如果这个组合形成过程中出现股价挖坑下跌，股价偏离小角度涨升趋向，那么交易者就需要重新审定。

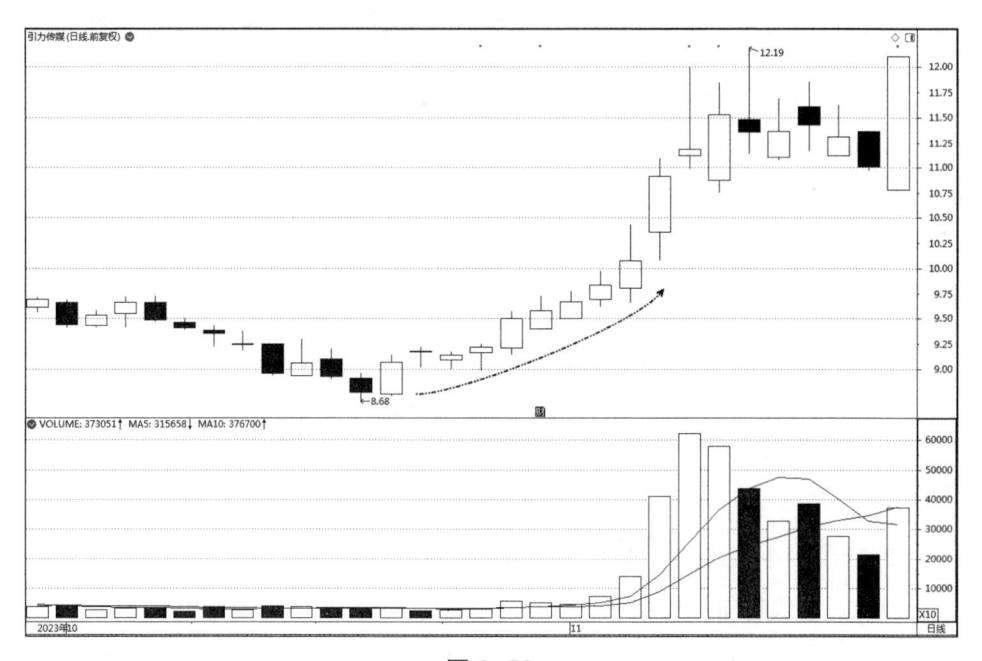

图 3-53

第四章

# K线形态的趋势信号

# 第一节　K线振荡盘整形态

## 一、趋势、股价运行重心与振荡盘整

1. 趋势

道氏理论将股价长期整体运行方向称为主要趋势，并将整体保持上升的趋势称为上涨趋势，将整体保持下跌的趋势称为下跌趋势。

趋势的级别上，主要趋势中出现的回落或反弹走势（时间一般为三个星期至数个月），称为次级折返走势，也就是市场的中期走势。其余短时间内的波动，则称为短期走势。

实战中，一般将道氏理论中的主要趋势，即上涨趋势称为牛市，将下跌趋势称为熊市。在这两种长期趋势下发生的次级折返走势和短期波动走势，称为中期趋向和短期趋向。换言之，趋势，就是指主要的、长期价格走势；趋向，就是指次级的、中期走势以及短期走势。

交易者必须首先明确所处的市场目前运行于何种趋势，才能给自己的交易确定一个适合的策略和计划。比如当市场处于长期熊市下跌趋势中时，交易者的策略应以观望、融券做空以及狙击波段性强反弹为主；反之，如果市场处于长期牛市上涨趋势中时，交易者则应选择稳定持仓或融资加仓等积极做多的交易策略。

2. 股价运行重心

股价在正常交易时，总是处于不停的变化中，忽涨忽跌的振荡折返是一种常态。如果说有区别，也不过是在涨跌幅上：涨跌幅度小的个股，忽涨忽跌的情况不是太明显；涨跌幅度大的个股，则就明显能看出其中的跌宕起伏了。

无论是 K 线图还是分时走势图，除非涨跌停板状态中的个股，都存在股价的折返往复。在股价振荡折返过程中，总是会围绕着一个重心运行。这个重心可以是市场的平均成本，也可以是技术上的支撑位或压制位，抑或是大资金刻意维持的一个价格波动区域等。

股价围绕重心上下波动是趋向运行的常态，如果股价突然打破这种常态，开始脱离这个重心，就说明股价失去了原有的运行规律，进到新的运行规律中，将重新形成另一个运行重心。股价的这种改变，就为交易者提供了研判趋向变化的重要依据。

3. 振荡盘整

讲到趋势，一般都会讲上涨趋势和下跌趋势，而振荡盘整形态多不被认为是一种主要趋势，而是认定为上涨趋势或下跌趋势运行中的延伸形态，也就是说仅被认定为一种次级趋势。但是，振荡盘整形态有其独立且明显异于其他两种趋势的技术特质。一些运行时间比较长或者结构复杂的振荡盘整形态，仅作为次级趋势进行分析研判，可能会影响到最终结论的准确性。

我们可以从灵活性的角度来认定振荡盘整趋势，实战中从趋势和趋向两个角度进行分析，哪一种研判结论更有利于破解股价运行的迷局，就采信哪一种。毕竟，技术分析本身就是灵动活泛的、不断升级与更新的，而僵化呆板的分析理论从来都不会恒久存在。

振荡盘整形态有很多种，有些呈现为股价运行重心横向运行的态势。关于横向振荡盘整，在技术分析上存在一个疑点，这个疑点源自流传已久、耳熟能详的股谚。

其一：久盘必跌。意思是说，股价在某个区域振荡盘整过久，最终多数会选择下跌。

其二：横有多长，竖有多高。意思是说，股价在某个区域振荡盘整有多长的距离，未来的涨幅就会有多高。

以上这两种关于横向振荡盘整相互矛盾的说法，究竟哪一种才是正确的呢？

其实，这两种说法都是正确的。

原因很简单，但需要从技术环境上来分析，没有这个立足点，就很难讲通道理。

（1）久盘必跌。

振荡盘整其实是股价运行中的常规态势，不但会出现在上涨趋势中，也会出现在下跌趋势中。不同股价运行阶段出现的振荡盘整，其技术意义往往截然不同。

所谓的久盘必跌，是有具体技术环境要求的，并非所有的"久盘"都只有下跌一条路可走。实战中，最容易出现"久盘必跌"的就是在下跌趋势中，尤其是跌势初中期阶段，这时候出现的振荡盘整，最终结局多数会走向继续下跌这条路。

如图4-1所示，该股经过大幅下跌后，进入A区域的横向振荡盘整区域。股价从高点大幅下跌后，A区域股价低点逐渐抬高的微幅振荡盘整，会让交易者慢慢认可这个点位和股价的运行节奏，并认为股价经过了大幅下跌后，目前就是在构筑底部，不久就将再启升势。

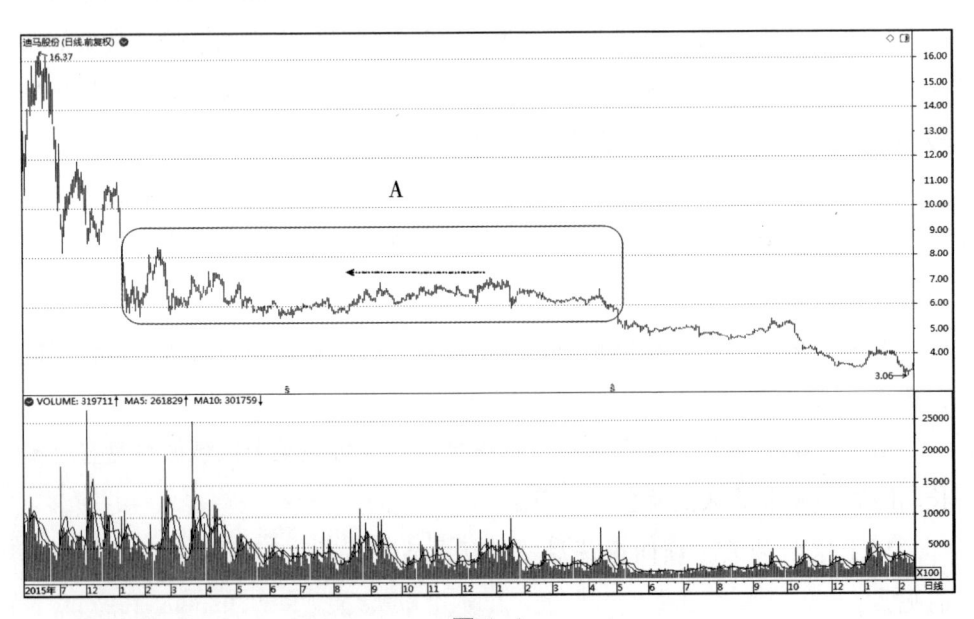

图4-1

## 第四章　K线形态的趋势信号

　　一些交易者便会在这个点位开始买入，并等待股价上涨，等来的结果却让人大失所望。股价不但没能再起升势，反而跌破振荡盘整的低点，再度进入下跌趋势中。

　　图4-1就是比较常见的一种"久盘必跌"形态，这种在下跌趋势中途出现的振荡盘整，其实是下跌趋势的延伸形态。实战中还有一些下跌趋势的中继形态，其持续的时间比图4-1要短得多，但技术意义一样。

　　从技术细节上来界定出现的振荡盘整会不会形成"久盘必跌"，主要依靠趋势线、股价运行重心、均线系统来判断，同时参考成交量变化（具体讲解详见后文）。就图4-1的案例而言，不必运用其他技术手段，仅从股价波动强度上，就可以大致分析出A区域的振荡盘整极有可能"久盘必跌"。比如，股价振荡高点难以企及之前的高点，这种股价波动强度，即使出现股价向上突破的走势，也大概率会走出假突破的形态。

　　在下跌趋势初中期出现的振荡盘整，多数会形成"久盘必跌"，而在上涨趋势的初中期出现的振荡盘整，多数会继续上涨。如图4-2所示，该股在上涨趋势形成的初期，A区域出现振荡盘整走势，结束振荡盘整过程后，股价便进入快速拉升阶段。

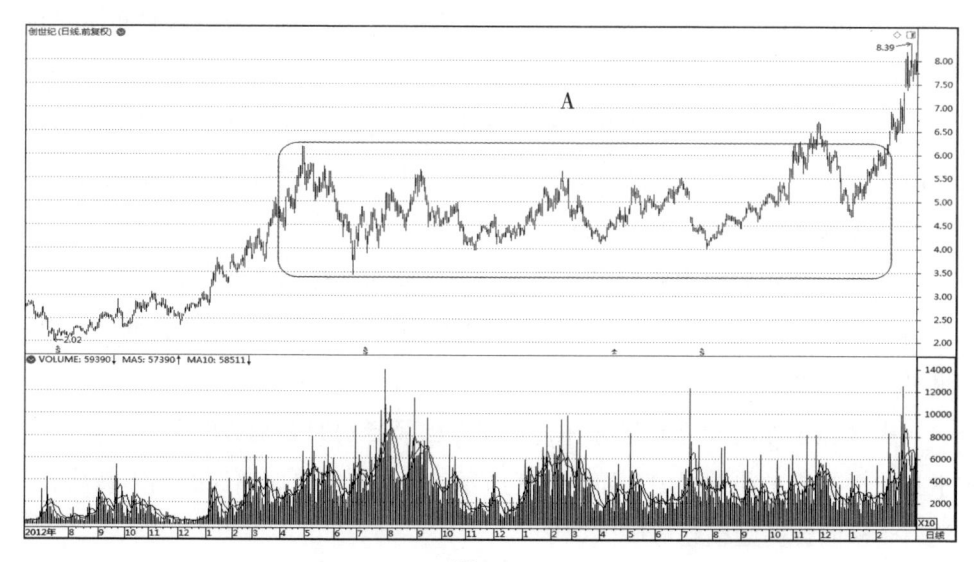

图4-2

（2）横有多长，竖有多高。

振荡盘整出现在趋势的初中期阶段时，多数是原有趋势的中继形态，完成振荡过程后仍会回到原有趋势。但是当趋势经过长时间运行后，这时候出现的振荡盘整形态可能就有所不同了。

一部分运行时间相对较短、结构简单的振荡盘整，可能是原有趋势的延伸形态，而运行时间较长或结构复杂的振荡盘整则是独立的趋势。

当振荡盘整作为独立趋势存在，其技术意义则完全不同于中继形态和延伸形态。

①在下跌趋势初中期出现振荡盘整形态，其主要技术意义是：经过大幅度下跌后，市场愿意接盘买入者越来越少，股价下跌的动力也越来越小。这时出现的振荡盘整有利于恢复人气，增加市场资金的买入信心，为进一步下跌积攒能量。

②在上涨趋势初中期出现振荡盘整形态，其主要技术意义是：经过一段时间涨升后，个股盘中累积了一定的获利盘，这些获利盘并不稳定，一有风吹草动就会有所行动。与其让这些获利盘在之后的拉升阶段"捣乱"，不如在相对低位将它们清理出去。但是主力资金出于某种原因（不同阶段的主力会有不同的原因），并不想用大幅下跌的振荡方式，而是采取以时间换空间的横向振荡盘整来实施。完成这个过程后，股价多数会出现快速拉升。

③在上涨趋势的中后期出现振荡盘整，多为涨势的延伸形态。这种形态的出现，意味着涨势虽然仍在继续，但已经动能不足，后市可能会继续上涨，也可能转入下跌，具有不确定性。

④在下跌趋势的中后期出现振荡盘整，多为跌势的延伸形态。这种形态的出现，意味着跌势虽然仍在继续，但已经动能不足，后市可能会继续下跌，也可能转入上涨，具有不确定性。

振荡盘整作为独立趋势存在，意味着已经告别原有趋势的束缚，运行于本身独特的节奏和进程中。如图4-3所示，A区域股价脱离原有的下跌趋势，运行于横向振荡盘整趋势中。

第四章　K线形态的趋势信号

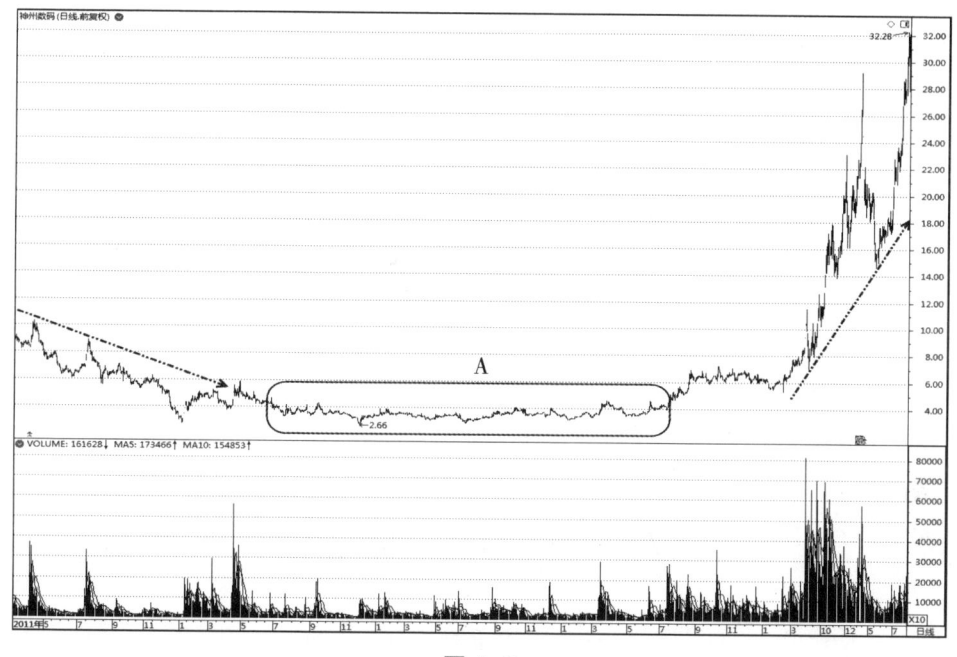

图 4-3

为什么认定 A 区域是一个独立的振荡盘整趋势，而不是下跌趋势的延伸形态？

首先，图 4-3 中 A 区域整个时长达到 2 年多，而延伸形态的维持时长通常都较短；其次，A 区域无论认定是下跌趋势还是上涨趋势都过于平缓，如果绘制趋势线的话，几乎起不到什么作用。

A 区域的横向振荡盘整趋势，其主要的技术意义在于构筑底部结构。图中可以看到，成交量并不是一直处于常量或缩减的态势，而是随着股价波动不断进行"放大—缩小"的变化，说明有资金正耐心地在股价折返振荡中吸纳筹码，这个过程越长，则低位筹码吸纳越是彻底。如果建仓吸筹的资金在底部就完成了相关建仓任务，那么股价在之后的拉升过程就会极为顺畅，因为主力资金达到了自身需要的控盘仓位。这就是"横有多长，竖有多高"的真正含义。

通过以上分析讲解，相信交易者已经大致明白了"久盘必跌"和"横有多长，竖有多高"之间的区别和具有的不同含义。这二者之间并没有什么技术意义上的矛盾，而是仅仅具有部分相似的形态，当然就会有截然不同的走势。

## 二、箱形振荡

箱形振荡是指股价运行中的多个高点都在相近的价位上（上边线），而多个低点也在相近的价位上（下边线），股价的波动大致保持在一个类似长方形箱体的范围内运行。箱形是最为标准的横向振荡盘整形态，也称为矩形，如图4-4所示。

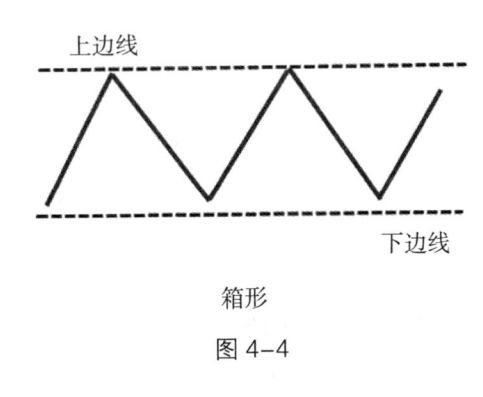

箱形

图4-4

1. 箱形振荡的性质判断

箱形振荡是一个突破方向并不明确的形态，判断箱形突破方向，技术环境分析是重中之重。

其一，在股价整体涨幅或跌幅较大的基础上出现的箱形振荡形态，其最后的突破形成趋势性反转的可能性较大，这时的箱形振荡作为一种单独趋势存在。

其二，在股价整体涨跌幅较小的情况下出现的箱形整理，则多为趋势运行中的休整形态，这时的箱形振荡是上升或下降趋势的中继或延伸形态。

其三，时间因素上，箱形本身维持的时间越长，其成为趋势性反转的几率越大。

第一种情况比较容易判别，也是多数个股长时间下跌后有资金开始建仓的形态模式之一。如图4-5所示，该股长时间下跌后，于A区域构筑箱形振荡，这个箱形维持时间达2年多,满足主力建仓的要求,之后股价出现趋势性反转。图 4-5 中的箱形即为独立的横向盘整趋势,而不是下跌趋势的延伸形态。

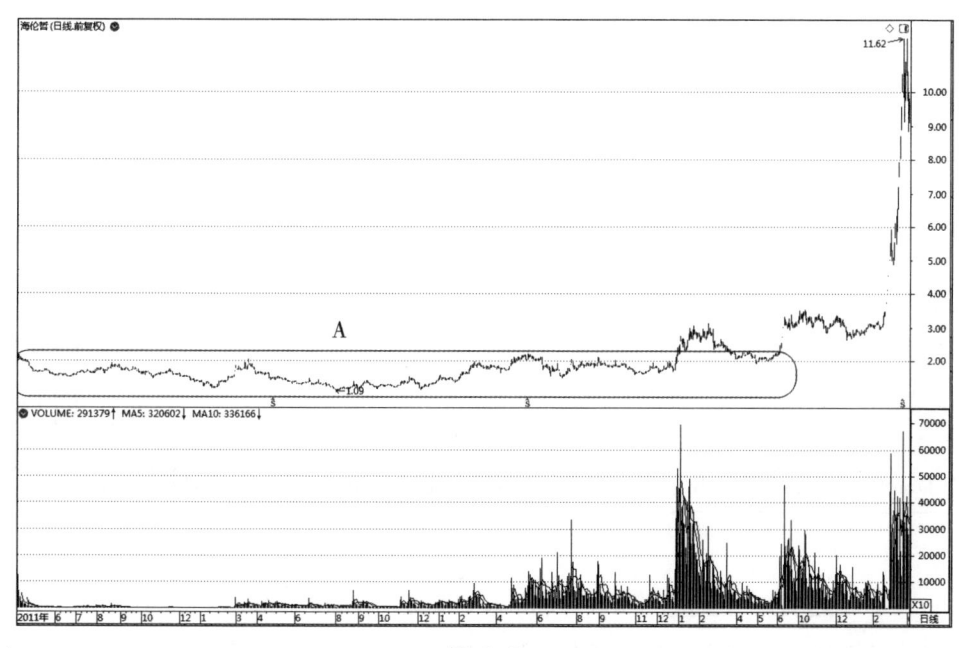

图 4-5

第二种情况则比较复杂,作为上涨或下跌趋势中继或延伸形态的箱形,其表现形式具有一定的迷惑性,往往会导致交易者误以为之前的趋势将要终结。

如图 4-6 所示,该股处于上涨趋势形成的初期阶段,于 A 区域构筑一个长达数月的箱形。在这个箱形构筑的过程中,必然会使很多人产生升势可能终结的忧虑。一些低位进仓的资金为保住胜利果实,会选择在这里兑现利润,以回避可能出现的大跌。但是,接下来的走势却出乎多数人的意料,股价向上突破箱形上边线,并迎来一轮幅度较大的升势。

图 4-6 中 A 区域的箱形并不是一种独立趋势,仅是上升趋势的中继形态,其作用主要在于清理浮筹、垫高市场平均持仓成本,同时主力也能够在此期间通过反复操作降低自身成本,为之后的拉升做好资金和筹码方面的准备。

图 4-6

下跌趋势初中期的箱形，其技术意义也是一种中继形态，不再举例讲解。只不过主力的意图在于诱使更多的资金进场，以便有利于自己更快地兑现筹码。

2. 箱形振荡的买卖时机

在长期或大幅下跌之后出现的箱形，价格突破箱形上边线的压力时，成交量有一个明显放量和聚量的过程。放量和聚量的原因在于：主力资金经过长时间的建仓，原有的空间已经难以收集更多的筹码或难以达到降低成本等目的，这时就需要更大的价格空间和更多的市场资金关注度，来配合完成接下来的任务。这也是个股由冷门逐渐走向热门的内在原因。

在这个阶段，股价突破箱形上边线后，有的直接进入拉升，有的会出现一个回抽箱体确认支撑的动作，如图 4-6 中 B 区域所示，这里也是交易者不错的介入点位。

个别操作风格凶悍的主力，还会采取一个跌入箱形内部"挖坑"后再拉起的动作，但这个动作多数持续时间极短，因为主力不会随意让低价筹码流

第四章　K线形态的趋势信号

失。如果实战中出现股价跌入箱形内部、成交放量而股价不迅速拉起的情况，大多数只能是假突破或突破失败的结局。

在长期或大幅上涨之后出现的箱形振荡，很少会形成独立趋势，多数为涨势的延伸形态。这种延伸形态的出现，意味着涨势虽然仍在继续，但已经动能不足，交易者必须警惕股价可能见顶回落。

如图4-7中的箱形振荡，A处的股价最终跌破箱形下边线，进入下跌趋势中。在股价构筑箱形振荡的过程中，交易者可以借用重心线来预判股价的走势，以两个最近上涨波段的中心绘制重心线，当股价最后一次上涨不能突破上行，再次回落并跌破重心线时，交易者应当减仓，如图中A处所示。A处股价跌破箱形下边线而不能迅速收复时，则是交易者最后的卖出时机。

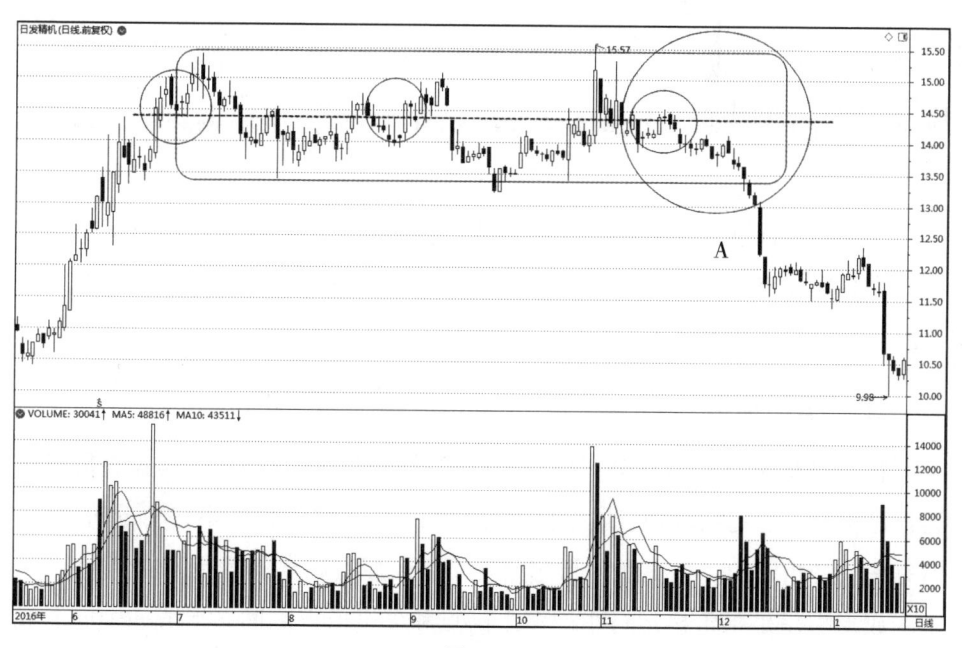

图4-7

当个股在跌势中途构筑箱形盘整形态，有部分个股在跌破下边线后，会出现一个向上反抽的动作。如图4-8所示，该股构筑箱形盘整形态，于A处跌破箱形下边线，跌破下边线当日成交量略有放大，之后成交量基本保持常量和缩量的状态。跌破下边线后，该股出现一个向上反抽箱形下边线的弱反弹。对于这种触及下边线就踟蹰不前的弱反弹，不仅不具有参与价值，还应该是持仓者借机减仓的最后时机。

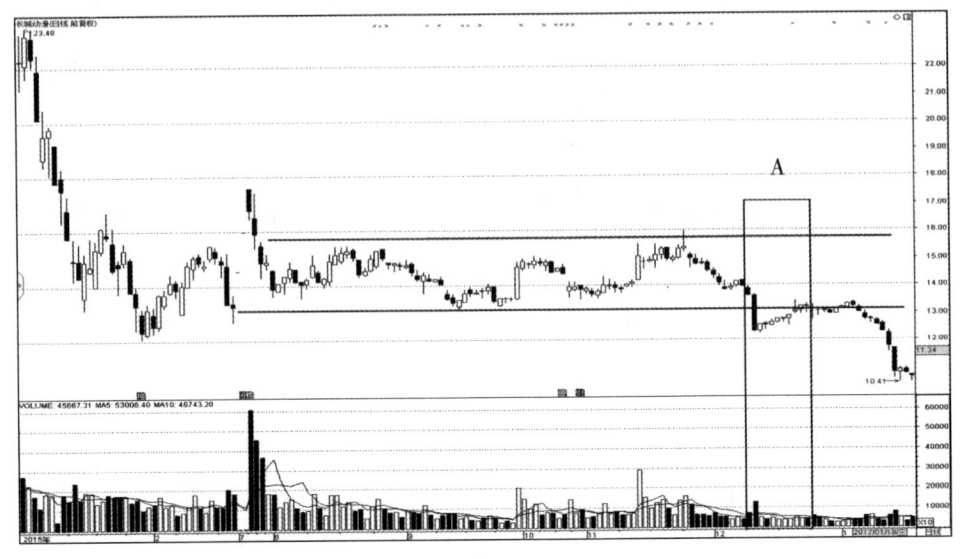

图 4-8

如果价格前期经过长期、大幅下跌，构筑箱形后再次跌破箱形下边线，但很快跌幅收窄，并迅速收复下边线，同时成交量明显强于构筑箱形期间的常量，则极有可能是主力制造的空头陷阱，后市看涨。

### 三、旗形振荡

振荡盘整形态并不是单一指向箱形的横向波动，更多的振荡盘整形态在运行过程具有一定的倾角，或价格高点之间、低点之间也并不在相近的价位。但有一点是相同的，振荡盘整形态改变了之前原有趋势的运行方向。

旗形振荡是指价格运行中的多个高点和多个低点之间，形成一个向上或向下的平行通道，因其图形像一面展开的旗帜，故称为旗形。旗形分为上升旗形和下降旗形。旗形为上涨或下跌趋势的延伸或中继形态，当然，失败的旗形形态则会转化为上涨或下跌趋势。

旗形形态的标示法主要有两种：一是选择两个重要高点连线，两个重要低点连线；二是如果没有第二个重要高点或低点，则选择重要点画一条和高点或低点连线相平行的直线。

1. 上升旗形和买卖时机

上升旗形是指股价在上升趋势中出现的一波回落调整，如果将其回落中的多个反弹高点相连接（上边线），将多个下跌低点相连接（下边线），则形成上下两条线平行的下行通道，即为上升旗形，如图4-9所示。

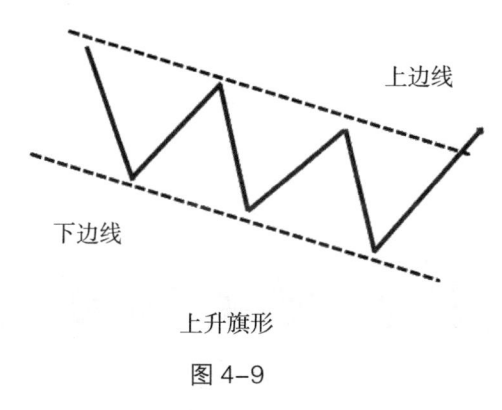

上升旗形

图4-9

上升旗形是上涨趋势的中继形态。上升旗形回落调整的目的主要为主力震仓洗盘、提高市场持仓成本等，调整完毕后，价格仍将回到原有的上升趋势中运行。

如图4-10所示，该股在上升趋势运行过程中构筑了一个上升旗形振荡形态，股价完成调整成功突破上边线后，回归到上升趋势中继续运行。

上升旗形的振荡调整在实战中非常常见。相对原有的上升趋势而言，上升旗形向下运行的倾角会有较多的变化，有的角度较陡，有的则较为平缓，这和主力需要借此达到什么样的目的有关。比如，主力意图借此来清洗浮筹，那么一个向下倾角陡峭的上升旗形所制造的恐慌气氛，就完全可以将大批浮筹压榨而出；如果主力意在借机降低成本，同时吸引更多资金关注，那么一个向下倾角平缓的上升旗形就会比较符合要求。

在上升旗形的构筑阶段，成交量呈现递减的状态；但在突破旗形上边线时，成交量应当明显放大，如图4-10中A处所示，否则有可能走出失败形态。上升旗形走出失败形态，意味着调整级别加大或原有趋势反转。

图 4-10

有的理论认为,判别上升旗形可能走出失败形态的关键是时间因素。诚然,构筑上升旗形的时间过久,本身就已经失去了成为上升旗形的可能性,但机械地定义一个上升旗形为几天,而不考虑其他技术因素,则形同按图索骥、刻舟求剑,并不能给予实战更多有益的参考。

理解一个技术图形最好的办法,应该是从图形的本质属性开始。以上升旗形为例,如果认定上升旗形是上升趋势的延伸(中继)形态,那么其中所有形式的回落都不会过度偏离趋势本身。

具体而言,上升旗形的下边线不会轻易跌破,即使跌破也会迅速收复,同时股价运行的重心在上升旗形构筑的尾声阶段,大多不会再触及下边线而是开始上行,为即将到来的向上突破提供必要的助力。如图 4-10 中 A 处所示,股价运行重心已经开始上行,并由此一举向上突破上边线,重新开启上涨行情。A 处也是交易者比较理想的介入点位。

反之,股价运行重心向下偏离,纠结于下边线上下,而时间因素上超过 20 个交易日,则是走出失败形态的高危信号。

2. 下降旗形和买卖时机

下降旗形是指股价在下跌趋势中出现的一波反弹，如果将反弹中的多个高点相连接（上边线），将多个低点相连接（下边线），则形成上下两条线平行的上行通道，即为下降旗形，如图 4-11 所示。

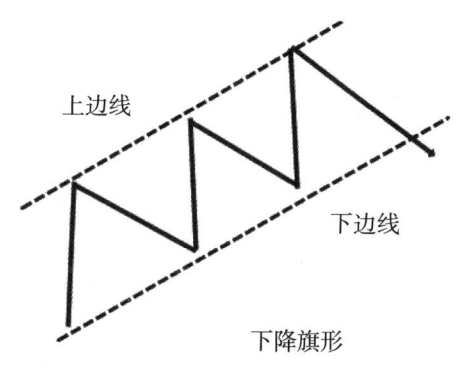

上边线

下边线

下降旗形

图 4-11

下降旗形是下跌趋势的中继形态，价格反弹完毕后仍将回到原有的下跌趋势中。当下跌趋势运行一段时间后，和上涨趋势一样，同样需要一个休整的过程，来累积继续下跌的动力，而下降旗形就是这样一个行情休整和累积下跌动力的形态。

实战中，下降旗形以价格反弹的形式展开和构筑，其时间因素上和上升旗形类似，而主力的目的则是借助反弹不断地择机减仓。通常来说，下降旗形运行接近尾声阶段时，主力可能会制造向上的假突破等，用以迷惑交易者，吸引更多的资金进场接盘。

假突破是主力惯用的结束下降旗形的手法，即先制造价格向上放量突破上边线的假象，而后突然性下杀到下边线，继而结束下降旗形的构筑，价格继续回归下降趋势。

如图 4-12 所示，该股运行于下跌趋势中，股价出现反弹并构筑了一个下降旗形振荡形态。B 处股价放量上冲上边线无功而返，随后 C 处股价跌破下边线重新回归到下跌趋势中。

在这个案例中，股价在 C 处跌破下边线时，反复在下边线振荡盘整，这个形态和 A 处非常相似，容易引发持仓者的想象：股价盘整后会再一次上涨。在实盘中，如果出现图 4-12 中的 A 处后，股价也像 C 处那样再一次在下边线振荡时，大概率会跌破下边线回到原来的下跌趋势，所以交易者应提前做好卖出准备。

下降旗形和上升旗形一样，同样也会走出失败形态，即价格发生趋势上的转化，由下跌趋势转化为上涨趋势。在这个过程中，价格突破并能够站稳上边线，随后价格重心不再跌落到下降旗形的腹地，并能持续保持稳定的升势。这是判别下降旗形走出失败形态的基本要素。

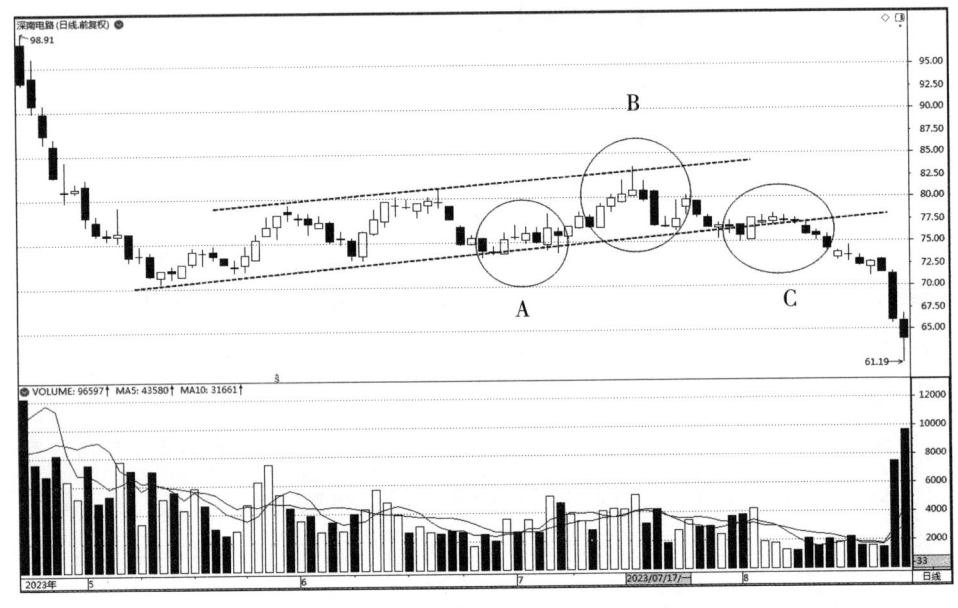

图 4-12

## 四、三角形振荡

三角形振荡也是一种常见的振荡盘整形态，它和箱形、旗形分别代表股价不同的振荡盘整形式。在趋势上，三角形形态和箱形有些相似，即有时是趋势的延伸或中继形态，而有时却是独立的趋势运行形态，但三角形作为独立的趋势运行形态，在实战中相对较少出现，多数情况下容易被箱形所包容和替代。

三角形盘整形态可细分为三种：上升三角形、下降三角形和对称三角形（收缩、扩散）。

1. 上升三角形

上升三角形是指价格每次涨升到大致相同的价位附近时就发生回落，而每次回落的低点却在逐步上移，价格的波幅渐渐收窄，从形态上看类似一个水平边线在上的三角形，如图 4-13 所示。

上升三角形有一个理论上的升幅测量，即从三角形的水平上边线到三角形第一低点之间的垂直距离，这个距离即为价格未来可能达到的理论高度。实战中这个理论升幅只可参考，配合其他技术因素综合判断，不宜呆板执行。

上升三角形

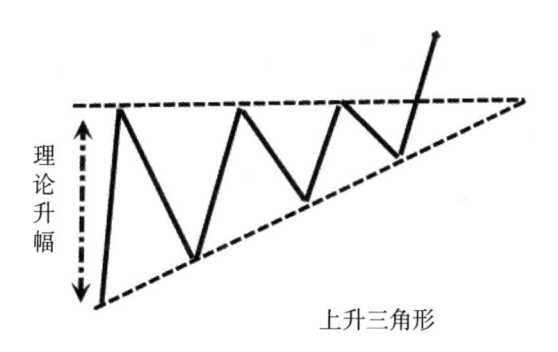

图 4-13

研判上升三角形，首先必须注重技术环境，在上涨趋势中出现的上升三角形向上突破的概率较高。在下跌趋势中出现上升三角形，大概率会走出失败形态，即振荡后多会选择下跌，这也是主力诱多的一种常见手法。

上升三角形的构筑原理主要是：股价涨势达到一定阶段后，继续上涨便遭遇不同程度的抛压，但股价出现回落时，就会有资金买入，也不具备由此转跌的动能。这种"上有压制，下有支撑"的格局持续过程中，股价回落的幅度越来越小，说明支撑越来越强，股价向上突破的可能性也就越来越大。

持仓者对股价遭遇压制产生共识，并在下次价格反弹到临近价位时加入卖出的队伍中。而试图高卖低买做差价的短线交易者会发现：卖出后想在前低点之下再补回仓位是不可能的，因为低点在抬高，所以要不就放弃补回仓位的打算，要不就只能提高买入价。

随着低点抬高，波幅渐渐缩小，价格接近前高附近时，抛盘已经极其微弱。之前卖出未回补的交易者恐高不敢买，已经加价补回仓位的交易者，在目前的价格并无多少利润，所以多数人会采取观望的态度。在大多数人的等待和观望中，价格却打破之前的规律，突然发力向上涨升。

对于上升三角形来说，价格并不是必须运行至三角形末端才会向上突破，越早向上突破上边线，股价上涨的动力越足。如果迟迟不能突破，过长时间的延宕，有可能走出失败形态。

如图 4-14 中 A 区域所示，该股上升途中出现盘整走势，构筑了一个水平线在上的上升三角形形态。在构筑上升三角形的盘整振荡期间，股价运行重心逐渐向上偏离，交易者可以买入埋伏。当股价向上突破上边线并不再回破这条线时，是另一个重要买点。

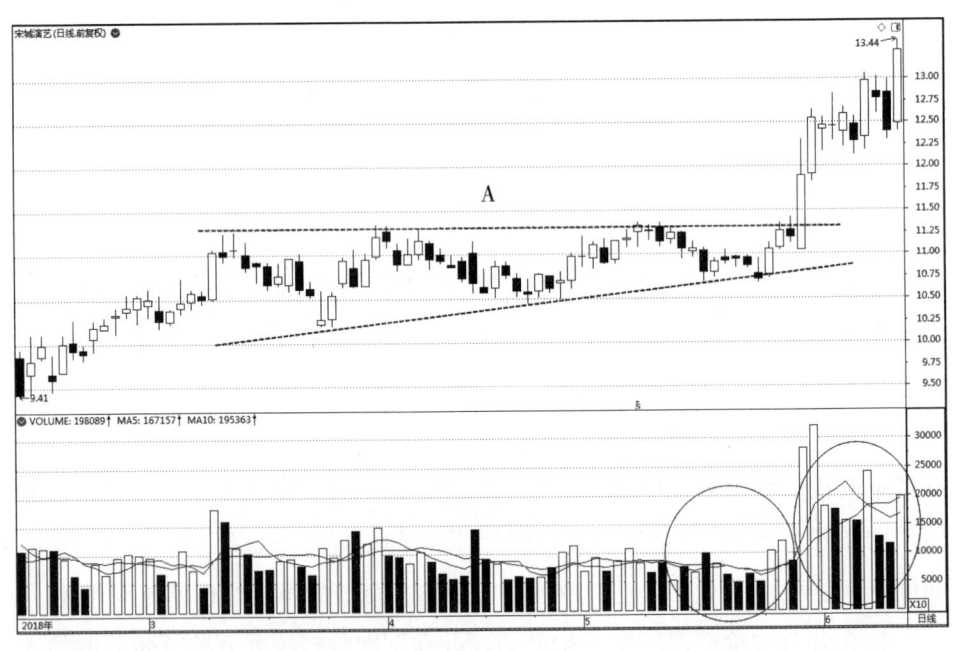

图 4-14

突破上升三角形上边线时，一般都会出现较大的成交量，如图 4-14 中圆圈处。突破后成交量即使缩小，也应整体大于突破前的常量，并在一段时间内稳定在相应的水平，否则可能成为假突破。

2. 下降三角形

下降三角形是指股价在下跌过程中，每次下跌到某个价位附近时就会得到支撑并开始反弹，但是反弹的高点却在渐次下移，股价波幅渐渐收窄，从形态上看类似一个水平边线在下的三角形，如图4-15所示。

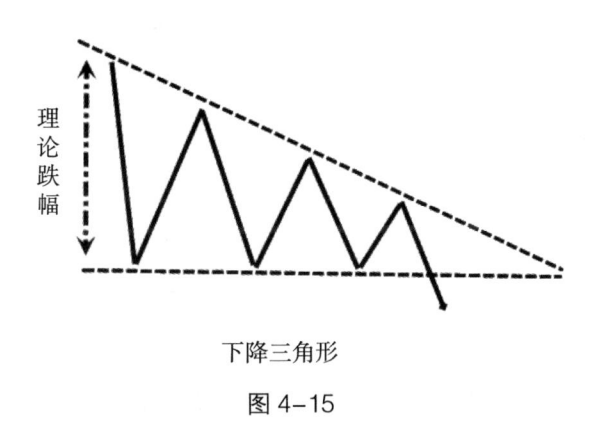

下降三角形

图 4-15

下降三角形和上升三角形一样，也有一个理论幅度测量，不过下降三角形是理论跌幅测量，即从三角形的水平下边线到三角形第一高点之间的垂直距离，这个距离即为价格未来可能达到的基本跌幅。

作为一种颇具迷惑性的振荡盘整形态，下降三角形多出现在下降趋势中的反弹阶段，在价格反弹到一定程度后，出现这种盘整和波动，既合理也容易为市场所接受。大多数交易者总是会一厢情愿地认为：股价振荡盘整过后，继续上涨是必然的走势，而博弈的对手却总是践踏着这种"合乎情理"的思维，冷不丁给你一闷棍。

下降三角形的水平下边线在构筑过程中对于价格起到的支撑作用，会给持仓者带来稳定持有的信心。而这个水平下边线，每一次都能使下跌至此的股价产生反弹现象，会给试图介入的资金一种规律性的暗示。发现规律就等于发掘到了财富，无疑会使场外资金迅速凝聚买入欲望。这就是下降三角形的构筑原理。

股价运行到下降三角形下边线2/3左右的位置后，发生向下攻击下边线的几率很大，被成功突破后的下边线将成为价格的强压制。下降三角形突破下边线并不需要放量，这一点和上升三角形向上突破上边线时的量能表现有所区别。

如图 4-16 中 A 处所示，该股在下降三角形下边线 2/3 左右的位置，发生向下攻击并成功突破下边线，之后股价略有反抽便进入下跌趋势之中。从图中 A 处的标示处可以看到，股价在下破下边线之前，先有一个冲高的动作，这个向上的假突破（或称为假失败形态）最是害人，很多短线交易者就是被这种上冲所迷惑，追高而被套在高点上。

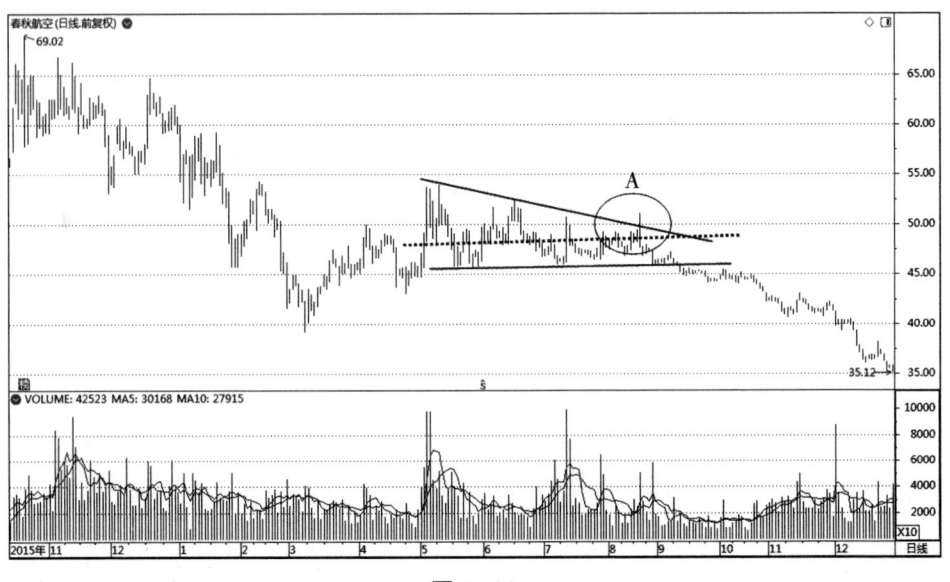

图 4-16

其实，运用重心线就可以破解迷局，如图 4-16 所示，当股价试图突破上边线而遇阻回落时，正处于重心线上。一个准备强势向上突破的涨势，不可能迅速回落到重心线下方，否则何谈强势？做不到这一点，就说明涨势本身存在问题，而存在隐患的涨势不值得买入。当股价迅速向下偏离重心线时，交易者就应该开始减仓，跌破下边线不能迅速回收时，则是交易者继续减仓并应该放弃股价上涨幻想的时候。

需要强调一点，当一个图形（比如下降三角形）定义为看跌图形，其可能走出失败形态（向上突破）时，必须等待形态上的确认。追涨在操作纪律上应该是禁止的，除非有严格的止损保护。

3. 对称三角形

对称三角形是指当股价处于振荡盘整阶段时，其振荡的高点和低点形成对称性收缩或扩散的态势，因此对称三角形又分为两种：扩散型对称三角形和收缩型对称三角形。

（1）扩散型对称三角形。

扩散型对称三角形，即价格在振荡盘整阶段的每一波反弹高点逐步抬高，而每一波下跌低点也逐步下移，价格振荡幅度呈逐渐扩大的趋向，如图4-17所示。

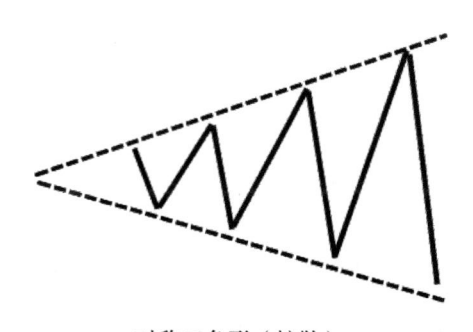

对称三角形（扩散）

图4-17

扩散三角形形态分析：在上方压制逐渐被一点点攻克时，下方的支撑却也在步步失守，其所显示的是市场参与资金由谨慎到狂热的过程。价格波动幅度越来越大的过程中，无论做多还是做空的参与者，其想象空间无疑也随之扩展，这也是主力最乐于见到的一种市场心理状态。扩散三角形是偏于空方的一种振荡盘整形态。

如图4-18中A处所示，该股在股价上涨之后的高位区域构筑了一个扩散型对称三角形，从图中标示处的成交量柱状图可以看到，成交量相较前期出现激增，而股价在大幅振荡中却再也难以攀登高峰，随后量缩价跌，该股最终向下突破。

在扩散三角形构筑过程中，量能的突然激增应引起重视，其一方面预示股价将加大振荡幅度，另一方面也告诉持仓者，如果量能不能持续保持目前的态势，价格随时可能向下突破，下跌并不需要过多的成交量。

同时，根据重心线与股价之间的偏离关系，交易者也可以分析出股价可能出现的波动方向与轨迹。如图 4-18 所示，股价运行到扩散三角形的中后期，会逐渐显示出越来越向下偏离重心线的情况，重心线不再成为股价波动的中轨，也就说明了股价倾向于向哪个方向运行。

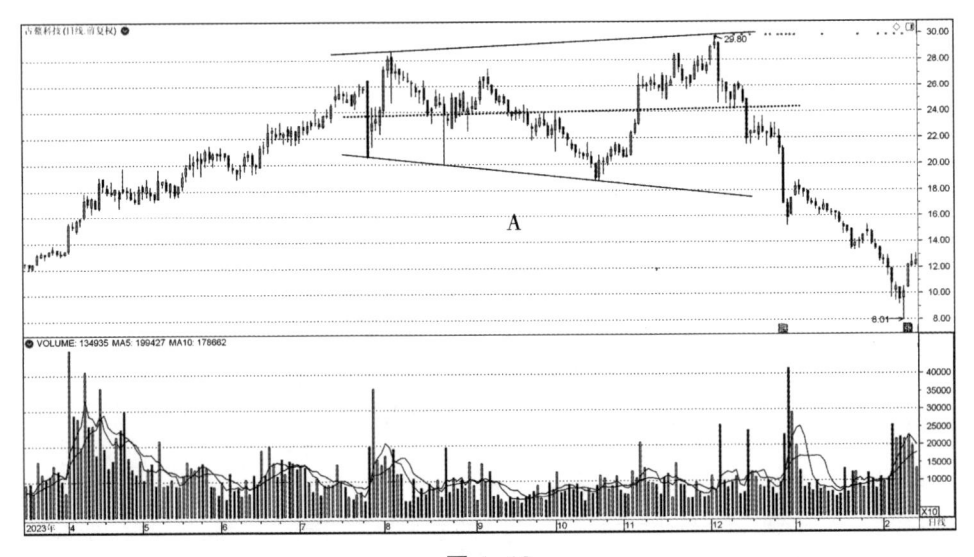

图 4-18

综合形态量能与重心线分析，交易者应该可以发现合适的卖出点。当然，扩散三角形只是一种偏空的振荡盘整形态，也就是说，振荡盘整后并不必然都出现下跌，只不过因为形态延伸等因素的影响，容易为其他形态所包容或提前发出提示信号。交易者可根据具体形态量能、重心线来具体分析。

如图 4-19 所示，该股长期低位振荡后，逐渐构筑了一个扩散三角形。随着股价运行重心逐步上行，该股最终向上突破。我们可以发现扩散三角形构筑的底部，一是时间上较为漫长，形态上容易出现变化；二是在其构筑过程中，可以通过其他技术图形界定底部的形成，如图中标示的双底形态等。

图 4-19

在价格高位区域出现扩散三角形，是一种利于空方的盘整形态，在下跌趋势中途出现这种形态，往往也会成为空方的利器。

如图 4-20 所示，该股经过一段时间且较大幅度的下跌之后，于 A 处构筑了一个扩散三角形的盘整形态。随着股价振荡幅度的扩大，激增的成交量难以保持稳定的状态，当股价偏离运行重心开始下行，量缩价跌的盘面就意味着扩散型对称三角形盘整形态的结束，价格向下突破的开始。

有时候盘面上其他技术因素尚未发出提示信号时，我们根据股价与重心线之间的偏离度也可预估可能出现的走势。图 4-20 中，圆圈标示处是股价反弹至重心线时的情况：当股价触及重心线不能继续上升，而是再次转入下跌时，则意味着原运行重心的方向可能会向下发生改变，即使是惯性下行也会让股价跌上一段时间。交易者应在第一时间减仓操作。

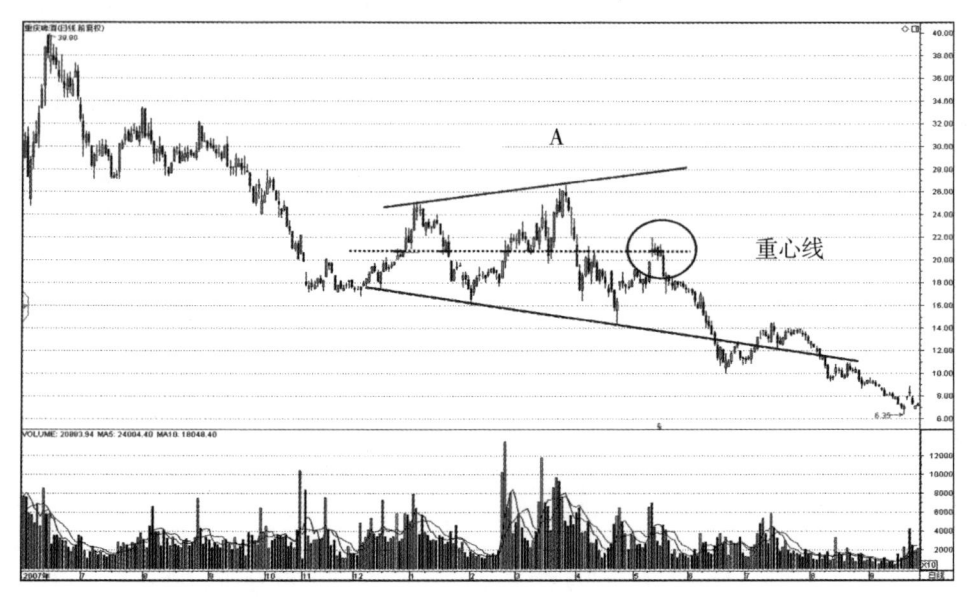

图 4-20

（2）收缩型对称三角形。

收缩型对称三角形，即价格在振荡盘整阶段的每一波反弹高点逐渐下移，而每一波下跌低点却逐步抬高，价格振荡幅度呈逐渐收窄的趋向，如图 4-21 所示。

对称三角形（收缩）

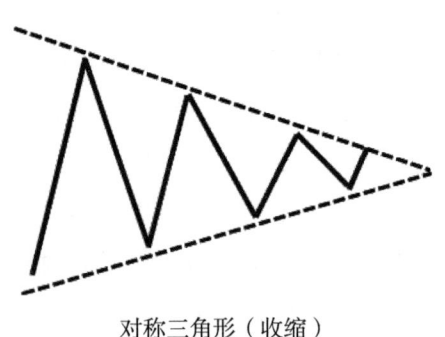

图 4-21

收缩三角形的形态分析：在上方压制逐渐增加的同时，下方支撑似乎也在不断增强，所显示的是市场参与资金由活跃到谨慎的过程，而逐步从较大幅度振荡中平息下来的价格，越发证明多空双方到了最后亮出底牌的时间。

收缩三角形在不考虑技术环境分析的基础上,是一种突破方向不明朗的技术形态。

收缩三角形出现在不同的技术环境中,分别具有不同的含义。

如图 4-22 中 A 处所示,经过较长时间的大幅下跌之后,该股股价从大幅振荡中逐渐平息下来,波动幅度越来越小,当股价放量突破并成功站稳上边线后,趋势的转折也由此开始。

图 4-22 中的收缩三角形是一种趋势,而非跌势延伸形态。在这个趋势运行过程中,越是到收缩三角形后期,量能应该越是密集。图 4-22 中股价最后突破上边线的前后,成交量保持稳定放大,而不能是量能消散形态,否则就可能是虚假突破。交易者买入时,应注意分析量能的这种变化。

图 4-22

交易者在寻找买卖时机时,也可以同时观测重心线与股价之间的变化关系,图 4-22 中以涨波为参照点,绘制出一条重心线,股价最后蓄势突破三角形上边线时稳定于重心线之上,结合量能等技术指标,交易者应该能够找到合适的买点。

当收缩三角形出现在大幅上涨后的高位区域，则是一种高危卖出提示信号。在价格高位区域，随着价格振荡幅度的逐渐萎缩，多空之间已经不太可能继续维持激烈争斗的局面，一方主导的格局很快就会到来。

如图 4-23 中 A 处所示，股价运行至收缩三角形的尾声阶段时，先是出现一个向上的假突破，然后以自由落体般的下跌宣告下跌阶段的到来。

图 4-23

从资金逃逸与回归的角度来说，收缩三角形出现在价格高位区域，是主力利用大幅振荡逐步完成最后阶段出货或减仓任务后，股价不再受到资金的刻意维护，随后便进入到下跌趋势中。

交易者可以以跌波为参照点绘制重心线，当股价跌破重心线和下边线时，就是发出了高危卖出信号，应该及时减仓避险。

# 第二节　K线顶部形态

## 一、尖顶构成和卖出时机

股价不会一直上升，涨势终有尽头，就像树不会长到天上去，山再高也有峰顶。股价的峰顶和自然界的山峰一样千奇百怪、云雾缭绕，难以确认，发现顶部就需要一系列技术因素综合论证。

尖顶是指股价以陡峭的角度向上快速涨升，达到某一高点后，股价突然急转直下，以相似的速度和角度开始下跌。因股价由急升迅速转化为急跌，运行角度像倒置的英文字母V，所以也称为倒V形顶，如图4-24所示。

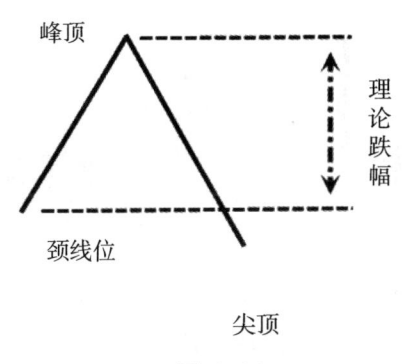

尖顶

图4-24

尖顶的理论跌幅为尖顶起点和峰顶之间的距离。而且理论上认为，尖顶成立后的基本跌幅，可能不会小于尖顶起点和峰顶之间的距离。

尖顶的起点是指最后一波急升开始时的价位，这个价位也称为颈线位。当价格跌破颈线位而不能有效收复时，即认为价格顶部成立。在经过长时间或者急速上涨之后，价格极易形成尖顶。

尖顶形态是不是一个长期的顶部形态？笔者认为，尖顶是中短期顶部形态，不应为长时间周期的形态，主要在于尖顶起点的确认上。

如图 4-25 所示，尖顶的认定，起点（即颈线位）应为 B 处，而不是 A 处。尖顶的构成中不应有明显的盘整形态出现，如以图中 A 处为起点，则 B 处为一个短期盘整形态，不符合尖顶的条件和要求。

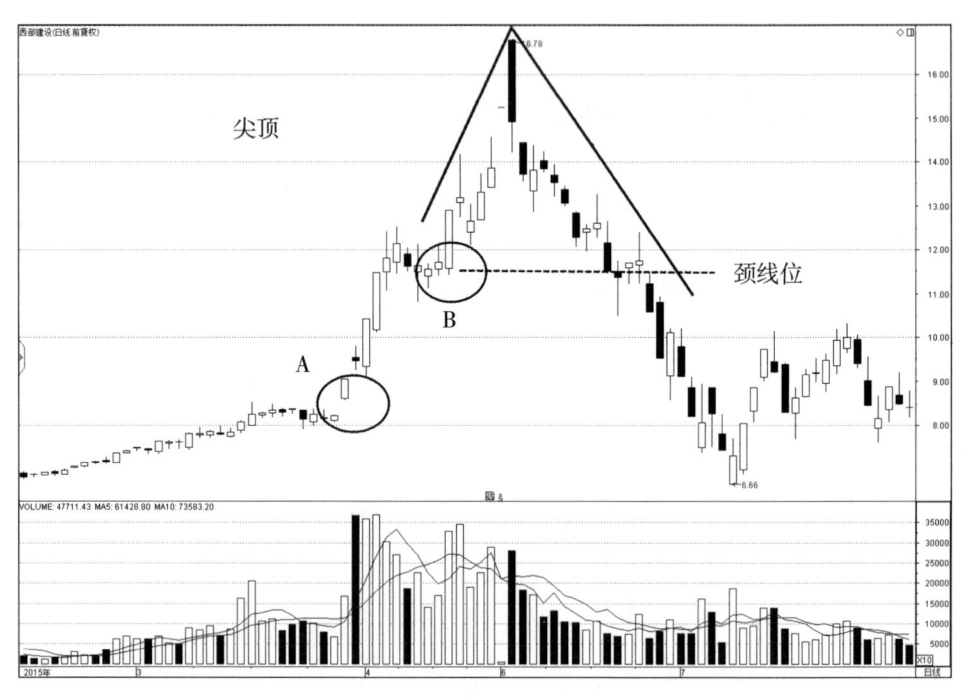

图 4-25

可能有人会认为，将中短期盘整形态忽略不计，尖顶就可以视为一个长时间周期的顶部形态。这是一个悖论，依此而言尖顶将不复存在，因为一个毫无技术参考作用的形态，连谈论的价值都没有。

为什么这么说呢？

还是用案例说话，图 4-25 为个股走势，似乎缺乏说服力，下面以指数为例，图 4-26 为沪指 2014 年—2016 年前后的图形。

如果采用忽略中短期盘整形态的做法，那么沪指 2015 年 6 月形成的尖顶，其起点（颈线位）应在图中 A 处，这个点位在 2000 点附近，而峰顶的点位为 5178 点。也就是说，数轮大暴跌都未能完成尖顶的构筑，那么这个尖顶

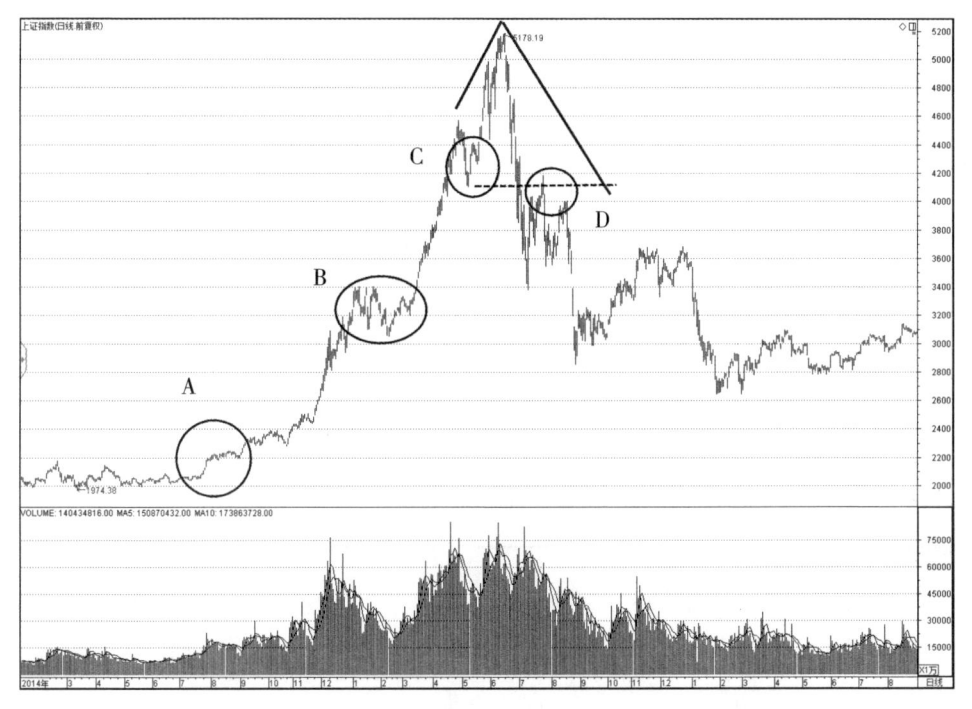

图 4-26

对当时交易者的参考意义何在？而且按照尖顶的理论跌幅计算，沪指将会跌向负值区。

如果选择 B 处为尖顶的起点（颈线位），这个点位在 3100 点左右，和第二轮暴跌结束的点位相差无几。股灾中伤痕累累的兄弟看到这个颈线位，可能会骂娘："我都被整残了，你说尖顶才刚刚形成！"

这样来认定尖顶确实会显得无厘头，这样的技术理论等同于废话，因为对实战毫无指导作用。

综上所述，尖顶是中短期顶部形态，不应为长时间周期的形态，同时尖顶的构成中不应有明显的中短期盘整形态。

图 4-26 中的 C 处应为尖顶的起点和颈线位。一个短期调整结束后出现的急速上升和急速下跌，跌破颈线位后短时间内不能成功收复，则尖顶成立。成交量上，股价在峰顶涨跌转换之时，大都有一个集中放量的现象。

尖顶形态具有迅捷性和凶悍性的特点，因而存在很大的交易风险。跌破颈线位后部分会有反抽颈线位的反弹，这个反弹如果没在低点提前低吸的话，最好不要追涨。如图 4-26 中 D 处是第一轮暴跌结束后对于尖顶颈线位的反抽，这个反抽上冲颈线位的时间极短，因此很难在追涨中获取较好的收益。

尖顶成立后，并不是都具有反抽颈线位的动作。对于尖顶成立后的个股，当满足理论跌幅时，可根据技术环境综合判断是否符合低吸的要求。

同样的顶部结构形态，所处的技术环境不一样，其下跌幅度必有较大区别。比如，一波较大级别反弹营造的顶部，其所带来的下跌动力，要比上升趋势整体结束时出现的顶部弱许多。

如图 4-27 所示，该股在长期大幅涨升后，于股价高位构筑尖顶成功，当股价跌破颈线位后，接下来是远远大于理论跌幅的延绵数年的大跌走势。

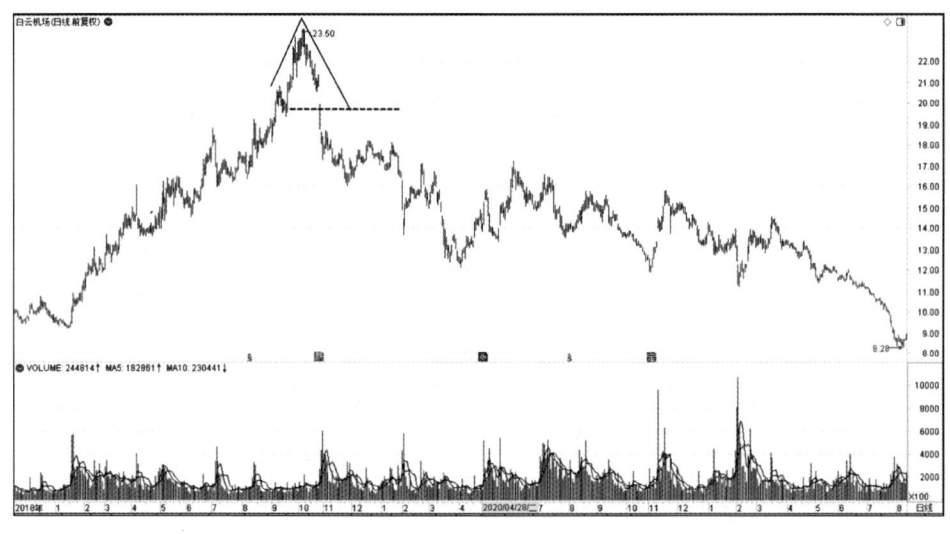

图 4-27

近年来经常会出现反弹性质的短期尖顶形态，即尖顶涨与跌的时间都相对较短，交易者如果稍有疏忽就有可能错过卖点，或者被套在高位。虽然这种性质的尖顶，其下跌幅度要小于上述案例中的尖顶形态，但交易者绝不可大意。这种短期尖顶形态多出现在次新股的反弹走势中。

如图 4-28 所示，该股构筑尖顶的涨升阶段只有短短的 7 个交易日，下跌阶段时间稍长，但下跌角度也较为陡峭，交易者即使利用重心线也较难把握最佳卖点。对于类似的案例，交易者在寻找卖点时，应主要以变量形态来捕捉卖出时机。

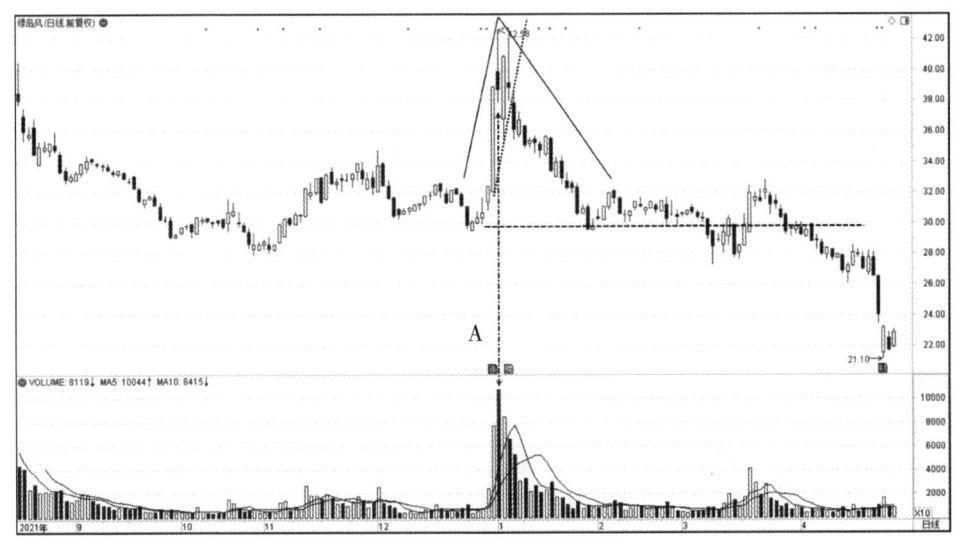

图 4-28

图 4-28 中 A 处是该股上市以来的最大成交量，当日长上影阴线，显示股价遭遇到卖盘的汹涌打击，股价难以承受上方的压制。

图 4-29 即为这根长上影阴线当日的分时走势，当日的成交量主要集中在上午的交易时间里，持仓的交易者完全有时间判断出当日会出现变量形态，并可以在股价再一次冲高时卖出所持有的仓位。

如果顶部结构出现在上升趋势的初中期，大概率只是趋势的中继形态，可能很多个股甚至连理论跌幅都达不到。如图 4-30 所示，该股在 A 处出现一个尖顶形态，股价于颈线位附近盘整，虽然也曾跌破颈线位，但最终都能收复失地，最后股价仍旧回归到上涨趋势中。

交易者可以通过绘制上涨趋势线和重心线来具体分析股价的真实波动。从图 4-30 中可以看到，股价一度跌破颈线位，却在上涨趋势线上得到支撑，当日收出长下影阳线，之后股价开始转跌为涨。事实证明，这里仅是一个具有恐吓意义的空头陷阱。

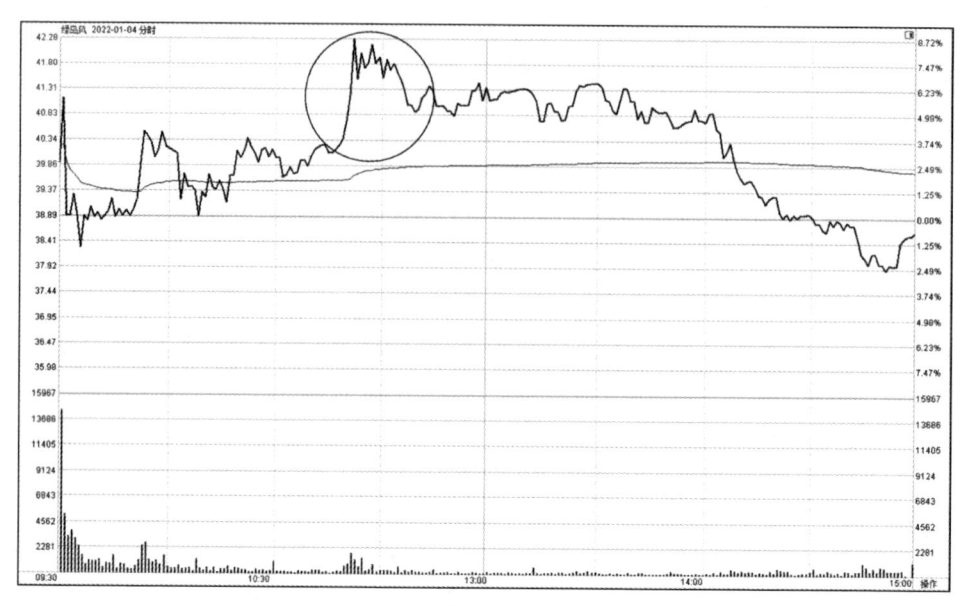

图 4-29

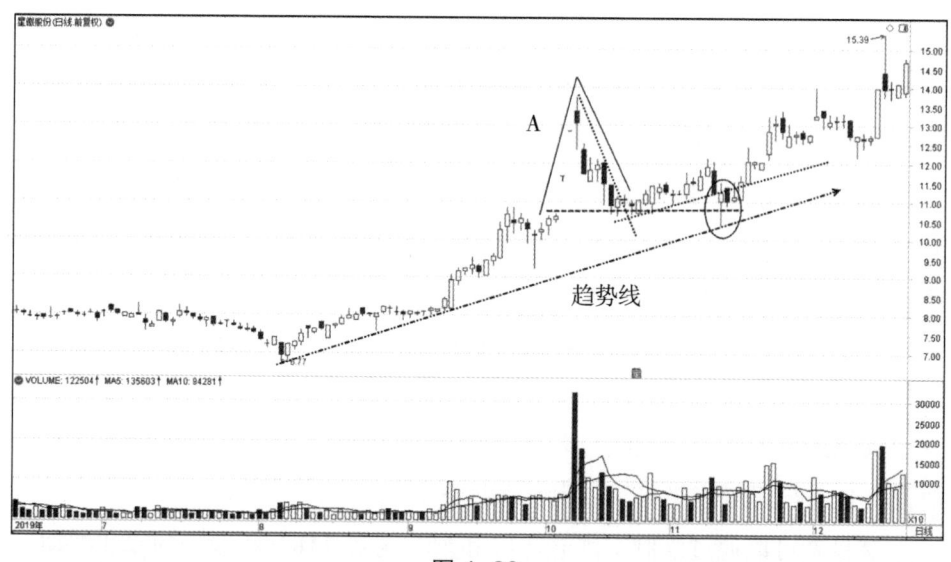

图 4-30

在尖顶下跌时,重心线同向向下,但在颈线位股价盘整时,重心线变轨向上,股价的波动也从重心线下转为向上并不再跌下重心线,这就反映出股价运行的倾向性。

综上所述，利用这些技术点不但可以判断出尖顶是真是假，还可以寻找到适宜的介入时机。

## 二、双顶构成和卖出时机

双顶是指价格上升到一定高点后出现回落，回落后价格又开始上涨，但这次上升达到前一高点附近时再次发生下跌，并跌破前回落低点（颈线位）且不能在短时间内成功收复，则双顶成立。双顶的形态与英文字母"M"相似，故也称为 M 顶，如图 4-31 所示。

双顶的理论跌幅，为回落低点和双峰顶之间的距离，而且理论上认为，双顶成立后的基本跌幅可能不会小于这个距离。双峰顶之间回落的低点也称为颈线位，当价格跌破颈线位而不能有效收复时，即认为价格顶部成立。

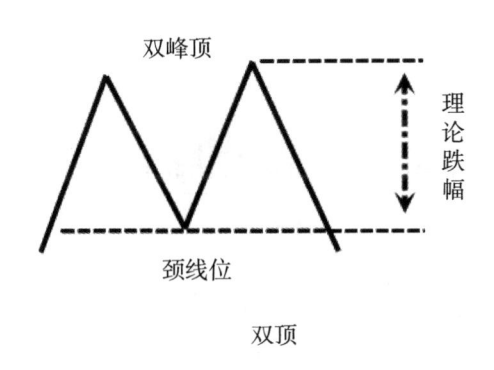

图 4-31

双顶形态形成的技术环境和构筑时间，与其之后的跌幅和下跌持续时间具有一定的关联性。构筑时间较短、构筑过程简单的双顶形态，其跌幅和持续时间虽然不能与构筑复杂的双顶相比，但对于短线交易者来说，仍然是重要的卖点。

如图 4-32 所示，该股经过大跌之后在反弹中形成一个相对简单的双顶形态。图中可见，双顶成立后，该股股价跌破颈线位，出现了一波快速下跌。这种类型的双顶，多数为下跌趋势的中继形态，交易者应以见高卖出为主。

如果是在长期上升趋势发生转折的节点出现双顶，同时营造双顶的时间周期也较长的话，那么未来的跌幅将会非常大，下跌持续时间也会较为漫长。

图 4-32

如图 4-33 所示,该股经过长期大幅上涨后,构筑了一个时间周期较长、形态较为复杂的双顶。当价格跌破颈线位后,该股双顶形态成立,随即进入漫长的下跌趋势运行之中。

所有的顶部形态,其构筑过程越复杂、耗时越久,未来的跌幅就会相应越大,下跌持续时间也会越长。

上述两种双顶形态不仅在跌幅和时间因素上有区别,性质上也有较大不同。图 4-32 中的双顶其实是一种下跌趋势的中继形态,而图 4-33 中则是趋势顶部的逆转形态,这也是二者后续跌幅和下跌持续时间不同的重要原因。

对于主力资金来说,从吸筹建仓到拉高出货的整个过程,必然有一个完整的计划。其仓位除底仓外也是始终处于流动状态的,这样在整个运作过程中可以不停地降低成本,直至达到计划中的出货阶段。

一些长期主力资金的出货并不像小资金那样,短时间内就可以完成兑现

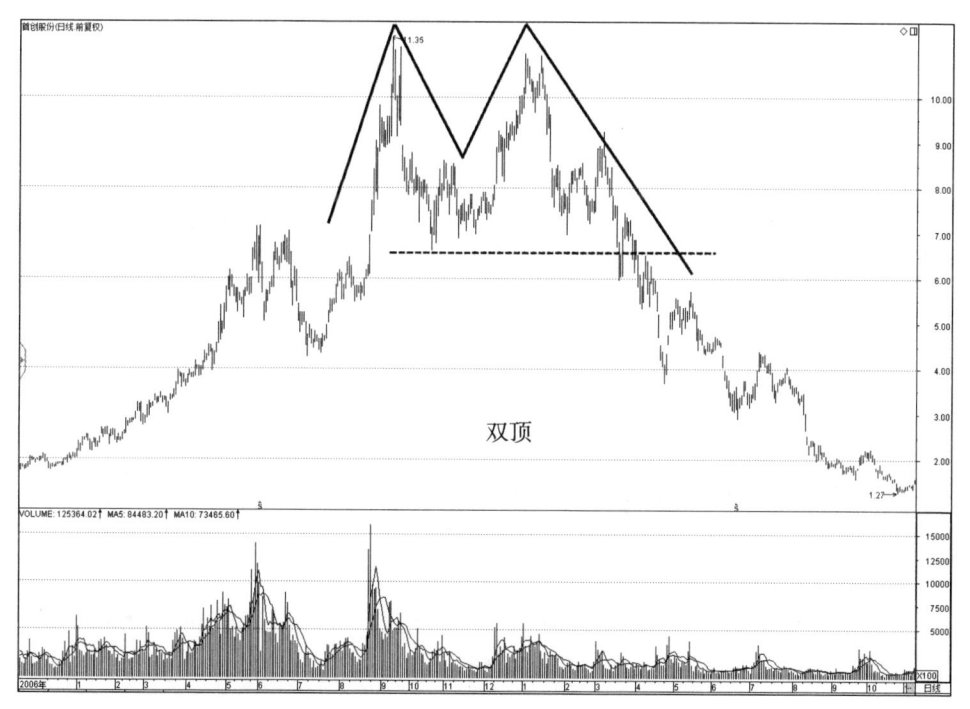

图 4-33

利润、抛清仓位的任务。通常来说，主力资金在拉高的过程中就会开始减仓，而顶部结构开始显现时，主力的出货任务应该基本完成。

当然，实战中主力资金也会遇到各自不同的问题，导致出货并不那么顺利，所以个股才会出现形态各异的顶部结构。

以双顶形态而言，两个峰顶之间的成交量变化值得深入探讨，因为这对于判断主力资金是否已经完成出货具有重要意义。对于主力资金完成出货的个股，交易者应坚决选择止损离场，不能有过多的幻想；而对于尚未完成出货的个股，就不必那么急切地止损，依然可以等待更好的卖出时机。

1. **左峰放量，右峰缩量**

如图 4-34 所示，左侧峰顶在形成（拉升）过程中成交量连续创出新高，但是经过回落后再次构筑右侧峰顶时，这时的成交量已经明显处于量能消散的态势中。

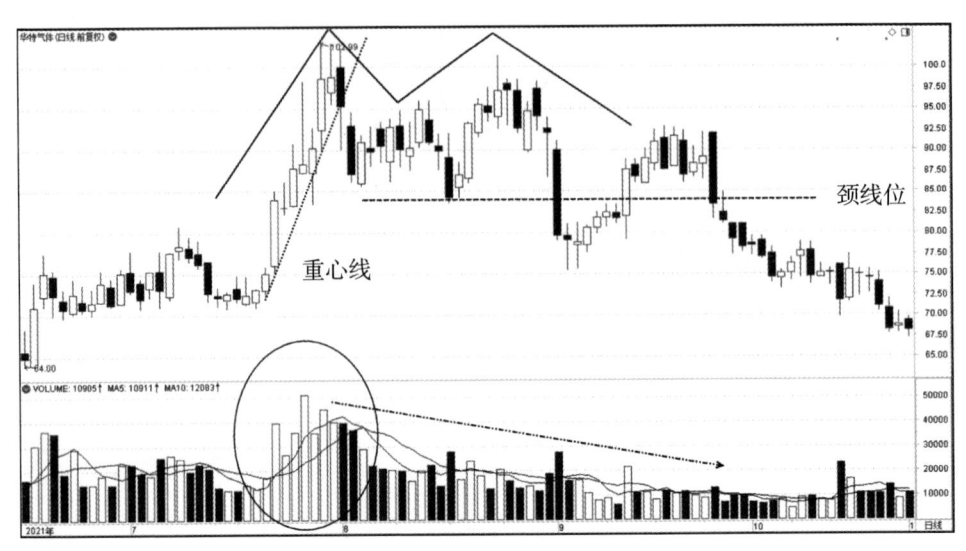

图 4-34

这个成交量的变化基本可以说明主力在左侧峰顶形成过程中已经大幅降低仓位或完成了出货任务，右侧峰顶缺少主力资金的（对倒）参与，当然也就没有那么多成交量。

右侧峰顶在缺乏主力参与下之所以还能够减量拉高，主要在于：

一是市场资金尚未形成股价见顶的共识，未出现集中抛售。

二是仍有市场资金看好股价上涨，继续买入，可以说右侧峰顶基本是市场资金自己做出来的。

对于这种技术形态，交易者可以关注特殊法绘制的重心线，一旦被股价跌破而不能迅速收复，就说明股价的快速拉升即将结束，应当及时卖出。

实战中，左侧放巨量而右侧缩量的双顶形态，其右侧峰顶股价是否创出新高，并不影响双顶的成立。如图 4-35 所示，股价构筑左侧峰顶时放量，回落后构筑右侧峰顶时，成交量整体处于量能消散的态势。虽然股价在右侧峰顶创出新高，但最终还是难逃见顶回落的命运。

在这个案例中，有个现象具有极大的迷惑性。即图 4-35 中 A 处，右侧峰顶股价创出新高，成交量呈变量形态放大。如果交易者纠结于当日成交量放大这一点，看不到一段时间以来整体量能的萎缩，可能会被蛊惑并认为股价将继续上涨。但是，学过变量形态理论的交易者都知道，A 处至少也是一个短线卖点。

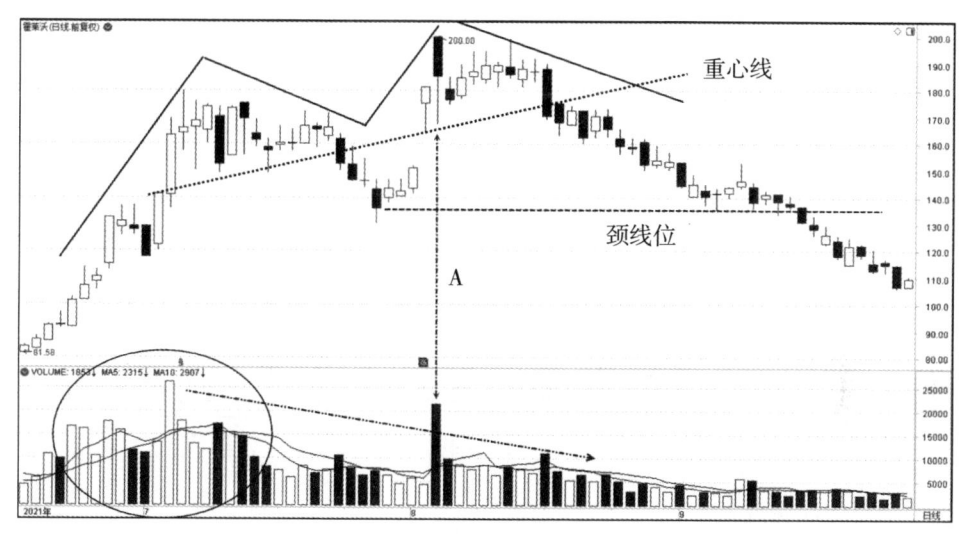

图 4-35

即使交易者不相信变量的出现会使股价突变，那么当股价突然跌破重心线而不能收复时，也应该能够意识到双顶即将构筑成功，而不必等到股价下一步跌破颈线位时才恍然大悟。

2. 右峰放量和双峰放量

右峰放量和双峰放量这种成交量表现可能是主力资金遇到了问题，导致前期出货并不理想，左侧峰顶在形成过程中也没能完成预定的减仓任务，只能通过右侧峰顶继续拉高减仓。这种情况下的双顶形态，右侧峰顶多数会创出价格新高。双顶形态中的这两种放量形式，会使部分交易者一头雾水，疑惑主力为什么创出价格新高后，却从此不见了踪影。

（1）右峰放量。

如图 4-36 所示，左侧峰顶构筑过程中成交量处于常量态势，而右侧峰顶的构筑有明显的不同：直线拉升，放量明显，之后迅速回落跌破颈线位。股价跌破颈线位后，成交量也逐渐萎缩，也就说明这个右侧峰顶是主力资金不得已而为之的拉高行为，完成最后的减仓后，成交量自然也就会减少。

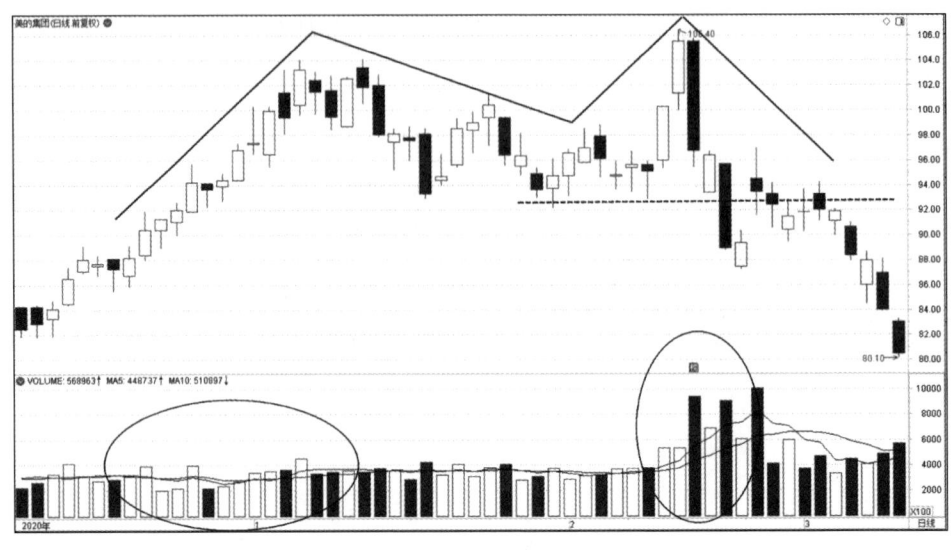

图 4-36

（2）双峰放量。

如图 4-37 所示，该股在构筑双顶的过程中，两个峰顶都有放量的情况。这种类型与右峰放量很相似，都是主力资金为完成减仓计划而为之。对于这种个股，当股价在右侧峰顶开始回落，并跌破重心线时，交易者应注意减仓。

其实图 4-37 中的两个峰顶都出现了单日大成交量的情况，左侧 A 处是明显的变量形态，交易者完全可以买在相对高点上。右侧 B 处的大成交量，虽然不是变量形态，但结合当日长上影 K 线的表现，交易者也应该有所警觉。成交量对于卖点的提示具有先天优势，量价关系的匹配与否，比其他指标发出的信号都会领先一步。

## 三、三重顶构成和卖出时机

三重顶是指价格上升到一定高点后出现回落，回落后价格又开始上涨，上升达到前高点附近时再次发生下跌，而跌至前低点附近价格又一次开始上升，这次上升到达前两次高点附近价位时，价格下跌并跌破前两次形成的低点（颈线位），且不能在短时间内成功收复，则三重顶成立，如图 4-38 所示。

# 第四章 K线形态的趋势信号

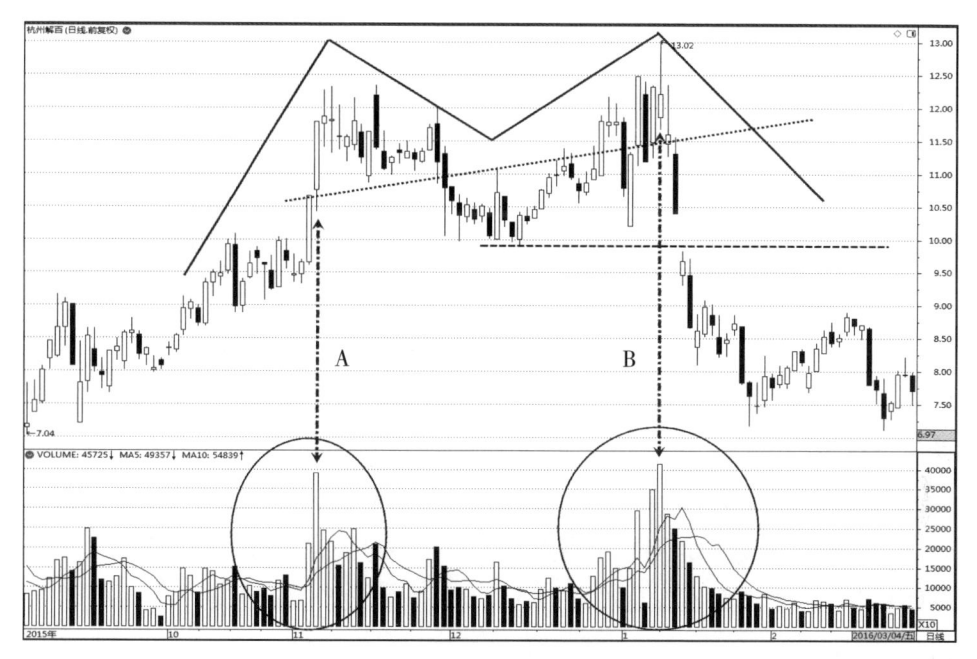

图 4-37

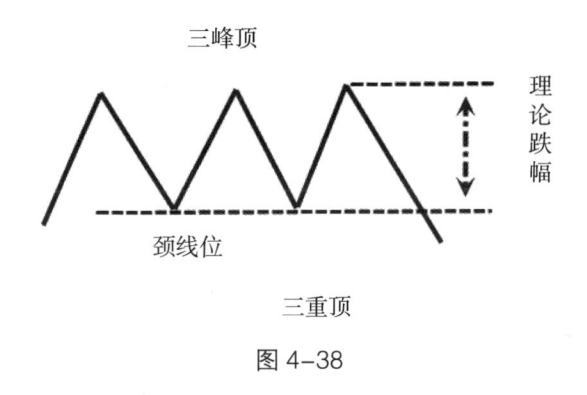

图 4-38 三重顶

三重顶的理论跌幅，为两次回落低点平均值（两次回落低点不一定完全相同，可取其平均值）和三峰顶高点平均值之间的距离，而且理论上认为，三重顶成立后的基本跌幅，可能不会小于这个距离。三峰顶之间的回落低点平均值也称为颈线位，当价格跌破颈线位而不能有效收复时，即认为价格顶部成立。

三重顶比双顶多了一次上升的过程，也就多消耗了一次多方能量，多套牢了一部分追涨资金。三重顶比双顶结构更复杂，未来对多方也更具杀伤力。三重顶如三座大山压在多头身上，多头想再次翻身需要相当长的时间和过程来消化三重顶带来的巨大压力。

所有的形态分析都是相对而言的，还是需要参照技术环境的制约因素，不同阶段、不同价位出现相同或相似的图形，其技术意义多有较大的区别。

如图 4-39 所示，该股经过长期大幅上涨后，构筑了一个形态较为复杂的三重顶。股价跌破颈线位后，C 处虽然出现一个较有力度的反抽，但最终还是未能挽回步入下跌趋势的命运。该股股价之后的跌幅和下跌持续时间都极为惨烈。

对于图 4-39 中的三重顶，交易者可以利用趋势线、重心线来把握卖出时机。股价在 A 处构筑第一个高点时，跌破趋势线就是短线交易者的卖点。A 处卖出，虽然不是在股价最高点，但是至少在股价高位区域。

图 4-39

之后，股价高位振荡构筑三重顶，交易者可以绘制一条重心线。股价在波动中于 B 处跌破重心线下行，这时虽然未曾跌破颈线位，但三重顶的构筑接近尾声，大体形态呼之欲出，交易者至少应该减仓应对。

通常来说，在长期大幅上涨的股价高位，一旦出现类似图 4-39 中的盘整振荡时，不管是什么形态的顶部，交易者都应高度戒备，切勿被套在股价高位大顶上，因为这个阶段被套，可能几年甚至更长时间都难以解套。

C 处跌破颈线位也是一个相对较佳的卖点，虽然之后股价出现了一个强力的反抽，反抽高点一度接近重心线。图 4-39 中出现的这个反抽，当然也是一个极好的卖点。但并不是所有的个股跌破颈线位都有强力反抽，交易者切不可刻舟求剑，延误了卖出时机。

实战中，这种结构复杂的大型三重顶并不难识别，而是难在交易者的心理上。因为很多持仓者从内心抵触或不愿意承认股价大顶已经形成，更不愿意脱离股价原有的上涨节奏，但是股价从不以市场意愿为运行方向，与股价运行规律相对抗，结果必然不会太好。

图 4-40 中的个股，其股价经过大跌之后，于反弹行情中构筑三重顶形态，这是一种下跌中继形态。其后的下跌幅度和下跌持续时间，都远小于图 4-39 中的个股。但是交易者仍需要根据自己的持仓或者介入成本及时确定交易策略，不能也不必承受多余的折磨。具体的卖点分析与图 4-39 类似，不再详解。

三重顶不像尖顶那样对顶部具有强烈的、明显的提示和警示效果。在三重顶构筑过程中，股价来回折返的走势能够起到极大的迷惑性，可能交易者并不会认为顶部已然到来，甚至会认为这是一个极其正常的振荡盘整，甚至有人全然不顾个股已有的偌大涨幅，认为股价正在构筑一个双底。

认识上的错误或者心理上的抵触，会让交易者选择持仓等待或积极进场，从而失去最佳的做空或卖出时机。

和尖顶、双顶相比较，三重顶形态的出现，至少说明主力前期减仓过程并不顺畅，未能顺利完成减仓和出货任务。

图 4-40

前面说过，顶部形态构筑得越复杂，其后的跌幅相对越大、用时越长。这既是对某一种顶部形态而言，也适合不同的顶部形态。

比如，同样是双顶，一个短期内构筑简单的双顶形态的跌幅，多数比中长期内构筑复杂的双顶要小得多；如果同样是短期内构筑简单的双顶和三重顶之间进行对比，那么这个三重顶无疑比双顶要复杂（多了一次上攻的过程），所以后期跌幅一般会大于同等构筑程度的双顶。除非这个三重顶本身就是一个空头陷阱。

从技术原理上来说，顶部结构构筑的复杂程度和主力想要达到的出货比例息息相关。顶部形态构筑得越是复杂，主力出货量越大，也说明前期出于某种原因，其未能较好地完成大部分仓位的减持，所以只能通过中长期顶部构筑来完成相关减仓。

短期内构筑的相对简单的顶部结构也存在多种可能性，以尖顶这种最为简洁明了的顶部形态为例说明：尖顶形态大多说明主力按照计划、分阶段顺利完成了减仓任务，这种情况下尖顶的峰顶几乎是市场资金追高惯性冲击而来；另一种可能性是，出于某种突发的状况，主力或游资未能完成减仓任务，比如 2015 年的暴跌，指数和很多个股大多以尖顶形式下跌，很多主力根本来不及出货。

## 四、头肩顶构成和卖出时机

头肩顶和三重顶十分相似，区别在于头肩顶的第二次上涨明显超出第一次上涨的高点，第三次上涨的高点则明显低于第二次的高点，于是形成了一个类似人体头部和双肩的图形，故名头肩顶，如图 4-41 所示。

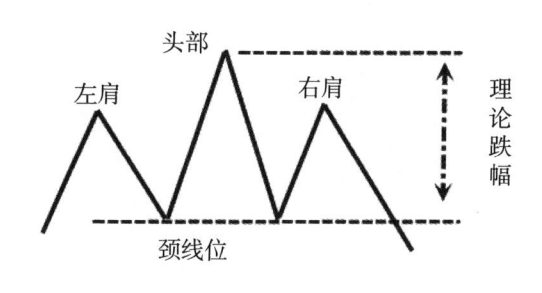

头肩顶

图 4-41

头肩顶的理论跌幅，为两次回落低点平均值和头部高点之间的距离，理论上认为，头肩顶成立后的基本跌幅可能不会小于这个距离。两次回落低点的平均值也称为颈线位，当价格跌破颈线位而不能有效收复时，即认为价格顶部成立。

前面一再讲过，顶部形态构筑得越是复杂，其后的跌幅相对越大、用时越长，而头肩顶就是这样一个构筑复杂的顶部形态。

如图 4-42 所示，在长时间大幅度涨升之后，该股构筑了一个复杂的头肩顶形态，当股价跌穿颈线位后，随即进入下跌趋势。虽然在下跌途中该股出现了一个强力反弹并一度收复颈线位，但股价的短期波动终究难以抵御趋势的力量，最终还是回归到下跌趋势之中。

当头肩顶形态构筑出雏形时，交易者至少应保持足够的警惕，在市场前景不明朗的情况下，宁愿相信这个形态可能带来巨大风险，也不要自作聪明地认为是主力洗盘或刻意制造的空头陷阱。因为在交易市场上，钱是赚不完的，但可以亏完。

图 4-42 中，左肩构筑完成后，在头部构筑过程中，交易者可以利用重心线标示股价波动，一旦发现股价有向下波动倾向，应当及时卖出了结。在大型顶部形态构筑过程中，最好不要心存侥幸，比如认为个股或许会转危为安、扭转颓势等，这种愿望式交易往往会使交易者错失卖出时机。图 4-42 中分别标示了不同绘制法的重心线，可以帮助交易者将股价在相对高位区域卖出。

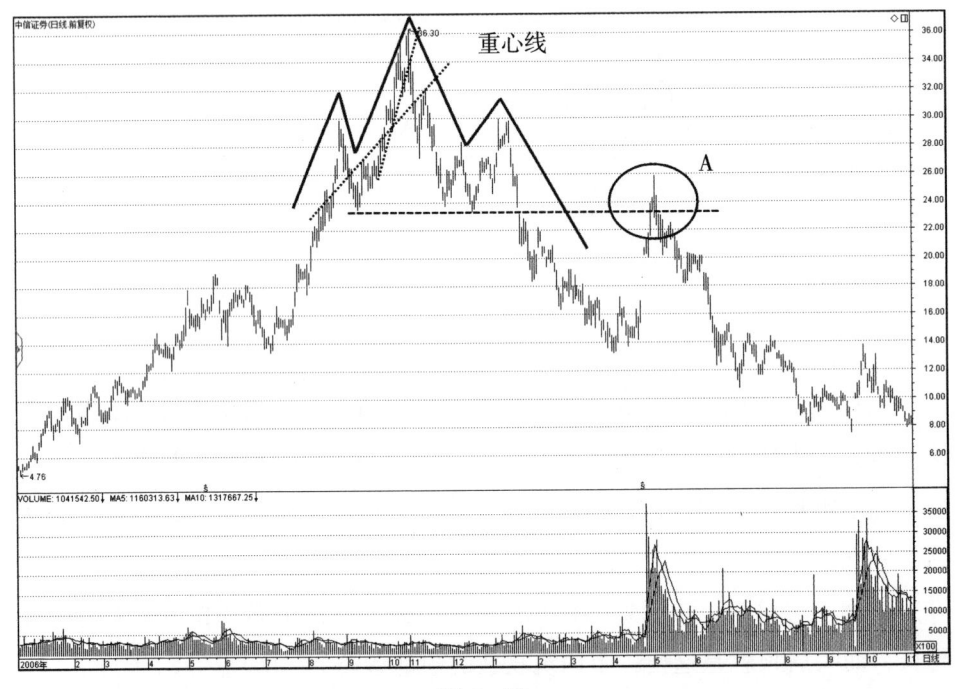

图 4-42

实战中，有些个股跌破颈线位后，会出现一个反抽颈线位的动作。反抽出现的原因很多，比如主力资金出货仍未完成，被套资金不愿束手就擒的强力反击，不甘寂寞的市场资金搏反弹等。对于这种类型的反弹，短线交易技术欠缺、没有严格止损纪律的交易者，最好避免介入。如图 4-42 中 A 处所示，这个反抽很有可能属于主力资金的行为，因为下方的成交量非常密集，其他市场资金可能很难愿意投入如此大的成本来博一个跌势中途的反弹。

头肩顶形态一旦确立，其所蕴含的杀伤力极大，原因无外乎以下两点。

其一，头肩顶形态构筑的复杂性超过前面讲过的几种顶部形态，而越是复杂的顶部形态，后期跌势越严重。即便是相对较短时间内构筑成功的头肩顶形态，其对多方的杀伤力也往往较大。

如图 4-43 所示，该股构筑头肩顶形态时长较短，形态也相对简单，跌幅却非常惊人。从最高点的 74 元附近一直跌至 17 元左右，跌势才慢慢平复。所以，当交易者在实战中发现个股有构筑头肩顶的迹象时，应及时寻找高点卖出筹码回避风险。

图 4-43 中以左肩涨势和头部涨势绘制重心线。实战中头部涨势进行中时，所绘制的重心线可能与图中标示的稍有偏差，但不会有过大的差距，不会影响最终判断。当股价在头部高点跌破重心线时，交易者应当减仓。虽然此时股价下跌也许不会过深，像左肩的回落一样，只是一个偏离重心线的动作，但是交易者如果考虑到顶部形态的杀伤力，就应当谨慎对待。

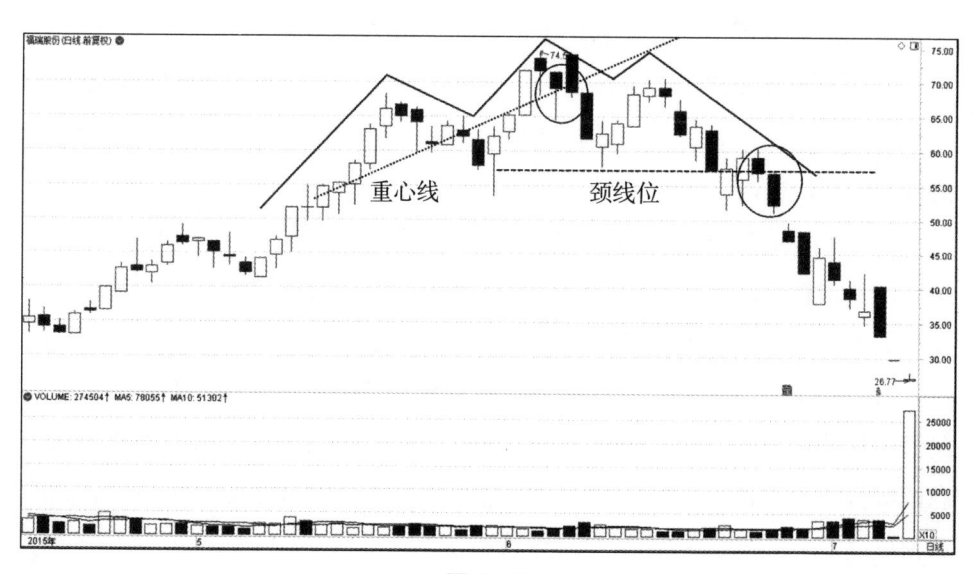

图 4-43

头部高点的回落在颈线位上止跌并开始反弹，但这个反弹明显较弱。在股价高位，不论何种顶部形态构筑过程中，一旦反弹的持续性出现问题，交易者不可迟疑或犹豫不决，因为顶部形态一旦确立，下跌将会极为迅猛。

图 4-43 中最后一个较好的减仓点，就是股价跌破颈线位时，此时再犹豫的话，面临的将是股价一日千里的快速下跌。

其二，头肩顶形态在构筑过程中具有极强的迷惑性。顶部形态的迷惑性越大，意味着套牢的资金越多。随着主力资金的出逃，这些套牢盘会形成极重的压力带，股价在中短期内不会有足够的能量予以化解。

为什么说头肩顶形态具有极强的迷惑性呢？

不妨从形态构成上进行分析，头肩顶的左肩在形成之初会被认为是尖顶，当价格脱离尖顶的预期再次上涨并大幅刷新价格高点时，所有的看空者都会被打脸，市场必然由恐慌杀跌迅速转向狂热追涨。

因为价格大幅刷新高点，没有多少人敢于选择此时再度看空，所以市场氛围几乎一边倒地看多做多。头肩顶的头部下跌在这种氛围中出现，并不会引起过多的恐慌，反而会被认为是"千金难买牛回头"，尤其是在左肩的上涨开始后，做多几乎就是市场资金的共识。

当头肩顶的左肩下跌开始，甚至跌破颈线位后，仍旧会有人在做多的心理惯性下继续买入。只有在跌幅达到一定程度后，巨亏的痛苦才会让人慢慢清醒过来，但这时一切都晚了。

实战中，有时还会遇到一些并不"标准"的头肩顶，如图 4-44 所示，该股的左肩构筑出两个高点，会让交易者误以为是双顶，但随后股价再创新高打破了双顶，重新为市场树立了股价继续上涨的信心。

股价头部高点回落，让交易者开始猜疑构筑头肩顶形态，但是股价右肩起涨后居然创出新高，无疑会让市场资金再一次认为，该股将突破头肩顶形态继续升势。然而，股价创出右肩高点后却转入下跌并跌破颈线位，宣告头肩顶成立。

图 4-44 中，右肩股价创出新高最能迷惑人，也正因为这一点，会让很多交易者失去卖出的良机。如果仔细分析右肩最高点，只是上影线创出新高，

收盘后的股价实体仍低于头部高点。

实战中，不管是上影线还是实体出现这种情况，都不妨碍我们判断该股的顶部形态，即使不是一个绝对标准的头肩顶，也会是混合顶等顶部形态，都预示股价下跌风险的来临。

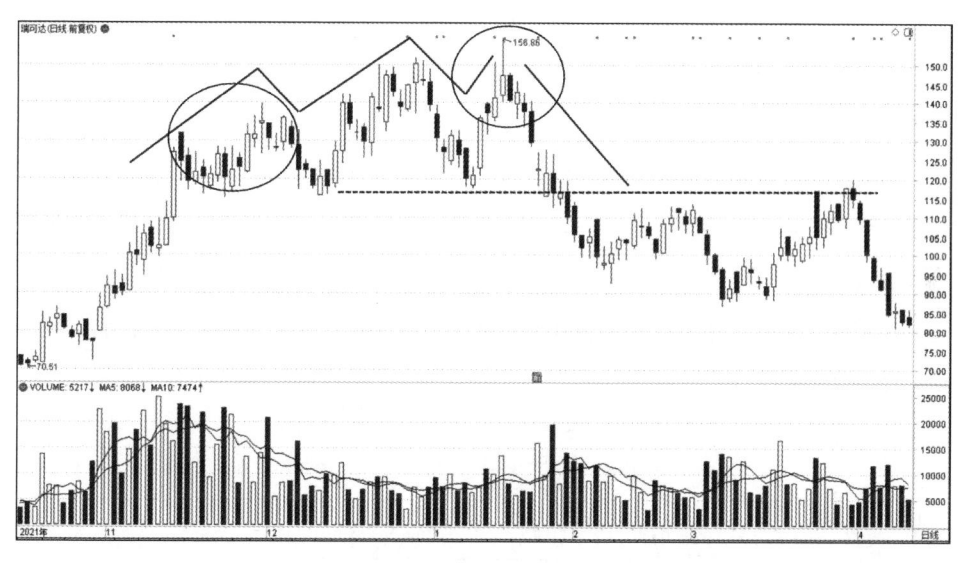

图 4-44

## 五、混合顶构成和卖出时机

所谓混合顶，是指以弧形顶为主的多种顶部形态共存或难以辨别形态特征的顶部构造形式。混合顶形态，因其构成形态上的驳杂，部分难以确定颈线位等技术因素，实战中应以价格运行重心作为判断顶部构成的依据，如图4-45 所示。

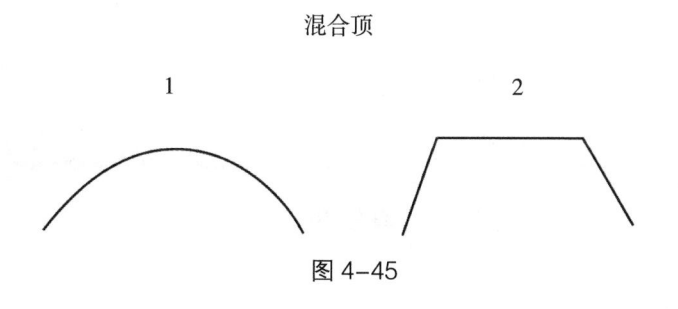

图 4-45

图 4-45 中的 1 号图形为传统理论中的圆弧顶,是指价格上升和之后下跌的角度,构成一个弧顶在上的圆弧形状。圆弧顶在实战中并不常见,远不如圆弧底出现的频繁。

如图 4-46 所示,这是一个较为接近 1 号图形的圆弧顶形态。在这个形态中可以发现,其中似乎也具有尖顶的特点(图中标示处),甚至也具有箱形的特点,但就股价整体运行重心的情况来看,还是呈现出圆弧状的运行轨迹。

混合顶的构筑比较复杂难辨,有时候即使分析出可能是一个混合顶形态,也很难确定卖点。这时候就需要加入一些技术分析形式,来协助我们判别形态的运行阶段和选择较佳的卖点。

以图 4-46 为例,将图中的圆弧顶放大,具体分析一下如何判断形态和确定卖点的问题。

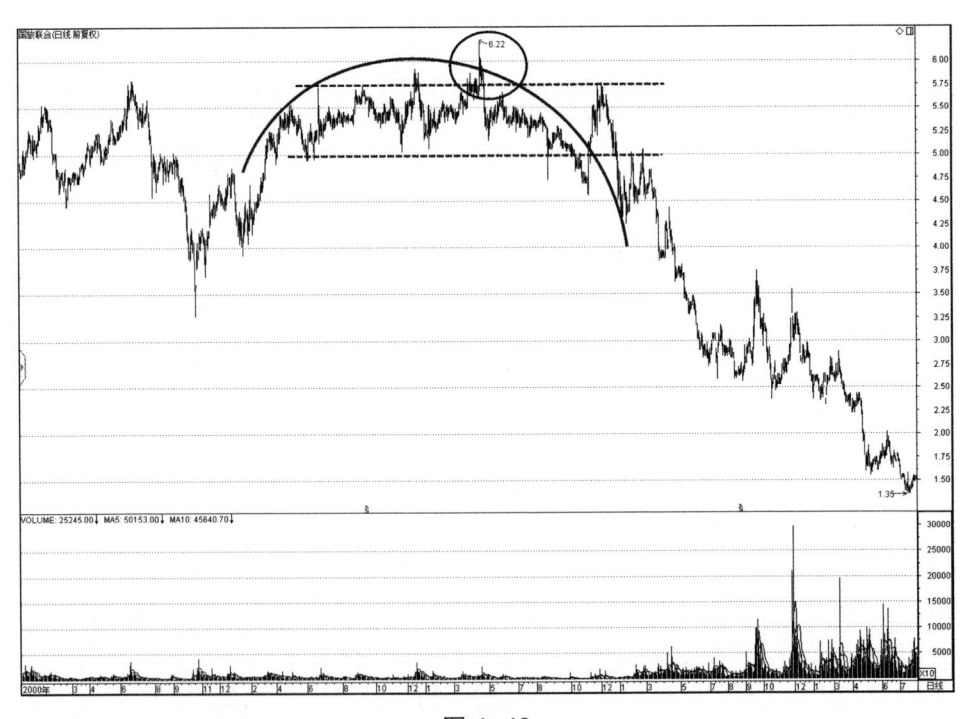

图 4-46

图 4-47 就是放大后的圆弧顶形态，图中绘制了一条重心线，在圆弧顶构筑过程中，股价是以这条重心线为中心波动运行的，一直到了 A 处，形态开始出现明显的变化。A 处是整个形态最为关键的区域，也是确认圆弧顶形态成立的最后时刻。

A 处股价跌破了重心线，其实在这个案例中的弧顶区域，股价已经多次跌破过重心线，这也是观测股价波动的重点。问题的关键是：跌破重心线后能不能迅速收复。A 处的表现明显不同于前几次，即股价向上反抽重心线后，未能继续向上拓展升势，反而缓缓向下运行并形成重心线向下变轨。这就是一个极度危险的卖出信号。

在图 4-47 中加入了 5 日、30 日、60 日三条均线，用来协助判断股价趋向变化。在弧顶区域，这三条周期不同的均线聚拢后相互盘绕、横向运行，均线之间原本具有的厚度空间被挤压，逐渐呈黏合状，这是股价高位盘整的显著特征，也是股价运行方向不明，将要选择运行方向的特征。在这种技术形态下，至少说明不适合交易者买入。来到了 A 处，三条均线开始明显转为下行，意味着股价已经选择了最后的运行方向。

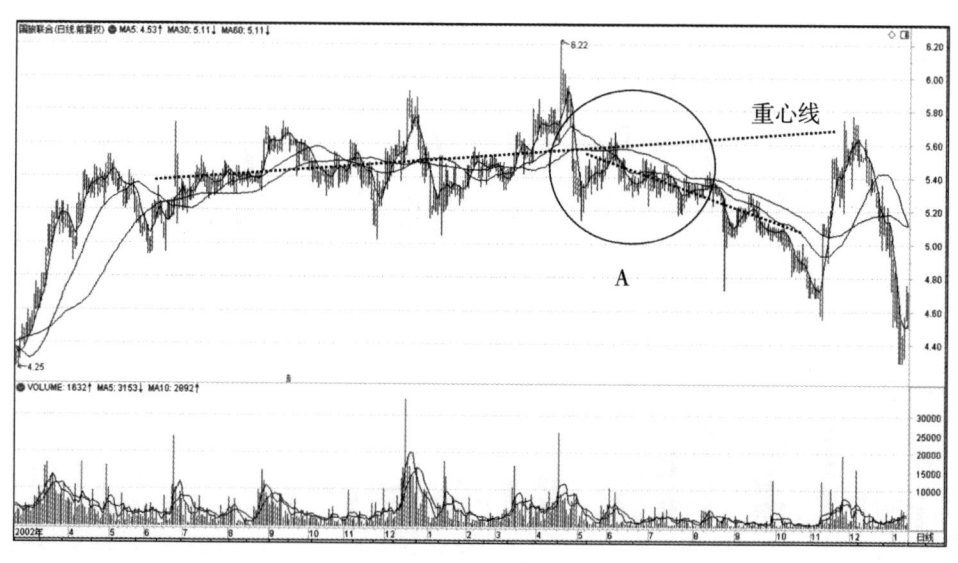

图 4-47

在技术分析中，当多种技术工具同时发出相似的技术信号，即为技术分析中的共振。共振一旦出现，判断结论的准确性都相当高。具体到图 4-47 中来说，A 处应是交易最后的卖出时机。

圆弧顶形态中，价格运行趋向从缓涨到走平再到逐渐下跌、加速下跌，这种顶部构造方式就如同以温水煮青蛙，持仓者会误以为该股运行节奏较为稳健，比较让人放心，从而放松警惕。主力正是利用这种市场心理进行有节奏的减仓，当完成预定计划后，不再刻意护盘，于是股价以逐渐加速的方式展开下跌。

对于圆弧顶，当价格从盘整态势逐渐进入下滑轨迹，有脱离向上的运行重心而向下加速的迹象时，持仓者最好不要有抢超跌反弹之类的幻想。

混合顶形态在实战中具有很多种变化形式，图 4-45 中的 2 号图形也是其中之一。这个图形类似于圆弧顶，但并不具有明显的圆弧运行轨迹。

如图 4-48 所示，该股股价先是出现一波快速上涨，之后横向盘整，再后则开始快速下跌，形成一个类似帽子的形状。其实这种形态可以认为是圆弧顶的变形，可参照圆弧顶的方法判断。

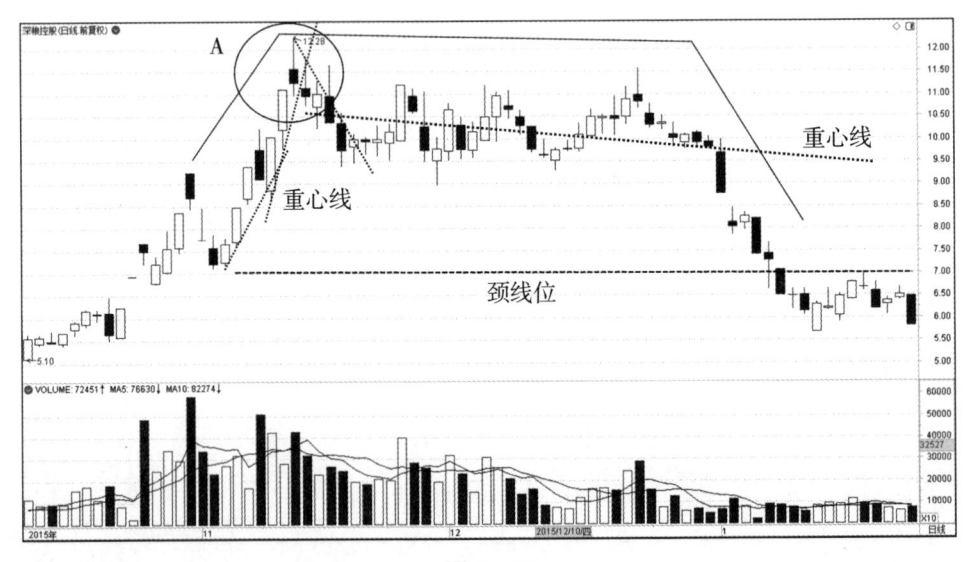

图 4-48

可能有人认为图 4-48 中 A 处的第一个股价高点可以视为尖顶，但是如果认定尖顶的话，那么等股价跌破颈线位，利润将大幅流失。

对于这类图形，还是依据股价运行重心向下偏移为原则，至少在锁定利润上更为理想。如图 4-48 所示，A 处急速上涨阶段，可以利用特殊绘制法的重心线来标示股价波动，在股价发生向下跌破重心线或重心线变轨时，应是短线交易者的卖点。

波段交易者可以在弧顶区域绘制重心线，当股价跌破重心线而没有迅速收复的可能时，及时卖出。实战中，交易者还可以加入均线、成交量等技术工具进行综合研判，这样得出的结论更为准确。

混合顶的变化形式极多，不可能一一举例讲解。当顶部形态共存或难以辨别形态特征时，应该可以想到遇见的可能就是某一种类型的混合顶。

实战中，一些构筑时间短暂、不具有典型顶部特征的形态，也需要交易者高度注意。这些看起来结构简单、时长较短的形态，往往被交易者忽略，或者不认为是一种顶部形态，却会让我们因大意而错失及时卖出的机会。

如图 4-49 所示，该股构筑混合顶仅仅用了十几个交易日，很容易让人误以为股价只是一个盘整振荡的过程。实战中，当股价有过一段较大的涨幅后，于股价高位再次冲高后随即开始盘整时，就要注意分析股价是否有构筑短期顶部的可能。

图 4-49 中股价向上跳空高开高走，但是接下来几个交易日股价高点都在大致相近的价位上，说明已有滞涨迹象。绘制重心线可以发现，股价波动从陡峭向上转为缓慢向上，再到向下变轨，乃至几乎横向运行，股价的波动已经明显显示出下行的倾向。对于不同交易风格的交易者来说，这期间应以卖出或者准备卖出为主要交易策略。

图 4-49 中，股价跌至颈线位一线时，振荡盘整了相对较长时间，可以将之视为对颈线位支撑力度的测试。A 处股价反弹，似乎有重启升势的迹象，但无论是 K 线形态还是成交量，都无法与之前的上涨阶段相比，也就提示交易者 A 处极有可能只是一个多头陷阱。在这个阶段制造多头陷阱，既佐证了

至少短期顶部的存在，也为交易者借股价冲高卖出提供了难得的良机。

该股的颈线位下方，存在一个向上跳空缺口。通常来说，不回补缺口，说明股价涨升强度较高，而如图 4-49 所示，股价从高点回落，于 A 处制造多头陷阱后，不但跌破颈线位，还回补了缺口，就充分证明了股价目前的弱势。持仓者就应该放弃股价再续升势的幻想，抓住最后的卖出机会。

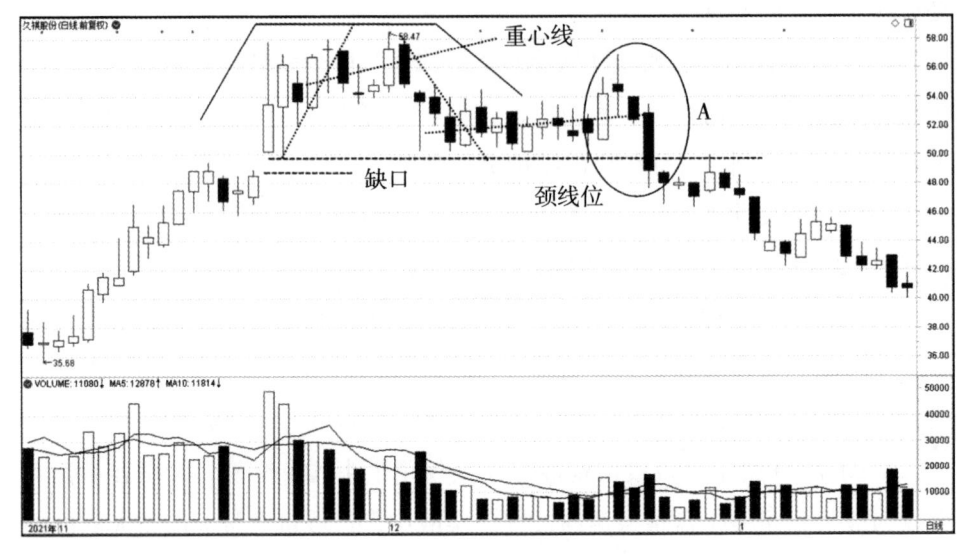

图 4-49

## 第三节　K 线底部形态

### 一、尖底构成和买入时机

股价的波动变化如同山峦起伏，有峰顶也有谷底。股价有见高点而下跌的时候，也有见低点而上涨的时候，起伏俯仰之间，考验的是参与者的定力和技术。

股价下跌，终会有止跌回升的那一刻。这个止跌回升的点，一般称为底部低点。股价底部，不但是空仓者想要的买入点，也是被套的持仓者渴望的补仓点。但是底部低点并不容易把握，有时候所谓的低点，却仅仅是股价下跌途中的短暂休整，之后仍旧会继续大幅下跌。

　　真正的底部不会是一个点，而是某个价位区域。也就是说，交易者不必为错失某一个股价低点而惋惜，如果能够判别底部的存在，那么稍晚一些进场买入，并不会太多影响到最终的盈利结果。

　　发现底部，需要确认的是何种级别的底部，不同技术环境下的所谓底部，后期升势和持续时间有天壤之别，比如长时间或大幅下跌之后，在价格低位构筑的具有趋势扭转意义的底部和短期超跌所形成的底部等。辨明这种区别，将有利于交易者选择不同的交易策略和操作手法。

　　尖底是指在下跌过程中价格以陡峭的角度向下快速跌落，达到某一低点后又突然逆转而上，以相似的速度和角度开始上升。因价格由急跌迅速转化为急升，运行角度像英文字母"V"，所以也称为V形底，如图4-50所示。

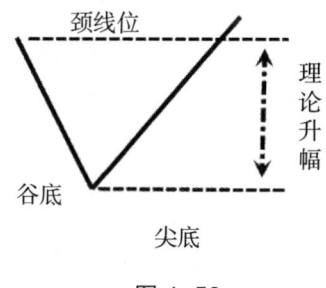

图 4-50

　　尖底理论上的升幅测量，即尖底起点和谷底之间的距离。而且理论上认为，尖底成立后的基本升幅，可能不会小于尖底起点和谷底之间的距离。尖底的起点，是指最后一波急跌开始时的价位，这个价位也称为颈线位，当价格突破颈线位并能够再续升势时，即认为价格底部成立。

　　如图4-51所示，该股运行于下跌趋势中，盘整过后出现一波角度陡峭的快速下跌，随后股价迎来了同样迅速的上涨，股价在颈线位上下经过振荡确认支撑后继续升势。

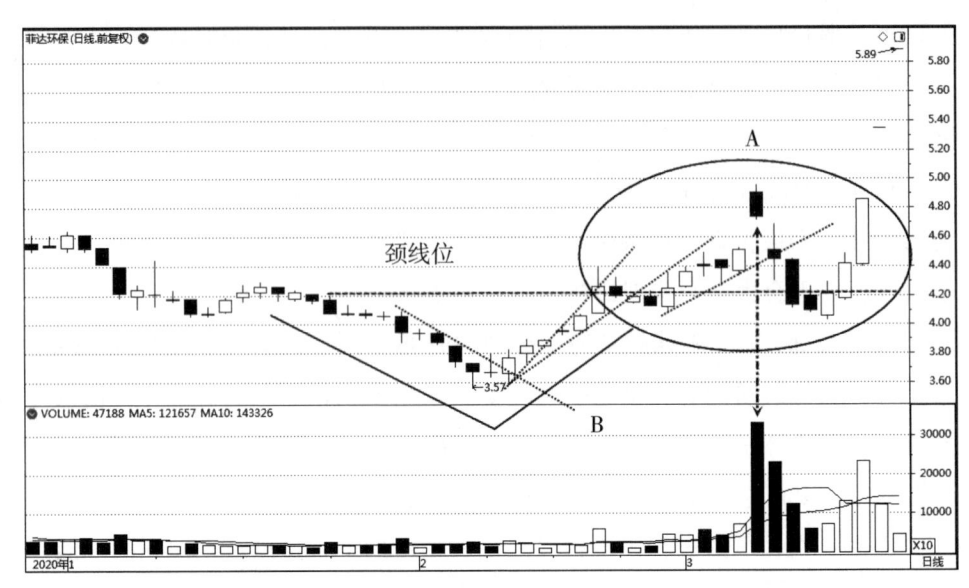

图 4-51

对于波段交易者来说，图 4-51 中 A 处股价突破颈线位后的振荡非常关键，因为正好借此观测股价下方是否存在支撑，突破颈线位后股价下跌时下方不存在支撑，这对于正在酝酿一波升势的个股来说是不可能的。颈线位具有相应支撑，成交量适度配合，正是波段交易者的买点。

对于短线交易者来说，应该在尖底的谷底附近买入，比如，依据图 4-51 中 B 处的重心线，股价突破而上，就可以通过分时图技术进行选择，或者追涨，或者盘中调整时低吸。但这种短线交易必须注意止损，一旦股价反弹乏力，即使亏损也要卖出。

当股价到达颈线位附近的振荡高点，就是短线交易者兑现的时候。图 4-51 中标示了几条变轨的重心线，大致可以判断出相应的股价高点。就尖底形态来说，短线交易在颈线位附近，既有卖点也会再次发出买点提示，这是短线交易的特点——不参与盘整所决定的。

其实在这个案例中，短线交易者想要卖在反弹最高点附近，也是有机会的。因为图 4-51 中那根高开低走的阴线具有典型的变量特征，比较明确地发出短线卖出信号。可能有人会说，要是收盘才发现成交量是变量，怎么高价卖出？

图 4-52 就是当天的分时走势图，成交量放大主要集中在上午，交易者完全有机会识别变量，在股价相对高位做出卖出的决定。

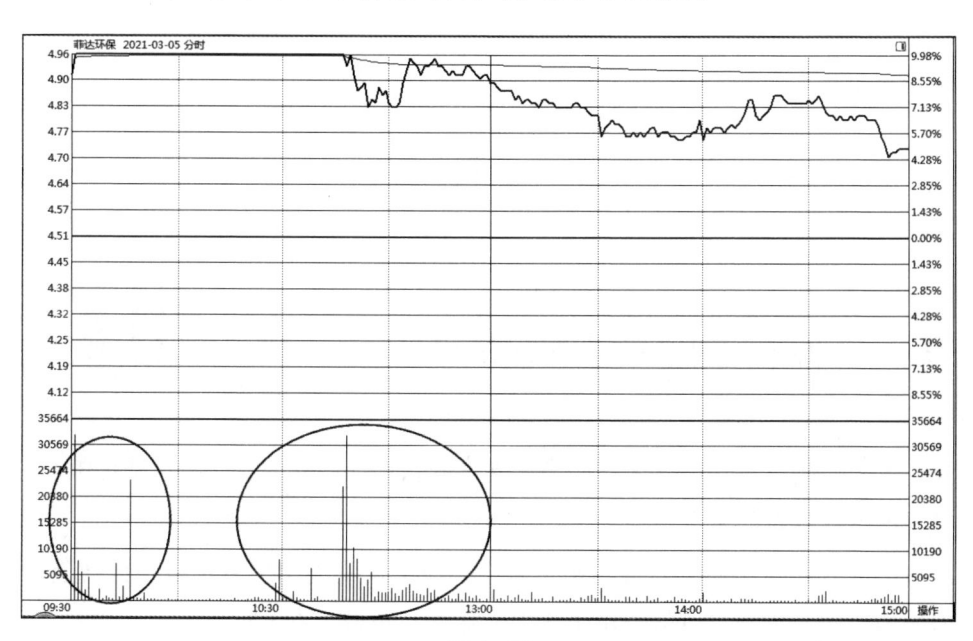

图 4-52

尖底是价格的一次快速探底过程，时间大多极为短促，价格从跌到涨的转换较为迅捷，通常不会在这里出现明显的盘整，但颈线位上下大多会遇到阻力，这时就是验证尖底是否成立的关键时刻。

但是，实战中也有一些案例在构筑尖底并起涨后，在突破颈线位时并无明显的盘整振荡，而是直接快速拉升。

如图 4-53 所示，该股构筑尖底起涨后，股价直接突破颈线位，并没有图 4-51 中股价反复确认颈线位的现象。对于这种走势的个股，多为主力资金筹码较为充沛，没有必要在相对低位反复振荡，或是短期热炒资金的快速炒作行为。交易者参与的话，只能依据特殊重心线来操作。

在尖底的整个构筑过程中，价格下探的部分，成交量一般都呈现缩量态势，而在由跌转涨的过程中，成交量会出现温和放量和聚量的现象。有些个

图 4-53

股在突破颈线位后，会出现回抽确认支撑的动作，这时的成交量可适度缩小，但要比下跌阶段的常量大。

突破颈线位后的升势或盘整走势中，成交量不能出现由聚量转化到量能消散的状态，否则很可能走出尖底失败形态，也就是多头陷阱。

如图 4-54 所示，该股构筑尖底形态，A 处股价在颈线位附近遭遇压制并迟迟不能突破，成交量对比尖底构筑过程的量能，更是呈现量能消散的迹象，明显不支持股价进行关口突破。

此后的 B 处股价再一次组织上冲颈线位，成交量虽然激增，却构成变量形态，而不是持续放大。量能上的后继无力，对一个突破在即的图形来说是致命缺陷，几乎预示着将走出一个失败形态。类似图形出现时，交易者应暂时放弃做多或控制仓位，以预防形态构筑失败的风险。

图 4-54 中绘制了多条重心线，尤其是 A 处，股价抵近颈线位，不能向上突破，却跌破重心线，即为短线交易者发出了卖出信号。B 处也是相近的技术含义。

尖底在实战中有很多种变化，而且尖底构筑成功后的升幅、持续时间都不尽相同，交易者不可过度高估这种底部形态能够带来的盈利。

第四章 K线形态的趋势信号

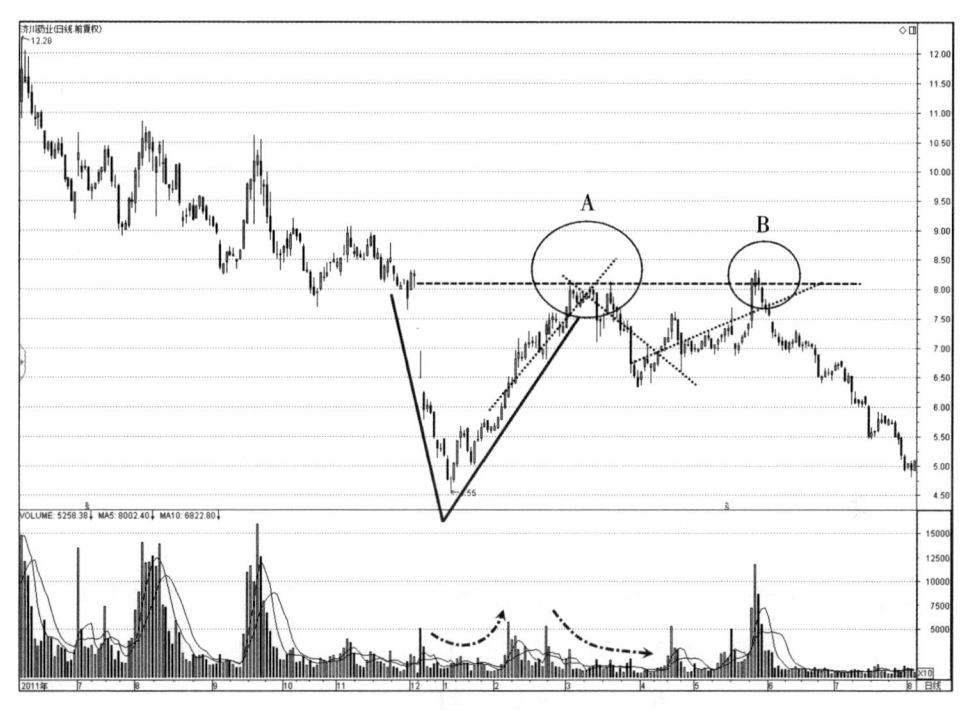

图 4-54

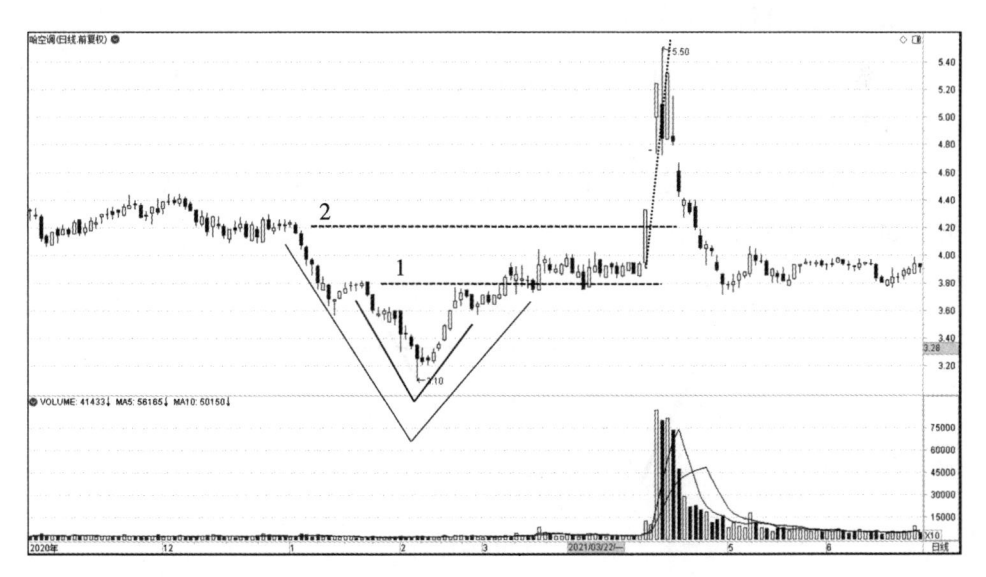

图 4-55

如图 4-55 所示，该股在下跌过程中有一个短暂的盘整，正是这个盘整使得尖底的颈线位出现变化。如果以这个盘整点为尖底的起点，则绘制出颈线位 1，如果以更高的下跌位为尖底的起点，则可以绘制出颈线位 2。图中可以看到，尖底起涨后主要是在颈线位 1 附近开始盘整振荡，显示这个颈线位还是具有相应的研判价值，但随后股价的短期升幅，则远远大于尖底的理论升幅。如果以颈线位 2 为标准，则大致符合。

以图 4-55 中的具体情况来看，还是应该以颈线位 2 为主要的技术研判点，虽然股价主要在颈线位 1 的位置振荡，但在颈线位 1 处股价的振荡盘整过于短暂，只能作为辅助研判点。同时，实战中也不乏股价在尚未到达颈线位就开始振荡盘整的案例。

在图 4-55 中，还需要交易者重视一点，即股价突破颈线位 2 之后的升幅虽然达到标准，但是上涨的持续时间极为短暂，只有区区几个交易日，交易者只要稍微犹豫或有等待的念头，就有可能错失高点卖出的机会。把握高点卖出，交易者可依据重心线和成交变量技术来操作。

## 二、双底构成和买入时机

双底是指价格下跌到某一低点后转为上升，升至一定高位时再度出现下跌，这次下跌在前低点附近企稳，随后价格又转为上升并突破前一高点（颈线位），在确认颈线位之上得到支撑则突破有效，双底成立。双底也称为 W 底，如图 4-56 所示。

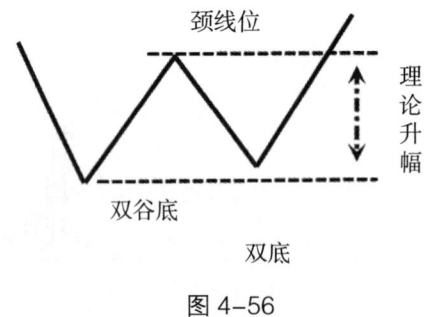

图 4-56

双底形态中，双谷之间的弹升高点称为颈线位，当价格突破颈线位后得到支撑,则突破有效,即认为价格底部成立。

双底的理论升幅测量,为颈线位至双谷底平均值之间的距离,而且理论上认为,双底成立后的基本升幅,可能不会小于这个距离。双底的两个低点并不一定都在同一价位上,升幅测量时可取其平均值。

底部结构受到形态构筑的复杂程度、时间周期以及形态出现位置的影响,与其之后的涨幅和持续时间具有重要的关联性。

短期内在价格超跌过程中构筑的简单的底部形态,其升幅和上升持续时间可能就不会太理想,同时对于这种底部形态,还需要防备主力制造多头陷阱(即假突破)等所带来的风险。

一个构筑时间较长、过程复杂、在长时间或大幅下跌之后出现的底部形态,一旦有效突破颈线位,其所迎来的可能就是趋势上的扭转。

如图4-57所示,该股下跌周期将近两年,股价从四十多元跌至图中双底时的十几元,无论下跌时间周期还是跌幅,都符合趋势扭转的条件。同时

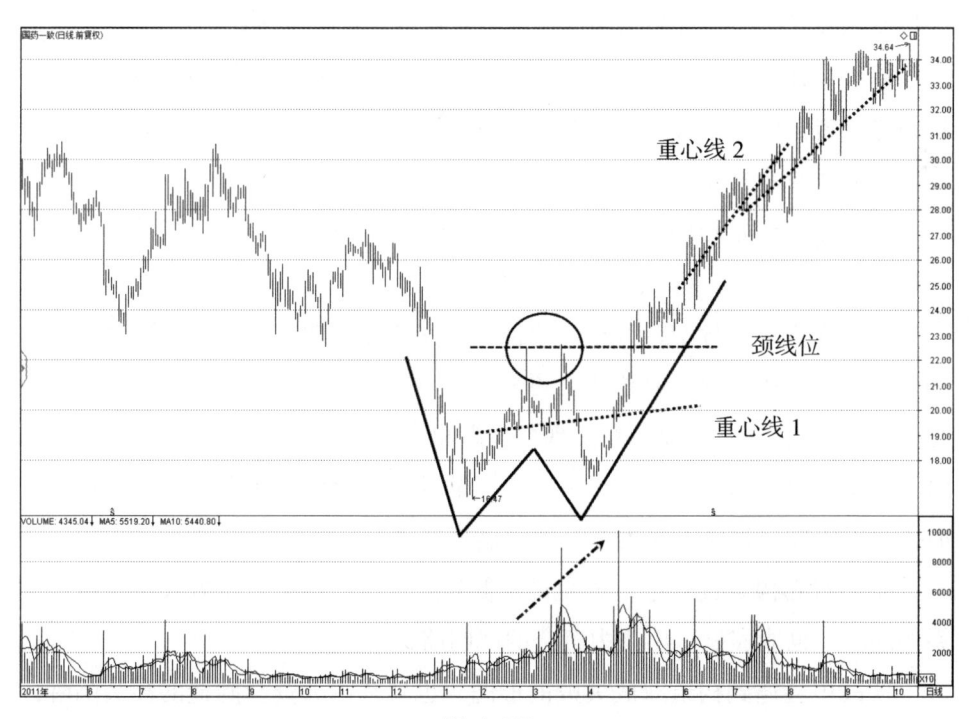

图 4-57

在构筑双底的过程中，股价也是一波三折，锯齿形折返波动频繁。在其颈线位附近居然出现两个高点，主力煞费苦心故意营造双头假象，来骗取低价筹码。之后股价突破颈线位，略经盘整后开启上升趋势。该股股价最终高点达到九十多元。

在该股构筑双底的过程中，可以先绘制一条重心线1，这条线能够帮助我们观察股价波动中的主要倾向。当然，交易者还可以以特殊绘制法标示股价急速上涨阶段的变化。为保证图中画面清晰，这些重心线没有一一标示。

股价突破颈线位后继续上涨的过程中，可以绘制重心线2以及变轨后的重心线，这些重心线对于短线交易具有极为重要的提示，能够第一时间反映股价波动的偏离情况，及时让交易者发现股价涨势是仍旧保持在强势运行中，还是已经降低强度或者转向弱势。

有一点是需要特别提醒的，即无论是顶部结构还是底部结构，首先要注重分析其性质是趋势扭转还是趋势延伸。例如下跌趋势中途会出现多个次级的顶部或底部结构，这些结构由反弹引发，最终价格仍将回归趋势。

趋势延伸性质的顶底结构，其未来的涨跌幅度和时间周期，注定无法比拟趋势扭转性质的顶底结构，这一点是毋庸置疑的。实战中，具有趋势延伸性质底部结构的个股，很多都达不到理论上的涨跌幅度。

趋势扭转还是趋势延伸，可以尝试从双底构筑过程中成交量的变化进行分析。

双底在构筑过程中，其第一个低点（左侧底）的成交量通常不会有明显的变化或呈零散放量，但整体上还是处在下跌阶段的常量状态。当价格开始弹升并构筑颈线位时，成交量呈现初步温和聚量，之后价格再次回落（右侧底）时，成交量随之缩小但仍大于下跌阶段的常量。价格再次上升并突破颈线位时，这里的成交量应该最大并呈现明显聚量状态，如图4-57所示。

整个双底构筑过程中，成交量由低到高分布，这种分布方式符合量价关系的同时，也能够显示出主力资金的回归路径。

实战中会遇到构筑双底失败的形态，也就是主力资金制造的多头陷阱，这些失败形态从成交量上就可以提前预估。如图 4-58 所示，该股在下跌趋势中构筑了一个失败的双底形态。图中 A 处及之前的急跌，可以把它当成尖底构筑形态，A 处明显放量却不能突破尖底颈线位，随着股价再次下跌，这个尖底构筑失败。

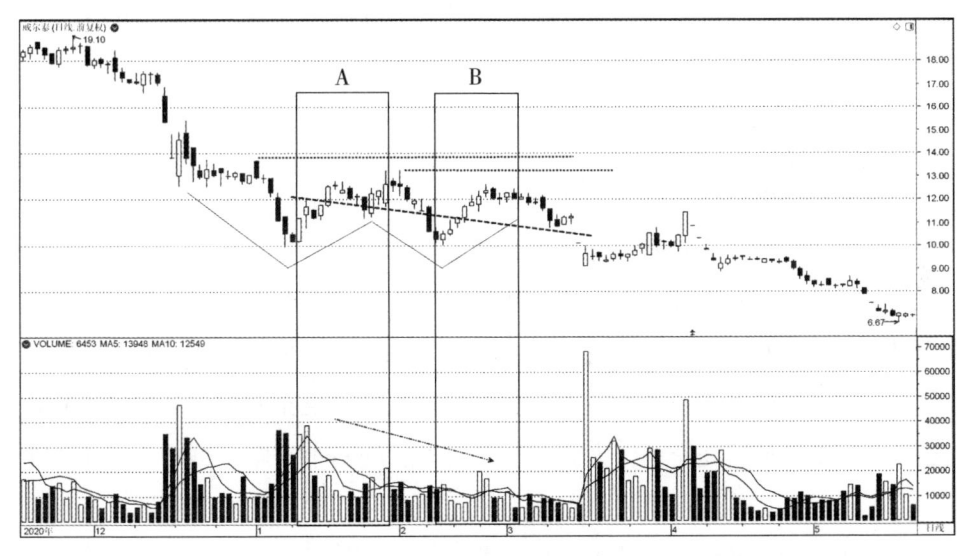

图 4-58

图中 B 处股价下跌后再次上涨，这时之前的 A 处就成了双底的颈线位，股价在 B 处两次尝试向上突破却迟迟不能成功，最终向下跌落，双底构筑失败。双底走出失败，其实从 B 处和 A 处的成交量对比就可以提前预估。B 处不但股价难以企及颈线位，整体成交量也明显小于 A 处，这是一个极不正常的现象。

图中以 A 处升波和 B 处升波连线绘制出一条重心线，明显可以看出，股价波动重心已经向下倾斜，这也是判断双底能否构筑成功的一个方法。

一个即将突破的形态没有成交量的聚集和支撑，大概有两种解释。

其一是上升趋势中的控盘庄股，这个类型的个股无须放量也能斩将夺关，原因是主力掌控了较大比例的流动筹码。

其二是这个即将突破的形态是用来骗人的，骗更多的资金相信形态即将突破。

图 4-58 中该股处于下跌趋势运行过程中，在跌势中构筑双底没有量能的持续支撑，首先可以排除趋势扭转的可能；其次就是前面讲过的趋势延伸形态，跌势中做反弹底很多连理论幅度都涨不到，而更多的就是图中所显示的——走出底部构筑失败形态。换个容易理解的说法，即主力制造的多头陷阱或诱多。

## 三、三重底构成和买入时机

三重底是指价格下跌到一定低点后出现上升，随后价格又转而下跌，跌至前低点上下时再次回升，这次回升到前高点附近时又一次出现下跌，价格跌至前两次低点附近时，开始最强烈的升势并突破前两次形成的高点平均值（颈线位），并确认在颈线位之上得到支撑，则三重底成立，如图 4-59 所示。

三重底的理论涨幅测量，为三次下跌低点平均值至两次上升高点平均值之间的距离，而且理论上认为，三重底成立后的基本涨幅，可能不会小于这个距离。两次上升高点平均值也称为颈线位。实战中，三重底在形态构筑上具有多种多样的变形，远不如图例中那样容易辨别。

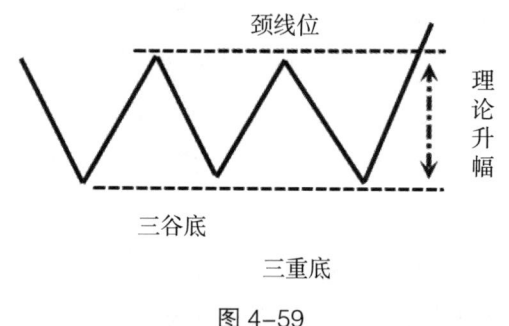

图 4-59

从形态构成上分析，三重底和双底图形定义很相似，只是多了一次回落和上升的过程。不要小看这个过程，多一次下跌和回升意味着对交易者的心理又多了一次野蛮的蹂躏，很可能会成为压垮骆驼的最后那根稻草。

相同技术环境下，三重底比双底更为可靠，其蕴含的做多意义也更强烈，但对持仓者来说，所受的折磨也更多。

不少持仓者可能承受住了价格前两次的大幅波动，却在最后一次下跌中抵抗不住心理承受极限的到来；有的还会在最后一次下跌完成后的价格回升途中清空仓位或反手做空。个中原因出在心理上，价格虽然回升但持仓者的心理并不能同步，空头的阴影仍旧厚重，心里有个声音一直在说："不借着反弹卖个好价，难道等着股价再跌回来吗？"

如图4-60所示，该股股价急跌过后出现反弹，反弹高点在尖底颈线位上，但股价未能继续升势。尖底构筑失败后，股价下跌，但未创下新低就又一次出现上涨，这为市场点燃了构筑双底的希望之火。

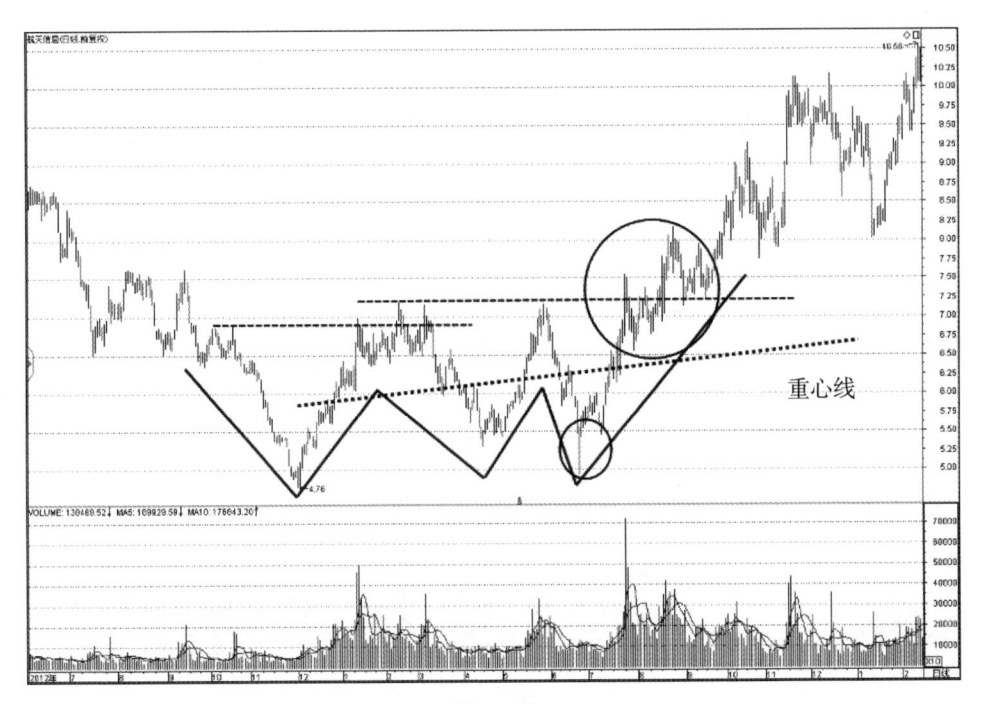

图 4-60

然而市场普遍期望的，往往都不会变为现实，这也是博弈的精髓之处，主力多数深谙其道。

所以再一次的下跌开始了，这次下跌是失望和恐惧相互汇聚的过程，多数人会选择在此时卖出离场。图4-60中小圆圈标示处可以看到一根极长下影线的锤头线,这是该股启动上升行情前的最后一个低点。

这个长下影锤头线所形成的低点必然是血淋淋的,长长的下影线可以看成是刺穿持仓者心理承受能力的尖刀。很有必要回顾一下当天的分时走势,也许我们可以从这种残酷走势中学到点什么。

图 4-61 所示的分时走势图,就是这根长下影锤头线形成的整个过程。当天低开后股价略有回升便在昨日收盘线下振荡,11 点左右股价开始跳水,午盘下跌超过 5%。午后开盘股价继续下跌,图中可见,13:30 左右的这个阶段成交最为密集,股价一度跌逾 8%。这就是典型的恐慌性抛盘,争相出逃的目的,是回避股价近在咫尺的跌停板。

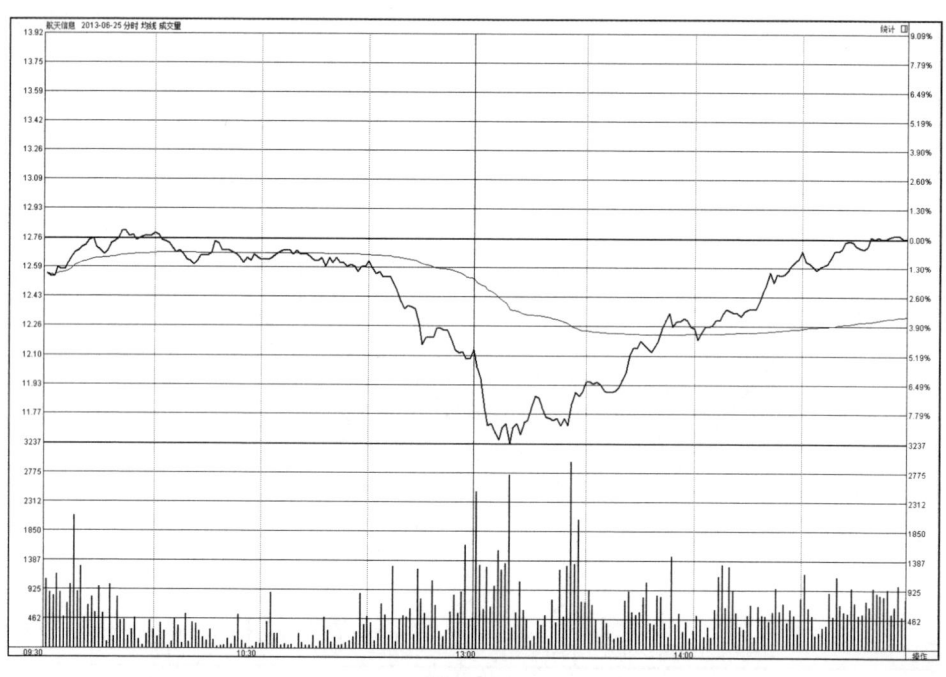

图 4-61

然而,大部分抛售筹码的人却发现股价并没有按照大家推断的那样跌停,反而在波动中辗转回升。惊魂未定的卖出者打死也不愿、不敢再把股票买回来,只能眼睁睁看着股价从 -8% 一直回升到昨日收盘价。

图 4-61 中的分时走势,从细节上再现了三重底下跌阶段恐慌场景的一

角。底部构筑过程中，不但下跌阶段让人心惊肉跳，回升阶段也同样会使人坐立不安。

图4-60中，三重底第三次上升突破颈线位时（图中大圆圈标示处），股价在颈线位上下的大幅波动，必然会使交易者的心理颇受煎熬，能够持仓不动的只怕是少数。这也是少数人能够赚大钱的真正原因。图中大圆圈标示处，股价突破颈线位时的成交量是构筑底部结构以来最集中、聚量最明显的地方，这种量价关系是突破的最佳形态。

如果在实战中遇到这种情况，不妨问自己几个问题：主力构筑这么复杂多变的形态，多处使出恐慌打压的手段，最后会在突破颈线位这种明显的价格关口时放量出逃吗？他逃得过散户吗？在颈线位并不确定突破成功与否时，作为小散的我们是恐慌多一些还是狂热多一些？问明白这几个问题，主力想干什么也就清楚了，而我们也就不会在技术关口被主力蒙骗了。

同时，我们还可以通过重心线来分析，在图4-60中以前两次涨波绘制出一条重心线，当最后一次跌波向下大幅偏离重心线，可以通过绘制特殊重心线来观测急速下跌中股价的波动。

如图4-62所示，就是最后一次下跌波段的K线图。以特殊绘制法标示重心线1，股价中途反弹后再次下跌，再绘制重心线2。可以看到，长下影锤头线最后的收盘价正在重心线1上，如果实战中遇到这种情况，说明股价已经发出止跌信号，但是这个信号的强度并不高。

因为以特殊绘制法绘制的重心线，反映股价急跌状态下的波动，而处于急跌急涨中的股价，从博弈的角度来说，急跌会跌过头，急涨也会涨过头，很难维持理性状态。所以，重心线1的提示信号强度不高。

当股价继续反弹并站上重心线2时，至少短线止跌信号已经具有相对强度。当股价经过之后的回落振荡后再次转为上涨时，再看图4-60中的重心线，已经基本可以判断出股价的这一次下跌只是一次大幅度偏离，大概率会回归到重心线上方。这就为短线和波段交易者发出了极佳的买入信号。

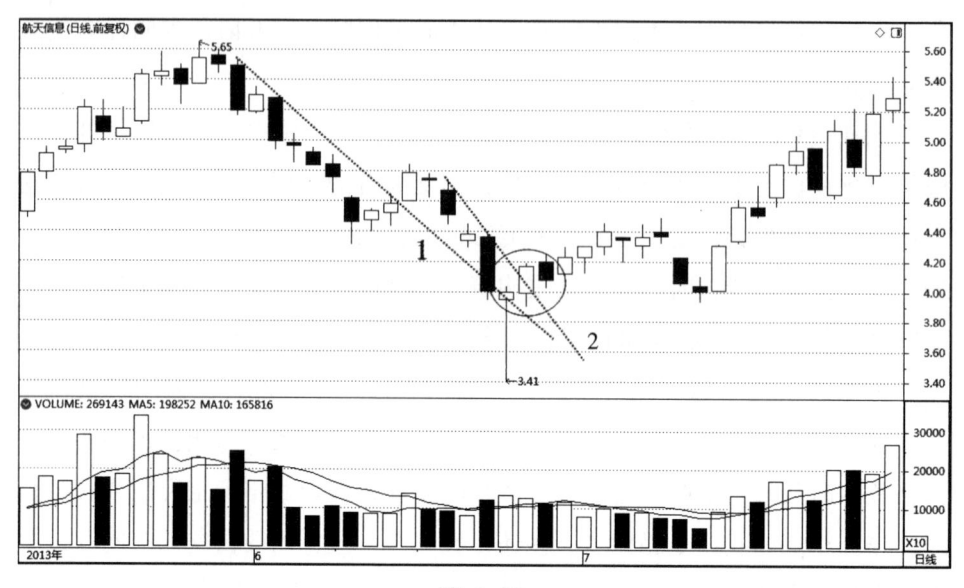

图 4-62

通过三重底理论结合重心线理论的分析，可以相对全面地得出研判结论，为最终的交易增加一份保障。实战中还会遇到多重底，即多于三重底的构造形式，但分析思路和方法与三重底并无太大区别。

### 四、头肩底构成和买入时机

头肩底是指价格下跌到一定低点后出现上升，随后又转为下跌并跌破前低点创出价格新低，之后开始回升，至前高点附近时价格又一次出现下跌，但这次下跌并未刷新价格低点就开始回升，并突破前两次回升形成的高点平均值（颈线位），确认在颈线位之上得到支撑后，则头肩底成立，如图 4-63 所示。

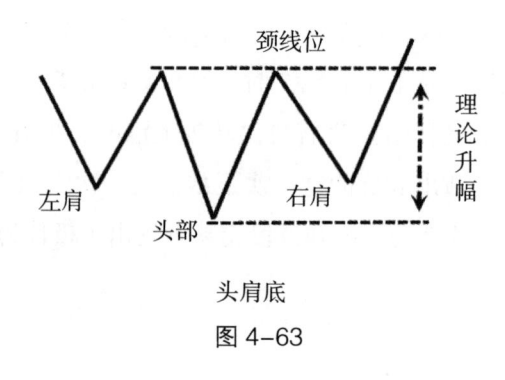

头肩底

图 4-63

## 第四章　K线形态的趋势信号

头肩底的理论升幅，为两次回升高点平均值和头部低点之间的距离，而且理论上认为，头肩底成立后的基本升幅，可能不会小于这个距离。两次回升高点平均值也称为颈线位。

头肩底在构筑上是较为复杂的底部形态，所以一旦构筑成功，其未来的升幅往往都会超过理论幅度。个股头肩底形态的构筑，必然有着不同的时长，不同构筑时长的头肩底，未来价格的表现会有较大的不同。

如图4-64所示，就是一个构筑时间相对较短的头肩底形态。图中该股经过一波幅度较大的急速下跌后，完成头肩底形态的构筑，股价突破颈线位并达到了理论升幅之后，再次进入振荡下跌的走势中。

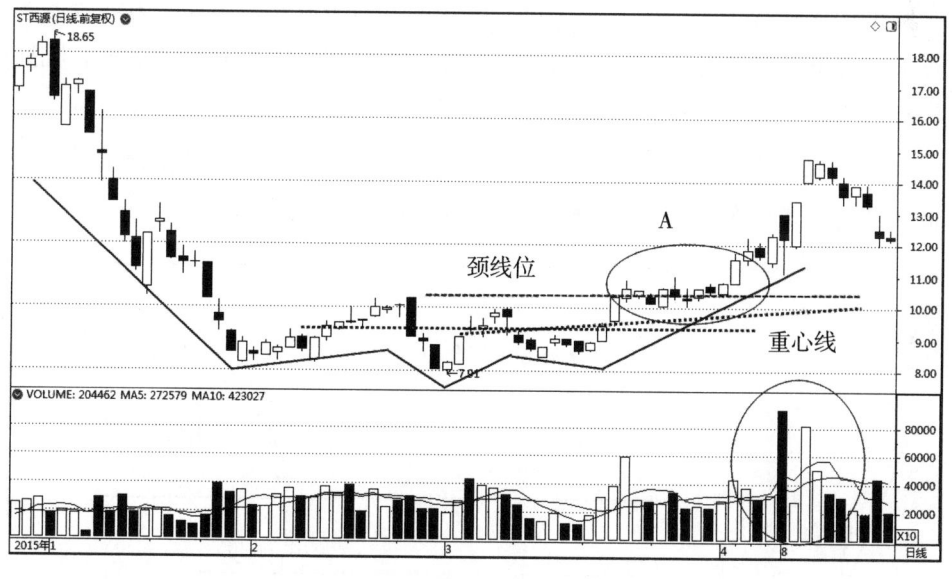

图 4-64

而图4-65中是一个构筑时间较长的头肩底形态，这个形态的构筑极其复杂。图中可见，形态上形成一个复合型的头肩底：大头肩底套着小头肩底，股价在突破两层颈线位时，都出现了较大幅度的振荡。而该股成功构筑头肩底形态后，之后的升幅也非常惊人，远远超过头肩底的理论升幅。

在头肩底的构筑过程中，交易者也可以绘制重心线来观测股价的波动倾向，如图4-64所示，以前两次涨波绘制重心线，右肩构筑过程中，再绘制向上变轨的重心线。

通过分析股价向上偏离重心线后直接突破颈线位的情况，交易者也可以看出股价明显倾向于上涨，而且涨势强度较高，股价在颈线位附近盘整确认下方支撑时，应是较理想的介入点。

底部形态构筑过程中，振荡幅度越大，次数越多，其未来的升幅通常就越大。

从资金逃逸与回归的角度来说，价格在相对低位的凶狠振荡非常有益于主力资金收集筹码。在价格进入拉升期之前，打击持仓者的信心和不断垫高参与者的成本，会使主力今后的日子比较好过。

当一个底部形态获得突破之后，筹码往往具有一定的集中度，这时的振荡就不仅仅是为了筹码的集中度，还有其他方面的需要，比如主力通过大幅振荡来降低自身成本，增加个股的活跃度，测试和消化上方压力盘等。脱离底部形态后，股价的振荡次数会减少，升速才会加快。

头肩底形态的成交量分布和其他底部形态很相似，即成交量通常是以由低到高的方式分布，见图4-65中成交量的分布。

图 4-65

在一个构筑时间周期较长的头肩底形态中，左肩和头部的成交量可以略有放大或基本呈下跌期间的常量态势，但是在价格突破颈线位前后时，必须有成交量明显放量和聚量的过程，如图4-64和图4-65中股价突破颈线位前后的成交量情况。

突破颈线位，对于个股来说是一个分水岭，如果之前走势沉闷、折返频繁，突破颈线位后大多会一改之前的作风，股价走势会变得异常活跃。对于主力来说，这是激活或改变市场认识的时机，而能够吸引眼球的无外乎是股价和量能的表现，所以通常不会放弃这方面的运作。

当股价在颈线位上下振荡时，如果成交量仍旧不温不火地处于前期常量态势，就要分析这是不是一个高控盘个股，是的话，就需要考虑会不会出现构筑形态上变形的问题；否则，就要注意可能会出现形态上的假突破。

如图4-66所示，该股下跌过程中构筑了一个头肩底形态，股价在A处两次尝试上攻挑战颈线位，但是不要说颈线位的1号高点，连2号高点都触之即溃，随后股价重归下跌趋势。

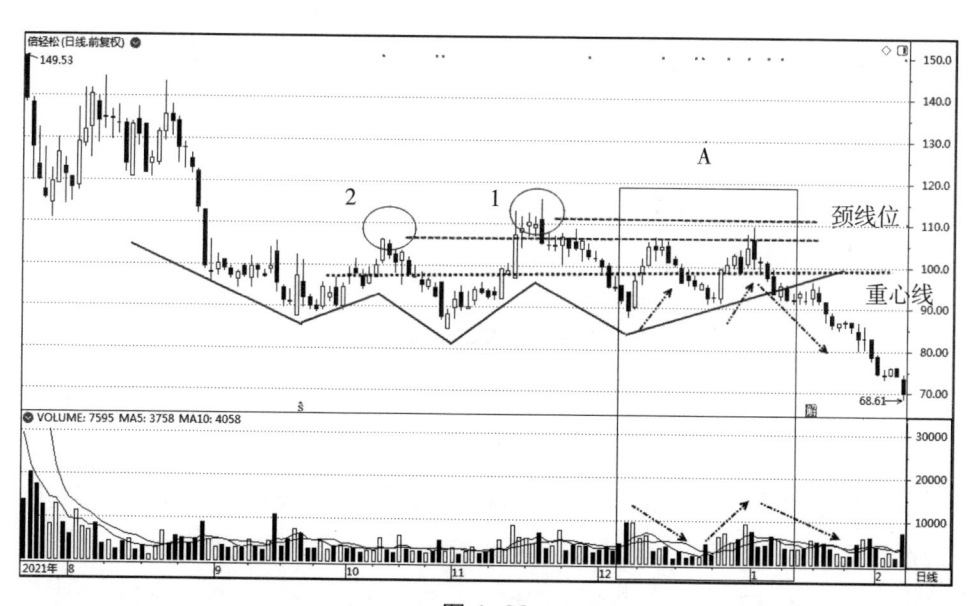

图4-66

股价在A处第一次上涨挑战颈线位时，成交量在股价上涨时居然是不断缩小的，这种量价配合下，想要突破颈线位就是在开玩笑。这里倒是持仓者不错的卖出点。

第二次上涨挑战颈线位时，成交量倒是配合放大，但是触及2号高点时，股价回落，成交量迅速萎缩，明显不具备突破重要技术关口的量价强度。交易者盘中发现这个技术细节时，不妨以减仓应对。

图中绘制了一条重心线，在整个头肩底构筑过程中，股价多数时间以这条重心线为中心波动，并没有明显的倾向性，也就说明该股股价上涨的强度并不高。看多的交易者即使想买入，也必须等待趋向明朗，比如突破颈线位。而这个案例中，看多的交易者没有买点，反而是持仓者可以发现较佳的卖点。

### 五、圆弧底构成和买入时机

圆弧底是指价格下跌过程和之后的上升过程，构成了一个弧底在下的圆弧形状。

圆弧底理论上的升幅测量，即起点和弧底之间的距离，而且理论上认为，圆弧底成立后的基本升幅，可能不会小于起点和弧底之间的距离。圆弧底的起点，是指最后一波下跌开始时的价位，这个价位也称为颈线位，如图4-67所示。

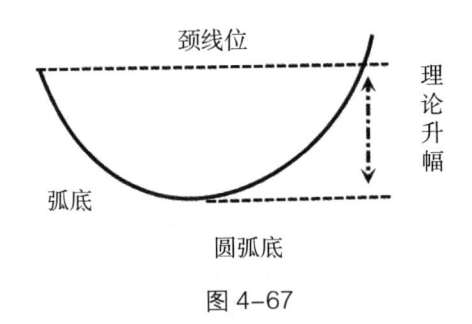

图 4-67

实战中的圆弧底大多不会是非常标准的半圆形，仅是在分析和观察其股价运行重心时，会发现呈弧底在下的圆弧形状。圆弧底的构筑过程一波三折，弧底区域的K线形态多为小阴小阳线，最低点也不一定就出现在弧底位置。

圆弧底的构筑过程有一个"快—慢—快"的特点，即价格运行速度通常

## 第四章 K线形态的趋势信号

是两边弧线加速，而弧底慢速运行，以振荡盘整为主。在圆弧底的起点到弧底区域的下弧线部分，价格下跌速率较快；到达弧底后，价格涨跌速率变慢，K线形体较小，价格重心主要为横向振荡；从弧底到颈线位的上弧线部分，价格速率开始变快。

如图4-68所示，该股为上市新股，打开连续涨停板后构筑了一个时间周期较短的圆弧底，在上下弧线部分股价都出现加速态势。

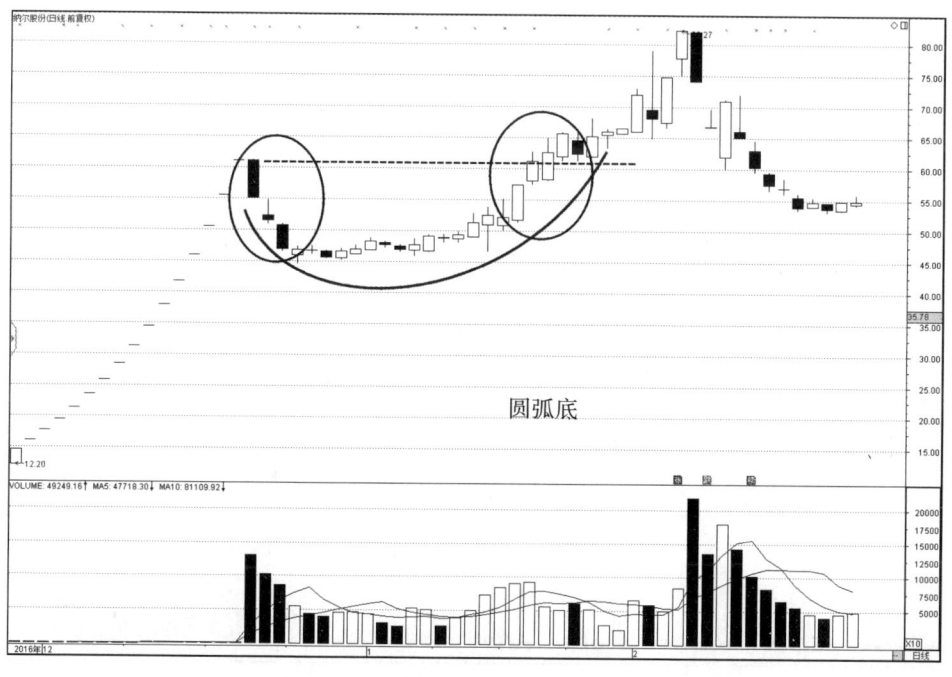

图 4-68

实战中，股价处在下弧线加速下跌的阶段时，不要有任何猜底、赌底的交易行为，未能从跌势中平息下来的股价会将一切多头碾得粉碎。同样，股价呈上弧线加速上涨的态势时，也不可轻易选择做空卖出持仓，否则必然后悔不已。

图4-68是一个构筑时间较短的圆弧底，其下跌和弧顶振荡时间都较短，持仓者可能相对容易承受。而一些构筑时间较长的圆弧底形态，则极其折磨人，也很少有人能够持仓坚持到上弧线加速阶段的到来。

如图 4-69 所示，该股所构筑的圆弧底长达两年，过早在下弧线和弧底区域介入的交易者肯定极为煎熬。一个中短线交易者在股价的反复揉搓中，很难守住仓位，即使在波动中艰难地反复做 T，过长的做底时间也会使人开始怀疑该股是不是会有美好的未来。

长期圆弧底形态的买点，不应依照突破颈线位再买入的传统理论。如图 4-69 所示，颈线位在 20 元左右，而圆弧底低点在 6 元多，如果按照突破颈线位买入的理论，则明显错过了大幅利润空间。即使在颈线位买入，交易者能不能承受住图中 A 处股价对颈线位大幅度折返的反复测试，也是一个疑问。

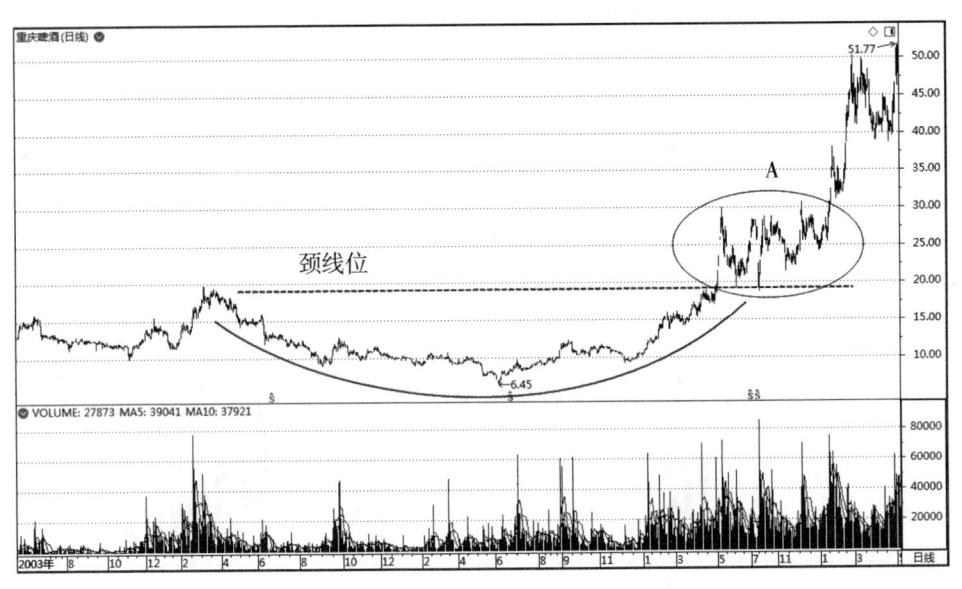

图 4-69

在这个案例中，颈线位买入只能是中途加入的交易者选择的买入点，而不是从下弧线就开始关注的交易者。死守理论等待颈线位突破再买入，必然错失大幅利润。

那么什么时候是长期圆弧底的较佳介入点呢？至少要等到弧底盘整阶段，重心线或者下跌趋势线已经发出提示信号，这时再买入，往往可以避免漫长的等待过程。

图 4-70 是截取图 4-69 弧底阶段的 K 线走势图。在这个阶段，股价在

A 处下跌后快速回归到重心线上方，这里是适合短线交易者介入的买点。B 处股价突破下跌趋势线后，回落不破重心线即再度上涨，说明股价涨升强度已经出现明显改观，这里适合波段交易者介入。

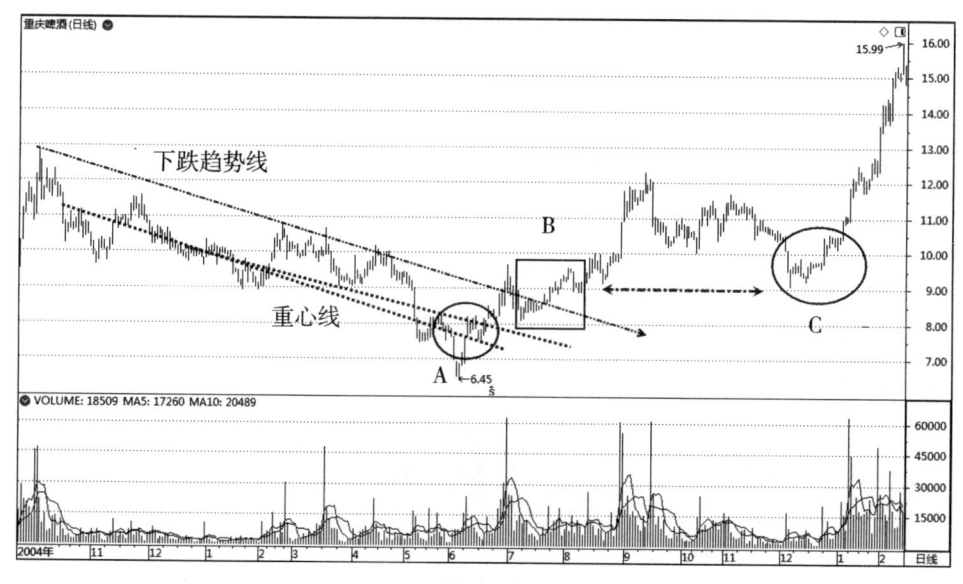

图 4-70

经过一波上涨后，股价在 C 处折返中回落到前期 B 处突破下跌趋势线的价位附近，并不再继续下跌，这里应视为是对下跌趋势的回抽确认。C 处一旦出现放量上涨，交易者可以追涨操作。

通过对弧底的细节分析，交易者完全不必死等颈线位突破再买入，甚至股价涨到颈线位以上时，可以做一波短线差价。

对于一些时间周期较短的圆弧底，颈线位突破有时也不一定是理想的介入点。

以图 4-68 为例，虽然该股突破颈线位后，股价的涨幅也达到了理论幅度，但其突破颈线位后量能并未继续保持聚量，而是处于不稳定的状态中，显示股价的冲高具有较大的投机性。这种投机性多出自市场某一阶段资金的集中追高效应，当热度消退过后，股价会迅速回落。介入这类个股，可选择在上弧线出现的初期，并做好止损准备。

短期圆弧底在介入点选择上比较难，如图 4-68 中的个股，其后期的涨幅具有一定的偶然性，有相近走势的另外一些个股可能就不会有后面的涨幅。如图 4-71 所示，该股构筑中的圆弧底与图 4-68 中的较为相似，但其最终走出了失败形态。

短期圆弧底在量能上有个极为重要的条件，即突破颈线位后成交量不能出现明显的萎缩态势。如图 4-71 所示，该股股价突破颈线位后，成交量几乎大幅萎缩，同时股价并不能稳定保持在颈线位上方，说明做多能量难以维持突破性向上攻击的继续展开，这种情况出现之后量能如继续萎缩，则选择卖出就是一个较为稳健的办法。图中股价跌破两条用不同绘制法绘制的重心线，也能给持仓者提示股价倾向于下行的信号。

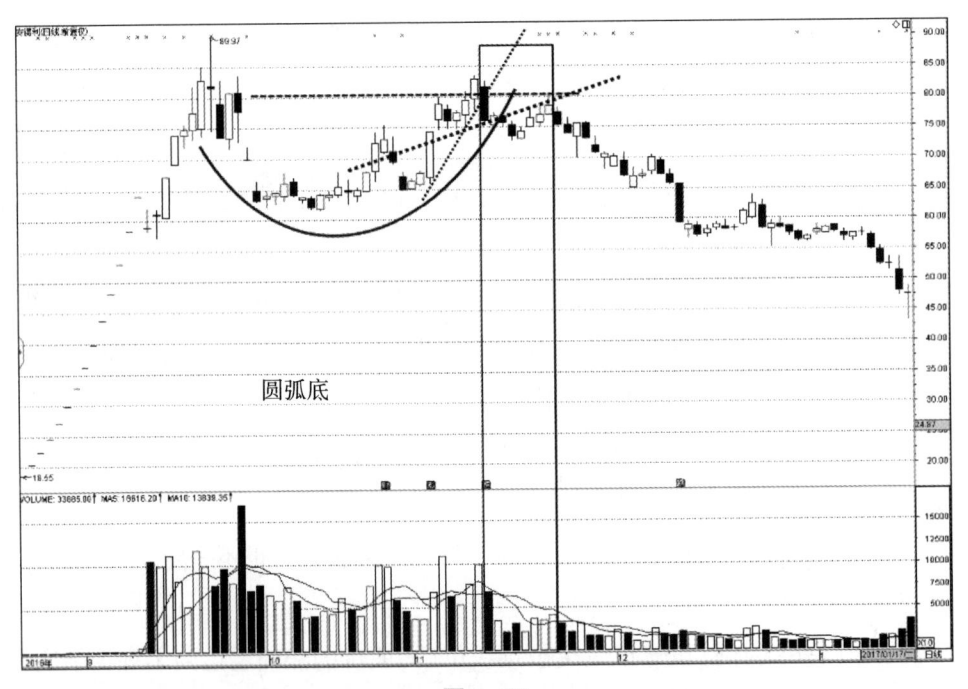

图 4-71

新股的操作往往是短炒资金蜂拥而来，而后乘风归去，过程短暂而迅猛。不只是我等小散，一些实力游资如果反应稍慢，也不乏被套斩仓者。如果你是一个超短线交易者并热衷于这种交易模式，那么介入前必须做好止损准备。

第五章

# K 线看盘的关键点

# 第一节　辨别主力资金的动向

## 一、逃逸与回归理论

股价涨跌的过程，其实就是资金不断流入流出的过程。这里所指的资金，包含主力资金、市场资金在内的各方资金。市场不会刻意区分大资金和小资金，但掌握资金的人会主动进行选择和区分，至于这种选择是否符合市场的走向，只能由时间来证明。

各方资金是流入还是流出，源自股票交易的博弈性。一方看好股价上涨将带来收益，买入股票的过程就是资金流入，而将股票卖出的一方，自然代表着资金流出。为了能够更形象地表示资金流出流入的性质，我们将这个过程定义为——资金的逃逸与回归。

逃逸与回归总是相伴而生，缺其一则价格必将处于无波动的死水一潭。分析逃逸与回归的过程，也是对比二者孰强孰弱的过程。在一个时间段里显示逃逸现象占据主流，而资金回归呈弱势状态时，即使K线尚未发出明显的回落信号，也离一波下跌不会太远。

从资金流动的角度来说，资金的逃逸与回归没有真假之分，一根阴线必然有资金的逃逸，一根阳线也必然有资金的回归，但这些不是关键，也不必然决定价格后期的走势。

能够决定价格后期走势的是界定逃逸与回归资金的性质和程度，毕竟只有主力资金才能决定股价将走向何方。实战中要分析的主要有两点。

其一，哪些逃逸或回归行为可能是主力资金造成的，即质的认定。

其二，主力逃逸或回归的资金达到何种数量，即量的认定。

确认逃逸或回归资金的质和量，对于判断价格后期的运行趋势，具有决定性作用。资金逃逸或回归质的认定并不复杂，但必须明确一点，主力资金才是价格涨跌的主要动力，市场资金（包括但不限于散户）大多数时候处于跟随地位。

当然，不能否认某一阶段市场资金处于疯狂状态时，其所迸发的能量也很惊人，但在大多数正常情况下，没有组织的市场资金难以形成合力，也就难以给价格的涨跌带来方向性的影响。也就是说，只有主力资金的逃逸或回归，才值得关注，但只有达到一定程度的主力资金的逃逸与回归才是决定交易的关键。

从供求关系上来讲，资金逃逸为主，则价格下跌；资金回归为主，则价格上涨。原理有时候仅仅就是原理，实际上的变化却是无穷的。

比如，图5-1中某股日K线上收出一根放量中大阴线，似乎是资金逃逸为主，那么后市股价也应顺理成章地继续下跌，但图中可见，股价不仅未跌，反而由A处展开上涨。同样，图中B处收出一根放量中大阳线，似乎是资金回归为主，后市应该不断创出股价新高才对，但图中可见，反而是一波下跌的开始。

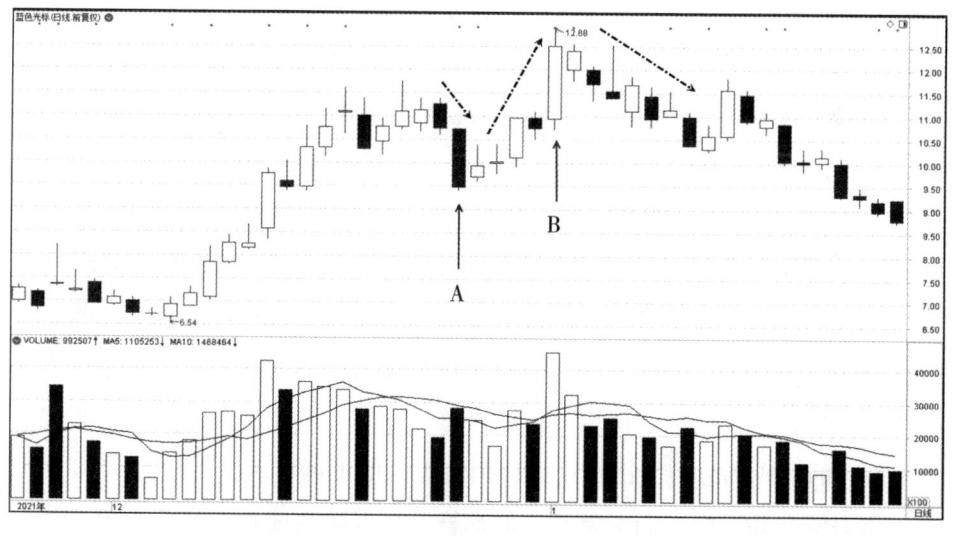

图5-1

为什么会出现这种情况呢？原因就在于股票交易的博弈性在其中起了决定作用。

股票交易的博弈性，也就是各方资金之间为逐利而展开的斗争。最为人所熟知的就是主力操纵理论。所谓主力，是指通过资金优势或以其他方式对股价涨跌、走势，能够直接起到影响作用的实力资金。

在早年的股票市场上，谈及这类实力资金时，经常会用到"庄家"这个词。庄家一词出自赌博术语，意指对全局进行掌控、操纵的人或资金。现在的股票市场上，庄家的概念一般专指对某一股票高度控盘的实力资金。

随着股票市场监管手段的逐渐成熟、严格，高度控盘的操纵模式已经不再具有普遍性，更多的是虽然达不到控盘的程度，但是仍能对股价波动起到明显的影响，即在博弈中占据明确优势的实力资金，又称为主力。

在股票市场上，某一个股中的主力资金，相比于其他各方资金，拥有资金、筹码等多方面的优势。但这些优势只是相对的，不是绝对的，主力博弈的对象，还包括市场监管、经济政策的调整、经济形势的变化等。

也就是说，某一实力资金入场成为主力之前，虽然对相关经济环境、政策有深入的了解和预估，并确定了自己所应采取的策略，但是在实际操作过程中，总会有很多意外事件发生，也就使博弈的天平并不总是倾斜向主力的一方。

比如2015年相关股市场外配资政策的突然调整，就使得很多主力资金始料不及，随后出现的暴跌也使得大部分主力资金被套其中，只能通过后续操作予以弥补和挽救。如图5-2所示，深证成指连续暴跌。在连发十六道利好后终于在A处迎来反弹，但短暂的反弹过后，还是再一次出现了暴跌。

在特定环境下，某些利好政策的出现，尤其是突发性质的利好，既是考验散户抉择的时候，也是考验主力实力以及排兵布阵的时候。无论是主力资金还是散户资金，在特定环境（暴跌暴涨）下都不可能不受到影响。其实这也是博弈的组成部分，关键在于如何消除类似的不利影响。

主力资金并不像人们通常想象的那样，可以随意地翻手云覆手雨，其在运行过程中既有可能遇到上述案例中市场整体行情突变的情况，也有可能遭遇上市公司方面出现的问题。尽管主力资金必然会对上市公司进行深度调研，或者达成某种程度的默契，但并不能保证不会出现一些意外。

图 5-2

综上所述，资金在回归与逃逸过程中，博弈是贯穿其中并起到决定性作用的。在分析资金流动时，想要得到最接近真实情况的结果，那么破解过程中的博弈因素，就是一条必经之路。

传统图形分析派用曾经出现过的数据、图形来预测未来，总是不太靠谱。经验主义的按图索骥，已渐渐无用武之地。越是成熟的市场，博弈越是尖锐如刀。尤其是在量化交易日渐充斥市场的现在，同样的 K 线图形、同样的成交量，股价也许会走出天壤之别，资金流动和过程中的博弈关系，才是分析的重点。

逃逸与回归理论以股价变化和相应的量能综合分析为基础，分析的过程其实就是先假设后求证的过程。某一根 K 线（股价）是否存在主力资金的逃逸与回归，并不是 K 线本身是阴线或阳线来决定的，而是由这根 K 线形成的细化分析来确认的。

回到图 5-1 中，B 处这根日 K 线，如果细细深入分析其分钟系统上的多层构成，可能会发现其中放量的部分其实是资金逃逸。那么，既然是资金逃逸为主，为什么还会收出一根中大阳线？明显违背供求关系的原理。

博弈的诡诈性，也就是主力资金的运作，决定了股价必然会走出尔虞我诈、波诡云谲的模样。仍然是图 5-1 的案例，主力资金通过对倒，在不增加仓位的前提下作出量升价涨的盘面，吸引跟风资金入场追涨的同时，自己却在暗自减仓。主力资金控制好减仓力度和节奏，就完全可以做出 B 处的中大阳线。

结合以上分析可以看出，在进行技术分析和资金流动性分析时，先要从博弈对手的角度来考虑问题，比如主力这么做能达到什么目的？市场大多数资金会作出什么反应？我决定卖出是因为股价下跌让我感到恐慌，还是因为自己的分析结论指向卖出？

如果暂时没有明确的答案，就先假设后求证，通过技术分析来验证股价走势和假设之间能不能讲得通，有没有逻辑关系。

## 二、如何发现主力

资金分析的目的，在于鉴别主力资金的存在和流动方向，这一点很关键，决定交易者是买入还是卖出。

涨势中，对于某股是不是有主力资金操作，应该相对容易判断。成交量或者股价走势都会暴露出主力运作的痕迹，主力在涨势中也没有必要过多隐藏自身的存在。

但是在跌势中尤其是长期下跌趋势运行中，想要寻觅主力资金的身影就不太容易。在跌势中，多数个股主力资金不是被套（不包括偏股型基金等长期投资者及机构），就是新入场准备建仓，所以不到关键时点，"潜伏"的主力资金通常不会在 K 线图形上显示存在。

尽管处于"潜伏"状态中的主力资金，其行为多显低调，但是在盘口挂单等技术细节上，还是会暴露其运作的蛛丝马迹。主力资金只要在场内，即使没有"大动作"，却少不了"小动作"，而这些"小动作"就是鉴别主力存在的重要依据。

1. 下托单与上压单

明显较大的卖盘挂单即称为上压单；明显较大的买盘挂单即称为下托单。

跌势中一只交易稀疏的个股，盘口上出现上压单或下托单，大多是主力的行为，市场资金自发聚集的可能性可以忽略不计。上压单或下托单包含着主力资金当下的运作意图，读懂其挂单的玄机，有利于我们更好地把握价格的波动。

（1）下托单。

当股价处于刚刚启动弹升阶段时，买盘出现了下托单，往往是主力吸筹或为了保证涨升的延续性，避免大单砸盘影响升势效果。这种情况下，说明主力资金并不怕增加筹码，手里有较为丰裕的资金，后市股价的升幅可以期待。

在弹升具有一定幅度或时间之后，个股买盘出现了下托单，但股价的表现迟滞难涨，则要警惕下跌可能来临。这种情况下的下托单，极有可能只是主力资金吸引市场资金入场的道具，随时都有可能撤单。所以我们在实盘时会发现，某些看似较大的买单，一会儿出现一会儿消失。

如果个股在盘整阶段出现了下托单，而股价却不涨反跌，则后市继续振荡的可能性较大。这种情况下的下托单，既有主力振荡吸筹的可能性，也有借机减仓的可能性，要根据技术环境具体分析判断。

如图5-3所示，该股处于振荡盘整过程中，于某交易日尾盘时，买一挂单出现明显的大单，而买盘其余各档挂单都较小，买一挂单就是一个标准的下托单。卖盘上，卖一、卖二挂单较小，之后各档挂单稍大。

图5-3中这种下托单，可以肯定的是必有主力资金的参与，市场资金不太可能不约而同地把买单挂在买一上，毕竟买盘下方挂单不多，不急于买入的人完全可以将买单挂在下方等待。而急于买入的人是不会挂在买一的大单后面等待成交的，大多会利用价格优先原则直接在卖一、卖二上交易。

我们可以想象一下，如果图5-3中卖一、卖二的挂单和卖三等以上各档

| 卖五 | 17.75 | 165 |
| 卖四 | 17.74 | 123 |
| 卖三 | 17.73 | 139 |
| 卖二 | 17.72 | 99 |
| 卖一 | 17.71 | 33 |
| 买一 | 17.70 | 5062 |
| 买二 | 17.69 | 21 |
| 买三 | 17.68 | 6 |
| 买四 | 17.67 | 131 |
| 买五 | 17.66 | 41 |

图 5-3

卖盘挂单相似，那么盘口上是不是给人以重压灌顶的印象？市场资金可能就会因此保持谨慎，减少交易。鉴于该股是尾盘出现下托单，而卖盘的卖一、卖二挂单要小于卖三等以上各档，主力资金的意图可能在于让活跃和激进的市场资金尽可能地在卖一、卖二上成交。

买盘上在各档挂单的对比下，买一的挂单数量显得尤其之大，会让等待买入者失去排队等候的信心，所以主力资金借买一的大挂单进行反复撤单的可能性也不大。综上所述，主力资金买一的挂单更像是为维护尾盘收盘价而为，同时借机减掉部分筹码。

图 5-4 为该股当日的分时走势图，早盘收盘前股价有过一波冲高，午盘后出现回落。至尾盘时股价又一次回升，但幅度较为孱弱。成交量上可以看出，尾盘还是出现过较大的成交单，说明主力采用下托单的手法还是为其减掉了一定的仓位。

（2）上压单。

上压单出现在不同的股价运行阶段，也分别具有不同的含义，这也是技术环境分析的内涵所在。

个股卖盘上出现上压单，会造成上涨速度的迟缓。股价如果想继续上涨，就必须放量吃掉这些较大的卖单，或者这笔大卖单被主动撤掉。如果上压单没有被撤掉或者没被迅速打掉，股价大多会出现回落调整。

如图 5-5 所示，卖一上挂着近两百万股的大卖单，而买盘每一档挂单都不超过十万股，卖一就是一个标准的上压单。图 5-6 为该股当日分时走势图，当日该股股价上下振荡，尾盘明显受到上压单的影响出现杀跌。

## 第五章　K线看盘的关键点

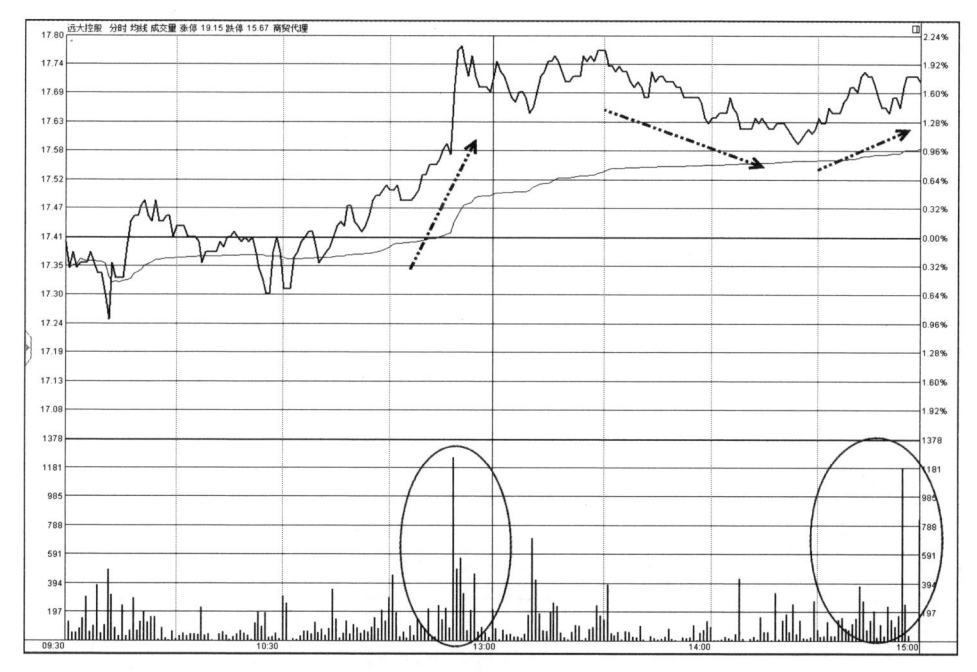

图 5-4

| 卖五 | 22.79 | 280 |
| 卖四 | 22.78 | 380 |
| 卖三 | 22.77 | 241 |
| 卖二 | 22.76 | 1608 |
| 卖一 | 22.75 | 19974 |
| 买一 | 22.74 | 105 |
| 买二 | 22.73 | 591 |
| 买三 | 22.72 | 55 |
| 买四 | 22.71 | 213 |
| 买五 | 22.70 | 741 |

图 5-5

个股股价处于长期低位时，上压单的出现大多是主力压盘吸筹的需要；而个股股价处于高位时，则主力阶段性减仓的可能性较大。个股处于盘整阶段时，情况较为复杂，需要具体情况具体分析，某些个股主力可能意在减仓，还有些可能是利用盘口压制进行正常的振荡洗盘。

图 5-5 中过大的上压单或者下托单，可以肯定必然是主力资金行为，不必对此心存疑惑，我们需要做的是分析和判断主力挂单的意图。如图中数量过大的上压单，势必给市场带来抛压极大的感觉，这种感觉明显不利于主力

资金的出货。所以即使主力的最终目的确实是出货，这里也不会是"一泻千里"的启动点。

图 5-6

也许有人会说，"会不会是其他持仓者处于恐慌之中或出于其他目的的集中挂单？"这种可能性小到可以忽略不计。

有过实战经验的交易者都知道，恐慌之中的抛盘几乎都是采用价格优先原则成交，以图 5-5 中上压单的数量，如果是恐慌性抛盘的话，那么该股的股价至少会出现瞬间跳水，而图 5-6 分时走势中并未出现这种股价急速下跌的情况。

这种有节制的、具有恐吓性的挂单，只能是主力资金为达到某种目的所使用的一种手法。但并不是具有这种形态和含义的挂单，就必然意味着主力资金并不想谋划着出货，这一点必须明确。再三使出某种恐吓性手段之后，市场会认为主力不过就是在振荡洗盘时，反而就到了真正出货或阶段性减仓的时候。培养市场的思维惯性,也是主力惯用的手段。

2. 上空与下空

上空或下空的挂单形态,可以确认存在主力的参与,市场资金不可能作出如此整齐划一、有组织的排列形态。

(1)上空。

如图5-7所示,该股卖盘五档挂单都是十位数(即几千股,1手=100股),而下方的买盘挂单却都是百位数,买盘和卖盘挂单数的差距可以说非常大。这种挂单称为上空,即买卖盘挂单对比,上方的卖盘挂单明显小于下方的买盘,且买卖盘挂单都非常整齐划一。

| 600242 中昌数据 | | |
|---|---|---|
| 卖五 | 17.79 | 31 |
| 卖四 | 17.78 | 24 |
| 卖三 | 17.77 | 25 |
| 卖二 | 17.76 | 17 |
| 卖一 | 17.75 | 83 |
| 买一 | 17.74 | 134 |
| 买二 | 17.73 | 116 |
| 买三 | 17.72 | 115 |
| 买四 | 17.71 | 105 |
| 买五 | 17.70 | 119 |

图5-7

上空给交易者的第一感觉是——卖盘很小、买盘很大,似乎股价很快就会向上发起冲击。但在实战中出现上空时,却很少会出现向上扫空卖盘挂单的情况,最常见的是股价在卖一和买一之间来回波动。

即使卖一的挂单被打掉后,也会很快又有新的挂单出现;而买一的挂单数也会被不断地消耗。交易者期待的股价快速上冲,可能一直都不会出现。

上空形态不会持续不变,而是变化的方式非常多,比如突然出现的大卖单,直接将下方买一的挂单打掉,甚至直接将买一、买二、买三等挂单全部打掉。这种情况下,挂单的形势会出现很大的变化,极大的可能是上空形态就此消失,卖盘上开始出现较大的挂单。

主力资金通过上空形态想要达到何种目的,则需要具体到个股不同的技术环境中进行分析。例如某主力意在阶段性减掉部分仓位,于是撤掉自己的卖盘挂单形成上空，再用大买单扫掉两三个价位的散单，造成股价大单成交、迅速上涨的假象，用以吸引市场跟风资金。当市场资金闻风而动追高进仓后，却发现股价开始裹足不前，大单不再继续扫货，随后股价又再度跌至之前起涨的位置。

如图 5-8 中 A 处所示，股价瞬间大幅上涨 4% 左右，量能也随之大增，但很快股价就从高点逐波回落，回落的低点几乎就在起涨点不远的价位上。似乎一切都没改变，股价还在延续着全天振荡的格局，但只有追高瞬间就被套 4% 的人，才会有欲哭无泪的感受。上空形态下，如果走出图 5-8 中 A 处的走势，至少主力阶段性减仓的意图已经很明显了。

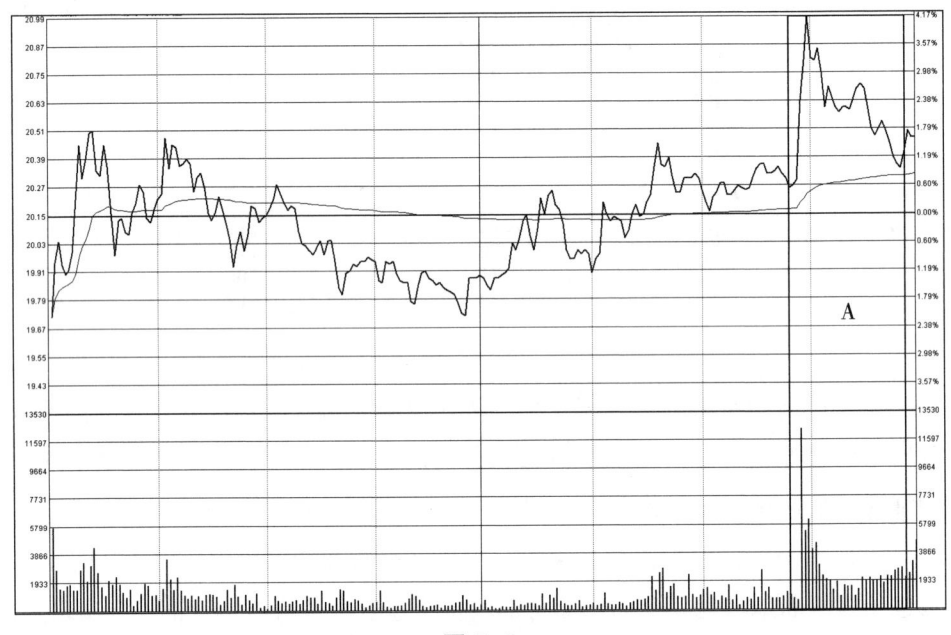

图 5-8

当然，上空形态下也并非全都是主力的减仓手法，某些情况下，也会成为主力资金测试上方抛压和诱引大卖单现身的手段，为之后的拉升提前扫清障碍。

例如在上空形态下，下方的买一或买二突然被大单打掉，虽然很快买一或买二的挂单又被挂上，但很快又被打掉或挂单明显少于之前。也就是说，

## 第五章　K线看盘的关键点

上空形态遭到了破坏，已经不复存在，这时一些持有大单的市场资金，或许就会因忧虑、恐惧而开始出逃。主力通过类似手法，就完全可以将这些并不稳定的大单清洗出去。

（2）下空。

买卖盘的挂单，既存在上空形态，也存在下空形态。和上空相反，下空是指买卖盘挂单对比，上方的卖盘挂单明显大于下方的买盘挂单，且买卖盘挂单都非常整齐划一。

如图5-9所示，该股五档卖盘都是三位数卖单，而五档买盘只有个位和十位数买单，买卖盘挂单数的差距非常明显。

| 002609 捷顺科技 | | |
|---|---|---|
| 卖五 | 15.28 | 317 |
| 卖四 | 15.27 | 132 |
| 卖三 | 15.26 | 128 |
| 卖二 | 15.25 | 118 |
| 卖一 | 15.24 | 219 |
| 买一 | 15.23 | 1 |
| 买二 | 15.22 | 39 |
| 买三 | 15.21 | 43 |
| 买四 | 15.20 | 53 |
| 买五 | 15.18 | 9 |

图5-9

和上空形态一样，下空形态的存在也绝不是市场的随机行为，和主力的参与脱不开关系。这种挂单既然不是市场的随机行为，那么主力这样挂单意欲何为？

下空给交易者的第一感觉是——买盘很小、卖盘很大，股价很可能承受不住上方的压力。主力采用这种挂单方式，就是要市场产生类似的想法。

这种想法有时候并没有什么不对，但如果下空形态的出现并没有大单抛出打破这种形态的话，说明什么？说明市场并没有太多的大抛单，或者即使有也并不愿意这时抛出。

实战中，分时图一波上涨走势后，出现下空挂单形态，股价多半会开始横向盘整。主力加挂卖盘的目的，一般来说有以下几种可能。

其一，测试或引诱大抛盘的出现。

其二，逼迫或恐吓其他筹码低价减仓。

其三，诱使资金进场接盘等。

前两种的技术意义很接近，技术环境上主力资金运作的个股处于做多趋向中，目的就是清洗浮筹、减少拉升阻碍。主力完成相关操作后，股价会出现一定幅度的拉升。

第三种情况相对特殊，首先技术环境上主力有减掉仓位的打算，而外部市场环境相对平稳或狂热，市场资金有追逐走势良好个股的倾向或习惯。在这种情况下，主力资金营造下空形态，会吸引到短线实力资金的关注。如果市场资金认可个股各方面条件，则会展开对个股的攻击，而该股的主力正好借此减仓，还不会引发股价下跌。

下空出现在分时一波急速拉升时，也可以给市场资金以"主力资金全力拉升"的错觉，很可能吸引到资金的追高。仅就某一日某一时间段的下空形态来说，新资金的进场攻击，会使下空形态就此消失，但股价并不见得当日就会上涨很多，而成交量却往往很大。接下来的一段时间，个股走势会偏重于大幅振荡。

没有实战经验的交易者，看到卖盘挂着大单，便以为主力要出货；见到买盘上出现大买单，便以为是主力买入。于是不是恐慌性地抛售，就是冲动地买入，但结果往往与自己的预期相去甚远。事出反常即为妖，超出常规的行为与事件，昭示其中必有隐情和不想被人探知的秘密。

上述案例中反常的盘口挂单很难由松散、形不成合力的市场资金来完成，只能是拥有资金优势的主力资金的行为。不想被市场资金过早发现踪迹的主力，不会在K线等图形上留下"作案"痕迹，而盘口挂单这类数据，不会像K线图那样被分析软件保存下来，这就为主力隐匿自身的行为意图提供了良好的条件。没有时间看盘的人，不可能得知当日盘口细节上发生了什么，也就难以发现和追踪主力资金的痕迹。

## 三、资金趋势的循环周期与交易方向

逃逸与回归理论，主要是研究资金流出和流进，来进一步把握交易的方向，为自己的盈利增加一份重要的保障。交易过程中，有人卖出，那么必然有人买入，有流出就有流进，这也是一次交易完成的整个过程。从牛市到熊市的大循环周期，到涨势中有回落、跌势中有反弹的中小循环周期，我们明了了股价运行的基本波动规则，这些内容对于交易者来说具有交易方向上的指导意义。

1. 大循环都是从小循环开始

资金逃逸与回归的循环，从最细微的卖出或买入开始，逐步形成趋势性的熊市或牛市。所谓"不积跬步，无以至千里"，对于交易者来说，分析主力资金的"跬步"，非常有利于及时准确地判断出主力资金是逃逸还是回归。尤其是短线交易者，能够判断出这一点，就能够保证自己短线交易的成功率。

从大循环周期上来说，如果市场上多数主力资金开始买入建仓（回归），那么一轮牛市必然处于萌发或拉升阶段。经过一段时间的炒作后，市场上的主力资金纷纷开始卖出离场（逃逸），那么一轮熊市几乎不可避免地将要开启。牛市与熊市的不断转换，也就是主力资金回归与逃逸反复循环的过程，这是大循环周期。

小循环周期则贯穿于大循环周期之中。

我们习惯将主力资金逃逸与回归的步骤进行分解，也就是通常所说的主力资金建仓、洗盘、拉升、出货的四个阶段。在这四个阶段，都分别存在着小循环周期。

比如在建仓阶段，主力资金建仓的过程并不是简单的一直买入，那样的话目标个股的股价必然会短时间内一飞冲天，主力哪里还能买得到足够的筹码。

建仓期的主力资金，往往会采取让股价来回折返的方式，即收集一段时间的筹码后，股价多会出现一定幅度的上涨，这时选择某个时间点集中抛出一定的筹码故意打压股价。当市场恐慌性杀跌盘一涌而出时，主力资金便悄无声息地在低价区域再次开始收集筹码。随着主力资金买入（回归）与卖出（逃逸），股价必然时涨时跌，不明就里的交易者会来回"坐电梯"，多数会因为禁不住折腾而卖出所持仓位。

区分大循环与小循环，有利于更好地理解主力资金流动的特点，也有利于交易者在交易过程中保持心态的稳定：不在恐慌中卖出，不在兴奋中买入。当蚂蚁面对一堆"熊熊烈火"心生恐惧时，天空中的飞鸟看到的，不过是一根即将熄灭的火柴发出的微弱火光。

投资大师彼得·林奇（Peter Lynch）说："每当我对现状感到怀疑和沮丧时，我就把注意力放在到更大的画面上。"看懂大势，才有赚大钱的可能。这个大势，就是指股票市场的资金运行趋势。

2. 牛市循环周期

行情的大趋势，是指在一个相对较长的交易时期内，价格整体运行于一个相对稳定的方向上，道氏理论中也将之称为主要趋势。主要趋势下包含着不同运行方向的价格趋向，依照时间周期的长短可以界定为次级趋势和短期趋势。

主要趋势可以分为：长期上涨趋势，也称牛市；长期下跌趋势，也称熊市。

牛市是指市场价格普遍上涨，长期延续着波动上升的整体行情趋势。如图 5-10 中 A 处所示，一轮长期上涨趋势运行期间（主力资金回归），会多次出现次级下跌趋势和短期下跌趋势（主力资金逃逸）。

熊市是指市场价格普遍下跌，长期延续着波动下跌的整体行情趋势。如图 5-10 中 B 处所示，一轮长期下跌趋势运行期间（主力资金逃逸），同样也会多次出现次级上涨趋势和短期上涨趋势（主力资金回归）。

在长期上涨趋势即牛市行情中，交易者应以持仓和积极做多为主要交易策略。长期上涨趋势，并不意味着一直上涨，其运行过程中会有很多次级别较大的回调（即次级下跌趋势）以及不间断的短期回调（短期趋势）来制造恐慌，以清洗不坚定的持仓者，减轻上行压力。

（1）牛市初期。

经过长期下跌和无数次反弹夭折的打击，大部分交易者对市场心灰意冷，即使市场出现好消息并开始上涨，也会成为很多人抛售股票的机会。只有少

第五章　K线看盘的关键点

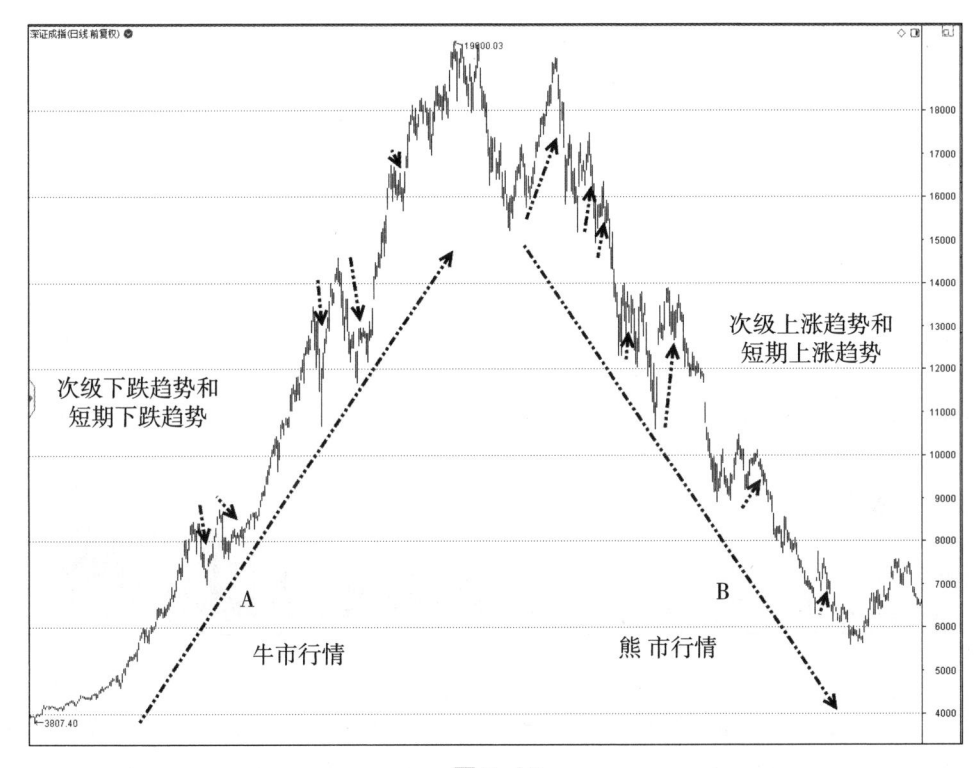

图 5-10

数交易者通过观察和分析技术面的变化，可以发觉下跌趋势即将终结，而上涨趋势正逐步形成。

牛市初期的技术特征主要有：个股或大盘的成交量逐渐摆脱前期地量的状况，市场上开始涌现出活跃的概念板块和领涨个股。越来越多的个股告别跌势，转向构筑底部或开始上涨趋势，如图 5-11 中 A 区域所示。

一些主力机构的建仓，往往在这个时候开始或者完成。市场在上涨过程中，回调不再创出新低，且出现低点逐步上移的态势。这时候经济环境出现回暖，上市公司的经营状况和公司业绩开始好转，于是有新资金相继开始进场。

在这个阶段，中长线投资者应选择基本面优良、股价尚处底部构筑中的个股，分批建仓。此时建仓有低价的优势，但投资者必须做好股价反复折返振荡的心理准备。

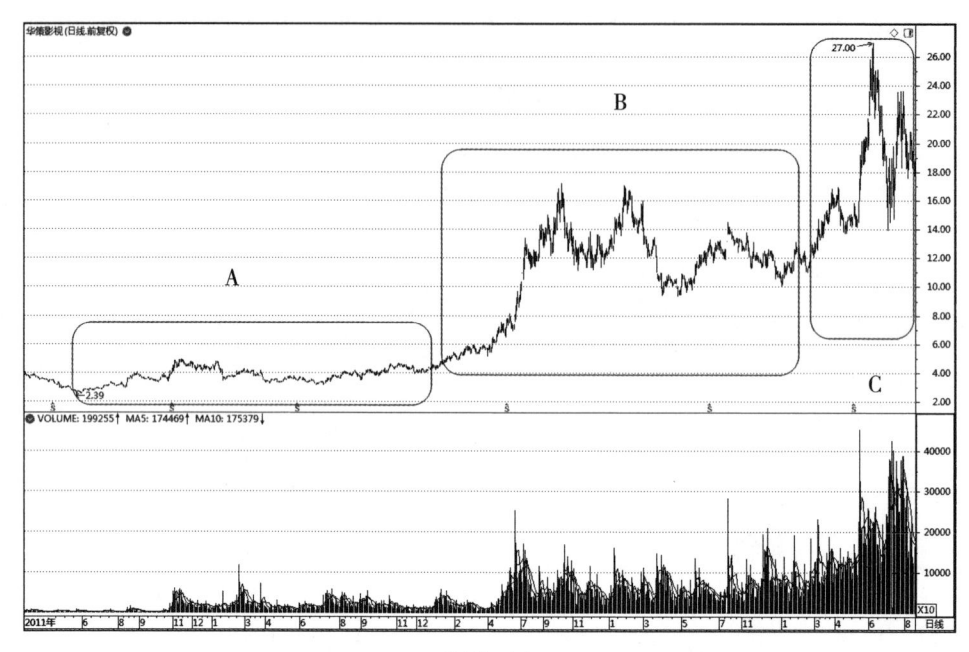

图 5-11

不准备中长线持有的短线投资者，则不宜选择底部构筑阶段的个股，而应选择此时已经开启上涨趋势的个股进行操作。不同的操作风格，选股上必然也大相径庭。

（2）牛市中期。

牛市中期阶段，行情已经脱离下跌趋势的影响，但大部分交易者仍旧心态犹豫，对行情运行前景并不乐观，操作上不敢重仓持有，只是轻仓或短线操作来博取微利。

市场上已经有领涨的板块和龙头品种，但是长期熊市造成的心理阴影，让大部分交易者不敢触碰这类疯涨的股票。

随着行情的逐步上涨，交易者渐渐敢于加大仓位，但仍非常谨慎，一旦大盘出现回调，交易者便蜂拥出逃。随着大盘继续上涨，踏空的交易者只能加价买入，如此多次反复，不少交易者的持仓成本随着股价的上升而上升。

如图 5-11 中 B 区域所示，在这种次级回调中卖出持仓后，多数交易者不太敢在回调低点再买回来，往往都是等到股价再度涨升到一定高度，涨势非常明确后，才选择买入。

到了这个阶段，交易者主要的盈利模式就是能够重仓稳定地持有质地优良的个股，轻仓短线捕捉波动幅度较大个股的折返机会。大仓位稳定不动，是为了坚守低价、低成本的优势不被改变，这也能为交易者最终收获牛市红利提供一个保障。而轻仓短线出击，其实是为了满足部分闲不住的交易者做做短线，聊以自慰。

（3）牛市末期。

随着市场人气的不断高涨，成交量持续增加以及个股股价的持续、大幅上扬，这时的交易者大多持有重仓，同时越来越多的新手和新资金涌进市场，如图5-11中C区域所示。

市场的每次回调，都吸引更多的交易者加入，市场对利空消息无动于衷，看空的声音很快就会被淹没在狂热的看多情绪里。交易者情绪高涨，看多氛围浓厚，大部分人对后市极度乐观。

牛市末期，很多人已经将股市视为"取款机"，认为赚钱很容易，仍能够保持冷静分析的交易者不会很多。这个阶段却正是大部分主力资金大肆逃逸的时候。错过这个阶段，主力资金想要短时间内减掉大部分仓位，就会变得很难。

此时，交易者切勿被狂热的买进情绪所干扰，不要轻易融资操作，反而应对仓位中长期大幅上涨过后、在股价高位振荡的个股，可以分批减仓。一旦大盘出现下跌后却迟迟难以回归涨势，或者涨势明显弱于前期，交易者应及时减掉大部分仓位。

3. 熊市循环周期

在长期下跌趋势即熊市行情中，交易者应以空仓和分阶段交易为主要交易策略。长期下跌趋势，也同样并不意味着一直下跌，其在运行过程中会有很多次级别较大的反弹（即次级上涨趋势）以及不间断的短期反弹（短期趋势）来诱使资金介入。

（1）熊市初期。

因为牛市的氛围尚未完全消散，市场人气仍然较为充沛，交易者对后市并不悲观。但随着主力资金的逐步撤离，无论是大盘还是部分个股，盘面上每一波上涨的高点都会出现大成交量，但下跌时成交量相对缩小；股价不但创不出新高，每一次涨升后的下跌，还变得越来越迅猛。

如图 5-12 中 A 区域所示，是该股见顶前后的量价表现。成交量在股价涨时升，而跌时缩；见顶后的反弹一旦结束，下跌不但迅疾，跌幅往往也不小。

图 5-12

熊市初期，下跌仍旧被很多人视为低价买进的机会。这个阶段的交易者仍旧沉浸在牛市情绪中，对指数或股价的见顶信号视而不见。

到了这个阶段，交易者的盈利模式其实就是守住牛市的胜利果实。已经减掉大部分仓位的交易者，绝不能再重仓买进。如果实在难以忍住手痒，就轻仓短线搏一把，不管是赚是亏，都必须及时出局，不可再有牛市捂股不动的思维惯性。

（2）熊市中期。

到了熊市中期，下跌趋势已经非常明确，市场人气出现较大幅度的降温，但仍有不少交易者不愿意相信熊市已然来临，更不愿意抛售手中深套的股票。

在经过大幅度的下跌之后，不少交易者相信底部已经出现，进场抢反弹的机会到了。部分交易者本来已经卖出股票空仓观望，但当反弹来临时，牛市情结未消的交易者极度害怕踏空，于是瞬间满仓买进，还有人是为了尽快解套而加仓。

一轮反弹适时发生，但反弹的过程中，很多交易者会发现，虽然大盘上涨，但手中的股票却难以达到自己期望的上涨幅度，如图5-12中B区域所示。不久，反弹结束，迅速的下跌再度来临。

刚刚买入的交易者正期待牛市重来，很难接受需要止损出局的现实，虽然意识到短时间内已经不可能再有牛市行情，但仍心存侥幸，持仓等待能够让自己解套的机会出现。

熊市中期阶段，很少会有值得参与做多的机会，对于多数交易者来说，参与短线反弹、能够获利的概率实在太低，不做也罢。这个阶段唯一值得参与的就是次级反弹行情，但对于新手来说，技术难度相对较高。

（3）熊市末期。

在熊市末期，市场弥漫着悲观气氛，成交清淡，股价一再下跌后，大部分交易者已经丧失信心，交易行为大幅减少。股价下跌已多由前期的暴跌转化为长时间阴跌，之前较为抗跌的板块个股开始出现补跌，整个市场似乎看不到一点生机。但牛熊相互转换的契机，却正在此时悄悄临近，如图5-12中C处所示。

持仓的交易者此时多数已是深套。经历了长时间的大幅下跌后，选择在低位割肉出局并不可取。如果下跌的初中期没有选择割肉止损，经过那么长时间的下跌后，再选择简单的出局方式已并不理智。

熊市末期阶段，在横向振荡和阴跌为主的运行形态被市场大众逐渐接受后，往往都会有一波打破市场最后心理底线的暴跌出现，而这个阶段，却正是主力资金悄然回归建仓的时刻。

很多交易者本来想着：既然拿了那么多年都没卖，深套更不卖，但突如其来的暴跌会让他们因心理崩溃而改变想法。不少人的筹码就是这样抛在了最后一跌中。

既然选择持仓，就需要有市场多次暴跌的心理准备，若能平素对待，就能挺过这一关。

空仓的交易者在市场最后一跌出现后，可以选择分批介入的策略。在这里买到的低价，当行情进入牛市初期时，多数都会有不菲的盈利。

4. 盘整市、猴市行情、牛皮市行情

在牛市、熊市的循环周期中，大盘或者个股走势并不一定都会呈现明显的上升或者下降趋势，也存在不同振荡幅度、速度的横向运行趋势。这种横向运行趋势，在判断主力资金逃逸与回归时难度更高。

（1）盘整市。

盘整市是指大盘或个股在一段时间内维持在一个横向振荡的局势中。

盘整市的技术特点是，股价多次上涨的高点都在相近的价位，而多次回落的低点也在相近的价位。在这种运行趋势中，一般缺少大资金运作，多为热炒资金短线为之；或者虽有主力资金，但出于多种原因，主力资金操作也以折返为主，主要目的是降低持仓成本。

如图5-13所示，股价在一年多的时间里，主要运行在箱体范围内。虽然图中的上涨高点一度超过了箱体上沿，但股价很快就回落到盘整区域内，说明这个区域的上沿是能够显示上方压制的、有效的。在低点上，股价主要依附在下沿振荡，说明下沿的支撑也是存在的。

交易者在实战中可以以箱体的交易规则进行判断。股价突破上沿继续上涨的情况下，可继续持仓，一旦股价以尖顶回落，就要及时减仓。股价下跌到区域下沿买点出现，这个位置同样以尖底为主要形态，如果个股跌至区域下沿，走势蹒跚，形态复杂，没有尖底的迅捷升势，交易者应尽快止损离场。

在盘整市中，交易者应采用短线操作的方式，个股选择上应以价差幅度大的股票为目标，价差大，才有足够的利润空间；空间大，股价的运行时间相对较长，比较有利于操作和交易。鉴于盘整市的趋势方向是横向运行，之后行情必然还会选择最终的运行方向，交易者如果对趋势运行的判断上不是很有把握，那么在参与时应设立止损保护。

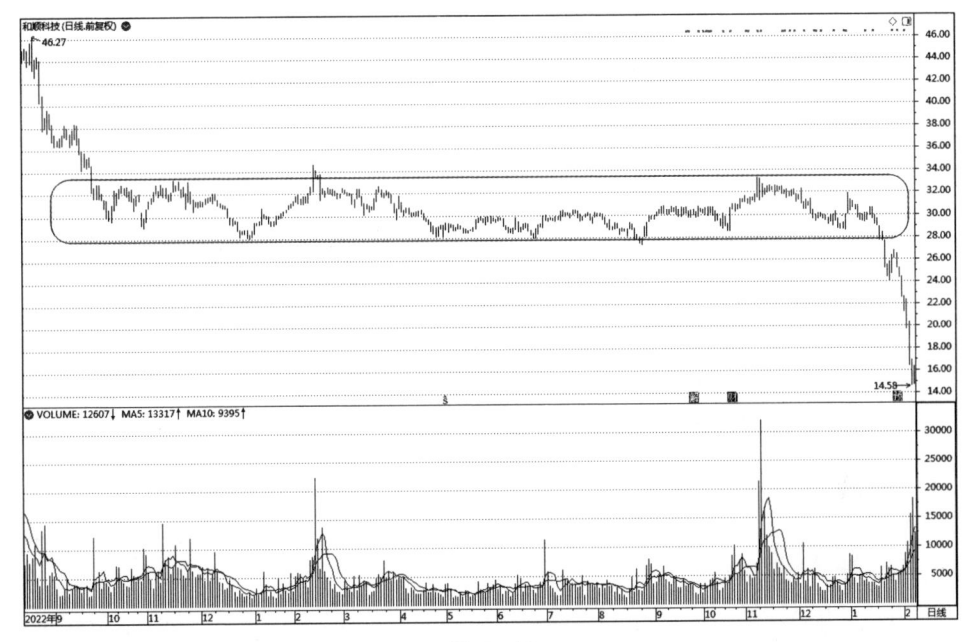

图 5-13

（2）猴市。

猴市是指大盘没有一个明确的上涨或下跌方向，市场分化比较严重，展开的波段也较多，反复大幅振荡。猴子总是上蹿下跳的，所以就用它来形容股市的大幅振荡阶段。猴市行情也是盘整市的一种形式，只不过在振荡幅度、速度上都相对较为剧烈和快捷。从大趋势上看，应是上涨或下跌趋势的一个阶段，或者说是整个趋势的延伸变化形式。

实战中，猴市行情出现时，会让人误以为是一个上涨或下跌行情，如图 5-14 所示，在行情的开始阶段，一个急速下跌后，紧接着一个同样迅疾的上涨。这时市场大众多会认为这是一轮上涨行情的开端，但是接下来行情的发展出乎意料：多次出现较大幅度的迅速折返，行情整体趋势逐渐失去向上的方向。在猴市行情中，最适宜短线操作和波段操作，但对于长线投资者则是一种极为难熬的折磨。

（3）牛皮市。

牛皮市是指大盘运行没有明确方向，但振荡幅度很小，价格变化不大，

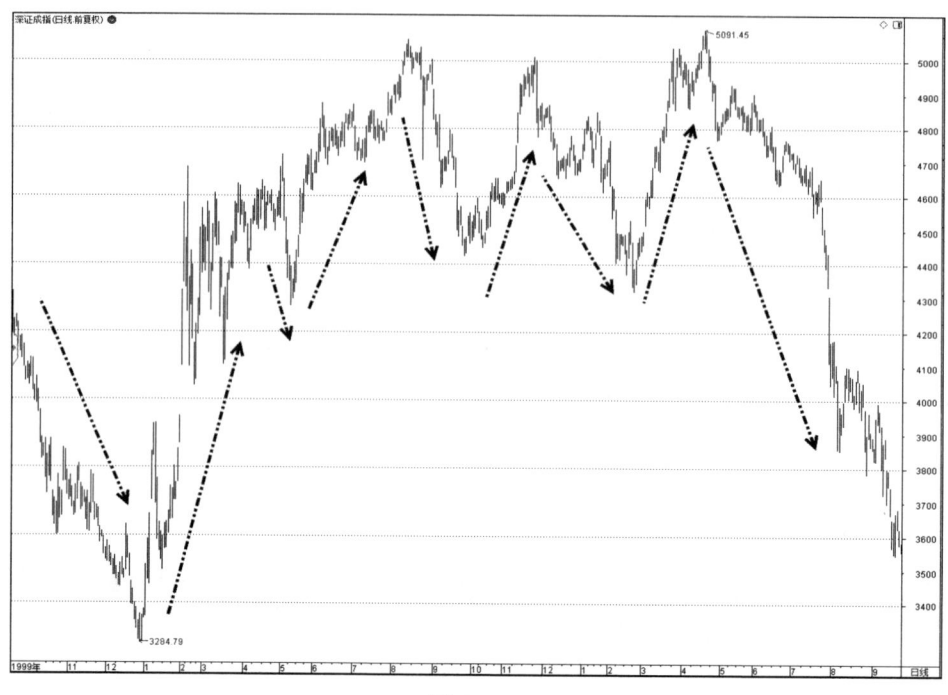

图 5-14

行情像被钉在了一个范围内，如牛皮一样扯不断、打不破。多空双方似乎力量均衡，谁也无力打破这种状况。牛皮市也是盘整市的一种形式，可称为最为磨人的行情，它与猴市行情的惊心动魄正相反，走势拖沓、一步三回头，于狭小的振荡空间里，消磨持仓者的耐心。

如图 5-15 所示，该股在近一年的时间里，大多数时间运行于狭小的空间中，即使偶尔有几次单日暴升，脱离了这个空间，但也很快又跌回来。整体走势上，显示很难摆脱当前的局势。

多数牛皮市出现在底部构筑阶段，适宜长线投资者择机介入。在这个阶段，短线操作几乎无用武之地，因为没有足够的盈利空间，或者盈利机会一闪即逝，一旦买入价稍高，而卖出时机稍晚的话，能保证手续费用等不亏就已经很不错了。

牛皮市如果出现在股价高位，是一个较为危险的形态，多数情况下股价最终会出现向下崩塌的走势。

图 5-15

**5. 波段交易的循环周期**

在道氏理论中,主要趋势(牛市或熊市)下包含着不同运行方向的价格趋向,依照时间周期的长短可以分为次级趋势和短期趋势。

从循环周期上来说,即使牛市上涨行情,也存在着大级别的回落调整,也就是次级下跌趋向,至于短期下跌趋向更是贯穿始终。熊市下跌行情也是如此,只不过次级趋势表现为强反弹行情,短期上涨趋向多表现为相对弱反弹行情。

从交易者的角度来说,如果仅仅参与牛市上涨行情,那么可参与的时间实在太少,相信大部分交易者都做不到这一点。不少交易者参与短线交易,终日不辍,认为短线交易的快进快出能够回避大跌的风险。其实,短线交易难度非常高,并不适合缺少盘口分析经验,也无充足看盘时间的交易者。

对于多数交易者来说,波段交易是非常适合采取的交易方式。不论牛市还是熊市,总是有涨升波段可以做。

(1)上涨行情中的波段交易。

在牛市行情中,交易者可以采取中长线持仓的交易策略,但是交易者如果发现自己做不到持仓不动，缺乏长期持仓的耐心，那么不妨以分仓的方式试一试波段交易。

所谓波段交易，大致是指交易者低位买入，然后等待一波升势结束时卖出，也就是只做一段上涨行情，回避调整回落阶段。比如，即使在牛市上涨行情中，不论大盘指数还是个股都不会一直涨，其间会发生多次大级别的回落调整，这些深幅调整为交易者提供了极佳的低位介入、波段交易的良机。

当然，这些深幅调整发生时，市场氛围必然十分恐怖，会让很多人认为涨势已经到了尽头，主力资金正在大幅出货。什么是主力资金出货？出货是主力资金完成相应操作步骤，兑现利润，准备逃逸离场的最后阶段。

谈到出货，就会有人想到"减仓"，很多人容易将二者相混淆，甚至完全将之等同于一个概念。二者虽有重合的部分，但并不完全相同。

交易中的减仓，是指以降低仓位为目的的卖出操作；而出货是以逃逸离场为目的的卖出操作。出货必然会减仓，但减仓未必就是出货。

之所以要区分减仓与出货，是因为这对波段交易来说至关重要。上涨趋势的背景下，主力资金出货的股票，不能成为波段交易的选择对象，尽管这些股票在下跌初期也时常会有强反弹出现，但多数维持时间较短，买卖点往往稍纵即逝，极难把握，所以不能以波段交易的方式进行操作。

排除了主力资金出货的个股，那么适合进行波段交易的，就是因主力减仓而使股价大幅回调的股票。什么是主力资金减仓？减仓操作是普遍存在的一种交易行为，其主体既包括主力资金，也包括市场各路资金。一轮行情总是由价格的涨和跌构成，无论是价格上涨阶段还是下跌阶段，总会有人采取减仓操作。

例如跌势中，持仓者担心价格持续大幅下跌，于是选择降低仓位的操作，以减少亏损面，或者期望未来在更低的价格上把减掉的仓位再买回来。

涨势中，持仓者在价格急升时降低仓位，兑现盈利，以期降低持仓成本，在价格冲高回落后可以再度补回仓位。

减仓总会有这样或那样的原因。主力减仓大致有以下几个方面的原因。

诱空式减仓，即减仓打压股价，诱使散单杀跌，之后再予以回补。

阶段性减仓，即兑现部分利润，减仓后有的不再完全回补，之后主要通过对倒伪造虚假成交量来拉升价格。

实战中，主力减仓行为无所不在。无论实力多么雄厚的资金，在操作个股的过程中，也不可能只买进而不减仓。减仓大多数时候是操作个股必要的技术手段，也是逃逸与回归分析理论重点分析的一点。

可以这么说，个股一轮涨势行情中的阶段性高点，大多数是主力主动减仓造成的，至于减仓所致的短期高点，更是不胜枚举。通过不断的减仓、振荡、回补、拉升的循环过程，主力的持仓成本才能得以持续降低。

如图5-16所示，该股在一轮升势中出现了多次级别较大的回落，短期调整更是比比皆是。这些回落调整并未改变股价的升势，但是无疑会持续降低主力资金的成本。交易者如果抓住这些回落的机会进行波段操作，不但能够保持盈利的持续性，还可以让自己的持仓成本也得以不断降低。

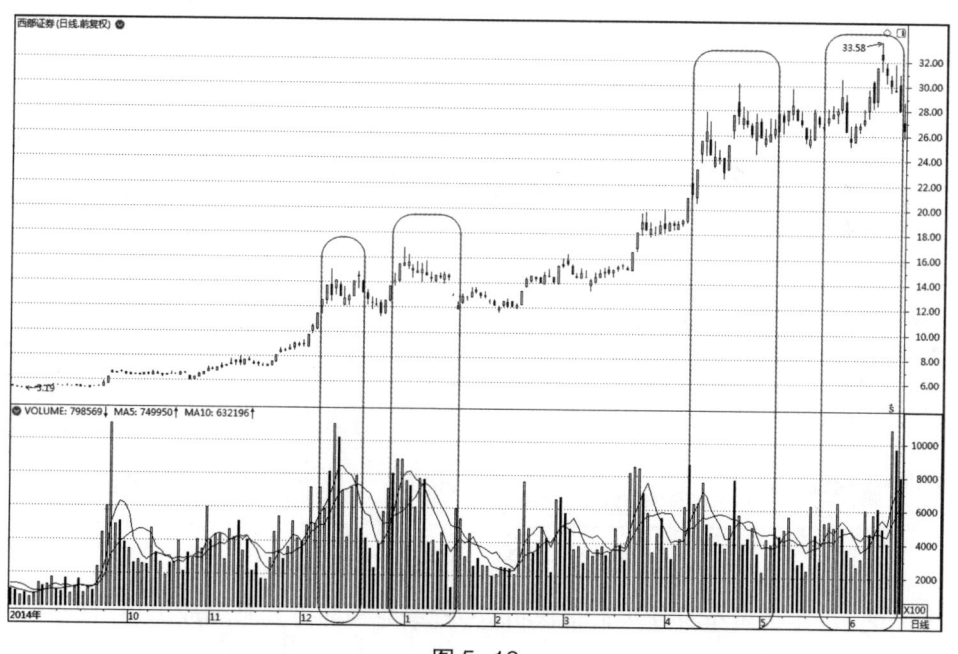

图 5-16

（2）下跌行情中的波段交易。

波段交易不以主力资金出货的个股为目标，但并不排斥下跌趋势运行中出现的机会。即使是趋势性下跌的熊市背景下，也会出现级别不等的逆势上涨行情。有些级别较大的反弹行情，往往会让交易者误以为是趋势扭转。

这些在下跌趋势的背景下出现的波段交易机会，大致成因有如下几种。

其一，主力资金被套，营造反弹行情来减仓或出货。

其二，经过长期或大幅下跌过程后，个股股价已经具有投机或投资价值，市场短炒资金入场炒作。

其三，经过长期或大幅下跌后，主力资金开始建仓。

如图 5-17 所示，该股经过长期大幅下跌后，于 A 处出现一波幅度较大的涨升行情。该股在 2014 年至 2015 年有过大幅上涨，主力资金获利极为丰厚，但是随后遭遇突发性暴跌，主力资金并未完成出货。

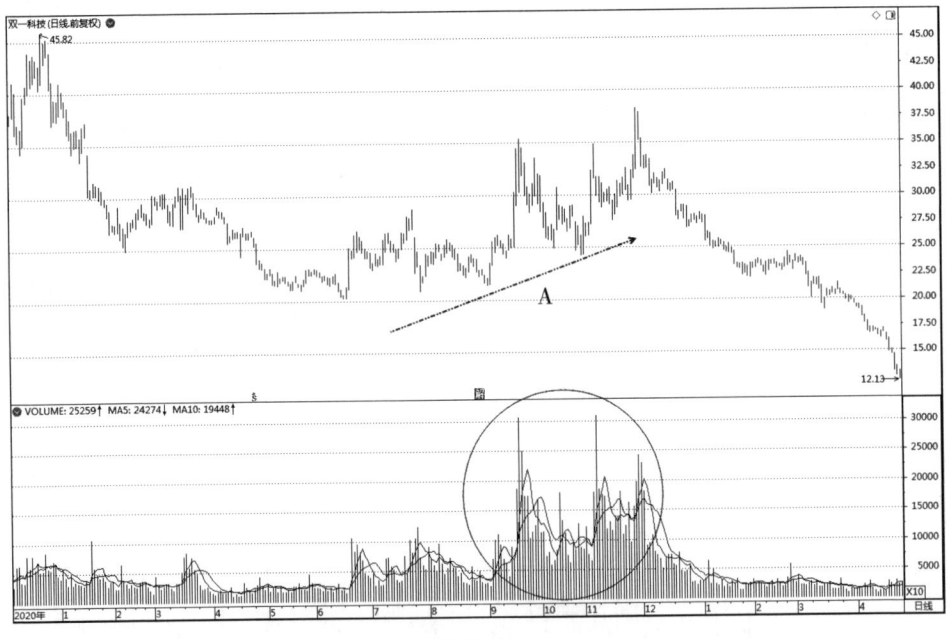

图 5-17

之后，主力资金只能采取多次折返、逐渐兑现的方式来完成出货，图 5-17 中 A 处即为主力资金营造的反弹行情。在 A 处这个反弹行情中，最为显著的就是突兀的成交量，明显大于之前数倍。显示出主力资金通过对倒等手法，吸引市场买盘入场、急于出货逃逸的情景。

对于图 5-17 的案例，因为主力资金是以出货为目的，所以这种个股在下跌初期阶段应该尽量避免介入，即使参与也只能是严格设定止损条件、快进快出的短线方式。当个股如图 5-17 中那样经过长期大幅下跌后，交易者才可以将其作为波段交易对象。

一般来说，跌势到了中后期，随着股价的大幅下跌，参与者越来越少。主力资金想要吸引足够的资金进场承接，就不得不维持涨势的强度和运行时间，这就为交易者提供了进行波段交易的空间。

操作下跌趋势中出现的涨势波段，交易者不可过度追求盈利幅度，也不可有了不错的盈利却贪恋不走，当卖出信号出现后，应该及时兑现盈利，完成波段交易的整个过程。

6. 短线交易的分钟循环周期

分钟系统循环分析的优势，是盘中每一分钟进出的资金，都会通过 K 线等形式展示出来，交易者可以从极细微处观察分析盘中资金流进流出的方向。

图 5-18 是 1 分钟系统的 K 线图，图中每一根 K 线代表着 1 分钟交易的过程。图中 A 处的每一根 K 线实体都很小，成交量柱状图也反映出交易清淡、少人关注的情况。

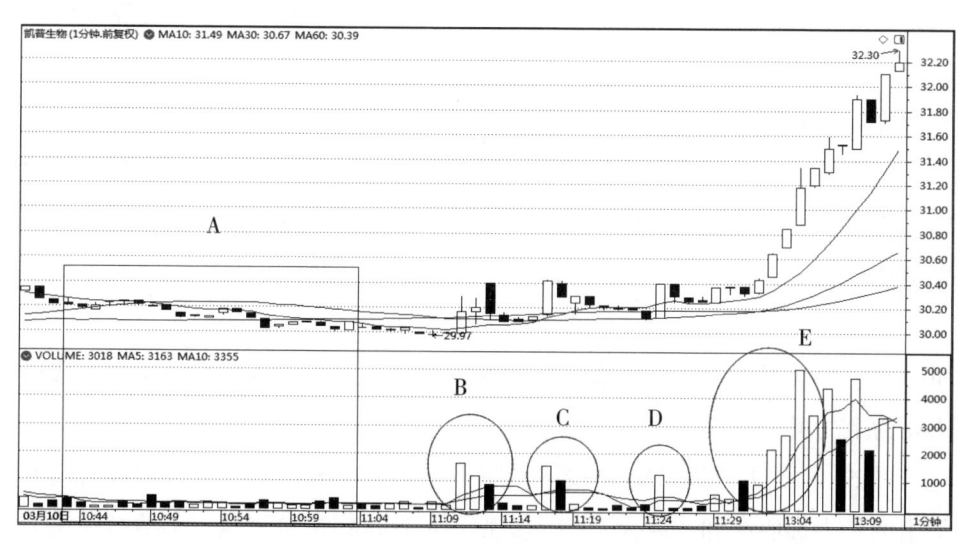

图 5-18

至 B 处，成交量柱状图明显放大，K 线实体迥异于 A 处的状况，显示出有资金正试探性流入该股。随后的 C 处、D 处，主力资金逐步分批加仓。虽然 K 线和成交量柱状图上，对于主力资金加仓表现得并不明显，但股价运行重心慢慢提高说明了这一点。

E 处成交聚量形态的出现，说明主力资金已经明确进入回归阶段，股价也随着主力资金的大幅度回归展开一波升势。

优势的另一面可能就是劣势。

对于成交活跃的个股来说，每时每刻都有资金进进出出。如果对每一笔成交都进行分析的话，海量的数据会让人不胜其烦，同时分析的效果也必然大打折扣。这不是分析分钟系统资金循环的有效方法。

交易者观察分钟系统资金循环的目的，是从中发现主力资金的踪迹，由此判断其行为所向。那么，只要剔除市场其他资金大量的交易数据，就可以得到我们想要的。

分辨市场其他资金与主力资金数据的关键，其实只有一点，即能够给股价运行带来迟滞或者助益作用的资金，可以先将其全部视为主力资金。

实战中某些有实力资金的大成交单，会因此被误计入主力资金的数据中，但是这部分成交单总量不会很多，而且这些大成交单通常不会具有连续性。同时，这部分大成交单的出现，有时也会让主力资金被动作出反应，这也正好为分析主力资金的意图提供了条件。

综上所述，交易者主要观察和分析能够引起股价加速上涨或者打压股价的大成交单。可能有人会有疑问：有时主力资金不想过早被市场发现痕迹，也会悄悄地以小单进行交易，那岂不是发现不了主力资金的动向？

主力资金的行为具有连续性和逻辑性，无论多么狡黠的操盘手，一旦有所行动，总会留下痕迹。虽然高明的操盘手会尽可能地掩盖痕迹，却无法抹去行为上的可推理性。

图 5-19 是 1 分钟系统 K 线图，图中 A 处是当日开盘 1 分钟形成的高开低走的长上影阴线和"巨大"的成交量。A 处这根带量阴线，必然存在主力资金的逃逸行为。为什么这么判断呢？盘面上 A 处之后股价虽有下跌，但最

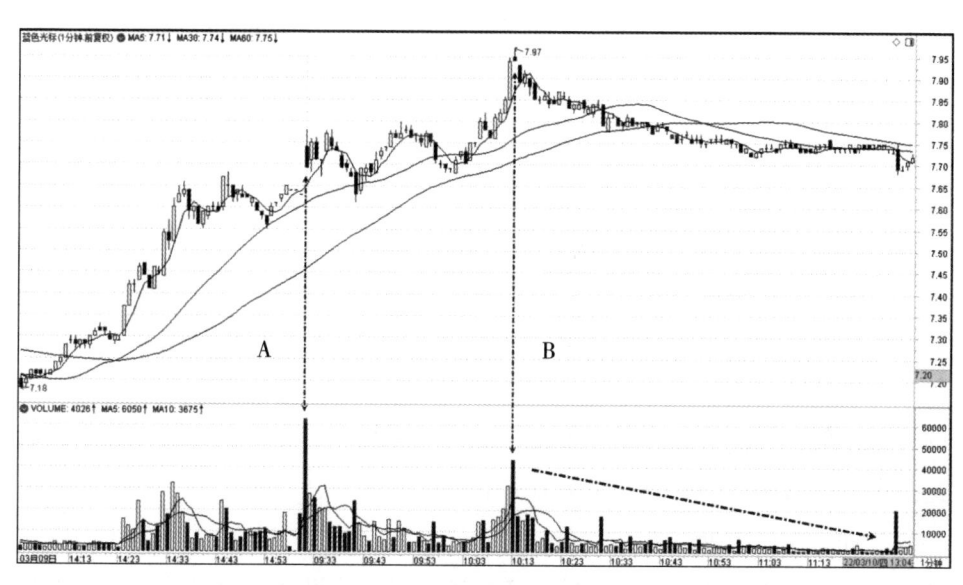

终还是出现了又一次快速上涨，见 B 处之前的升势。

图 5-19

虽然 A 处的阴 K 线并没有直接证据能告诉我们主力资金的逃逸，但通过推理可以得出这个结论。

其一，该股是当时热炒股之一，热炒股的涨势终结，多数都是因为主力资金的大幅逃逸，而由散户资金逃逸带来的涨势终结，不敢说没有，但确实罕见。原因不是因为主力资金持仓份额多，而是主力资金行动较为统一，对趋势运行最具有杀伤力。

其二，A 处之前，股价刚经过一个折返调整，应该说形态上有利于继续涨势。但 A 处 1 分钟阴 K 线爆出"巨量"成交所显示的逃逸行为，不符合市场资金各自为战的行为特征，反而更具有主力资金统一行为的特征。

其三，A 处至 B 处之间，股价（K 线）经历了"涨—跌—涨—跌—涨"的折返（循环）过程，但股价低点并没有将下方的均线系统全部击破。这就说明主力资金控制了逃逸力度，并没有继续大幅逃逸，否则股价不可能维持不破均线系统。而不破均线系统，也是主力资金为了避免出现恐慌氛围，挽留市场资金的有效手段之一。

其四，到达 B 处之前的这波升势最凌厉，但和 A 处如出一辙的是，B 处也是一个长上影高开阴线，只是实体较小而已，成交量上也同样出现 1 分钟级别的"巨量"。结合 B 处之前是一根大阳线进行分析，B 处长上影高开阴线和"巨量"成交，一样具有行为上的突然性和集中统一性。当然，不能排除市场上的短线交易高手在这一点上会选择卖出，但是能够带来系统上"巨量"成交的，必然还是主力资金。

1 分钟系统上主力资金的逃逸说明不了趋势的问题，因为这是一个小级别的循环周期，几分钟后可能主力资金又会回归。但是之前提到过，大循环都是从小循环开始的。如果在小循环周期上，主力资金连续显示出逃逸行为的迹象，那就要重视起来，反推更高级别的系统是否也有主力资金的逃逸痕迹，由此可以在第一时间发现主力资金的真实动向。

比如，图中 B 处之后成交量一直处于量能消散的态势中，显示主力资金逃逸后暂时并未大幅回归，股价处于振荡盘跌的态势中。这种成交量形态是最让人无奈的形态，因为它意味着主力资金处于无所作为的蛰伏期，股价必然如无人操纵的小船，随意飘行不知归处。

## 第二节　K 线的分层透视分析法

### 一、分层透视的方法

所谓分层透视，就是从不同时间周期的系统上层层剖析某一 K 线、某一组合或某一形态的细节构成或反推之，力求从细微处或更大层面上侦测主力资金的真实动向。

从常用的系统设置上来说，月线是较为适宜的长期系统（另有更长期的季线、年线等），周线为中长期系统，而我们最为常用的日线应为中短期系统，还有多个以分钟为时间周期的短期系统。

1. 月线系统

月线是指每根 K 线的时间周期为一个月。月线系统的优异处在于稳定性，不易为短期价格波动所影响，大多能够反映出行情的基本趋势；但月线系统的优异处也是其缺憾处，即不能及时反映行情的最新变化。

月线系统的每根 K 线反映的是一个月的行情变化，也就是说包括四个星期（周）和大致二十个交易日。这是分层透视的长期系统。

2. 周线系统

周线是指每根 K 线的时间周期为一周。周线系统一般包括五个交易日，是分层透视的中长期系统。

3. 日线系统

日线是指每根 K 线的时间周期为一个交易日。日线系统最为常用，能及时反映出行情的最新变化，但也因此最容易出现骗线。日线为分层透视的中短期系统。

4. 分钟系统

分钟系统是指每根 K 线的时间周期为分钟，如 1 分钟等。最常用的包括 1 分钟、5 分钟、15 分钟、30 分钟、60 分钟等，交易者可按照自己的交易习惯自行设定。这些分钟系统对于分析细微处 K 线逃逸与回归的真实性，具有很重要的作用。分钟系统为分层透视的短期系统。

分层透视有两种分析法。

其一，层层而下。即从日线、分钟系统，以时间周期的次序层层分析某一交易时段逃逸与回归的真实性和趋向性。层层而下是分层透视最基本的分析方法，这种方法从不同层次对 K 线进行分解，利于对比和发现 K 线构成中资金流动的实质情况。但也有缺点，即交易者容易被细节的波动所迷惑，纠结于细微处而忽视趋向或趋势的变化。

大多数交易者都习惯从日线系统观测盘面，发现交易目标后也是先通过日线系统进行分析和判断。当日线系统分析中出现疑点或需要进一步验证分析结论时，就需要分钟系统来辅助分析。

其二，反推。当日线和分钟系统在分析和判断上出现较为模糊、不能给出有力的技术依据时，向上反推周线和月线，力求从更大的层面、更宽广的视角上，重新审视价格的形成和逻辑关系，往往能够取得很好的效果。

逃逸与回归的分层透视，其实是一个采取不同视角进行观察的过程。将K线进行合并或分解到一定程度后，某些原先并不显著的特征就会被发现，而这些被隐藏起来的技术分析点，往往就是揭开价格走势的密码。

## 二、分层透视的应用

判断主力资金的逃逸与回归，可以利用逻辑关系、形态分析法等，但最能接近资金流动本质的，就是分层透视。

大多数交易者都习惯从日线系统观测盘面，发现交易目标后也是先通过日线系统进行分析和判断。当日线系统分析中出现疑点或需要进一步验证分析结论时，就需要分钟系统来层层分解日K线进行辅助分析。

如图5-20所示，该股短期内有一个急速上涨的过程，至图中A处时报收一根具有上下影线的小阴线。虽然K线实体是阴线，但股价当日仍有超过4%的涨幅，同时在成交换手上也几乎超过上涨过程中平均换手的一倍。

如何看待这根K线，是主力资金开始减仓还是上涨途中的正常振荡？

从图5-20中的日线系统上，能够得到的技术信息包括：该股已经出现五个向上跳空缺口，结合A处K线收阴和成交明显放大的情况分析，缺口的引力已经开始发挥作用，有资金逃逸是不争的事实。缺口当日并未完全回补，同时股价还保持着超过4%的涨幅，这些仍旧是强势并未完全失去的表现。

图5-21是A处当日的分时走势图，可以看到该股成交密集区在早盘两次冲高，这也是股价振荡幅度最大的阶段，之后的交易时段股价表现相对平稳，仅出现四次小幅下探，股价尾盘微幅上抬形成了下影线。

有很多强势个股在整个强势上升过程中，对于下方累积的缺口是不予回补的，直至一波升势完结才开始漫长的回补过程。

第五章　K线看盘的关键点

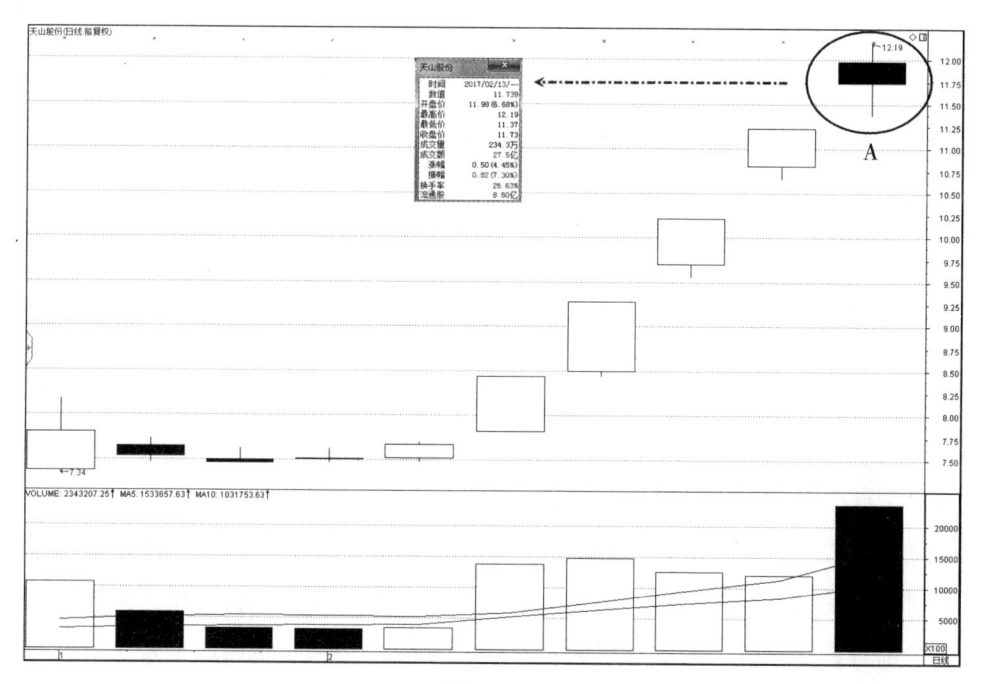

图 5-20

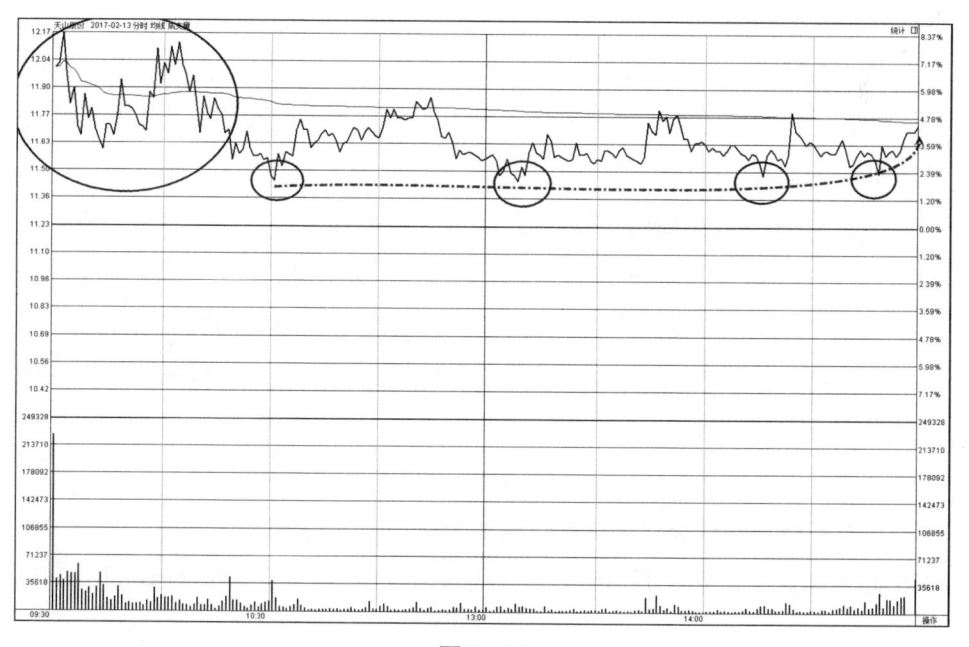

图 5-21

- 209 -

强势个股回补缺口，大多意味着价格的摆脱力量不足以抵抗缺口引力，往往是开始失去强势的迹象。如果是在主力故意诱空的前提下，那么价格回补缺口会在瞬间完成并迅速开始拉升，不会留给市场太多低价机会，除非主力有意就此展开大级别回落调整。

图 5-20 中，该股股价接下来能否摆脱下方累积的缺口引力，关键是搞清楚 A 处逃逸资金的性质。如果主力资金并未大幅逃逸，那么即使缺口被回补，也只是主力资金的诱空；如果主力资金开始逃逸，那么即使价格还能暂时稳定在缺口上方，也是做多者逃生的机会。

通过 5-21 的分时图可以看出，当日资金在早盘最为活跃，股价振幅也较大，这个时间段应是重点关注和分析的。

图 5-22 是 A 处的 60 分钟 K 线图，图中标示的方框即为 A 处全天四个小时的交易情况。第一小时报收一根放量的中大阴线，这根 K 线的实体和成交量都远远超过接下来的三根 K 线。也就是说，当天资金逃逸主要在第一小时，而后三小时能够维持缺口不回补并在日线系统上收出下影线，说明至少有部分资金回归。

图 5-22 中还可以观察到，前几个交易日的第一小时也都存在放量的情况，只不过当时都是报收涨停阳线，而 A 处报收中大阴线，但一小时的成交量都相差不远。

图 5-20 中 A 处的换手率之所以超过上涨过程中平均换手率的一倍，从图 5-22 中 A 处的后三根 K 线就可以发现原因。这三根 K 线的成交量虽然明显小于第一根 K 线，却远大于前几个交易日涨停板后零星的成交量。

也就是说，图 5-20 中 A 处的换手率之所以高，基本可以确定就高在图 5-22 中 A 处这三根盘整状态的 K 线上，而这三根不起眼的 K 线，让我们对该股后期走势至少有了那么一点倾向性。

在没分析主要代表当天资金逃逸的第一根 K 线之前，还不能过分乐观，更不能马上决定交易。分析图 5-22 中的第一根 K 线，还需要继续分层解析。

第五章 K线看盘的关键点

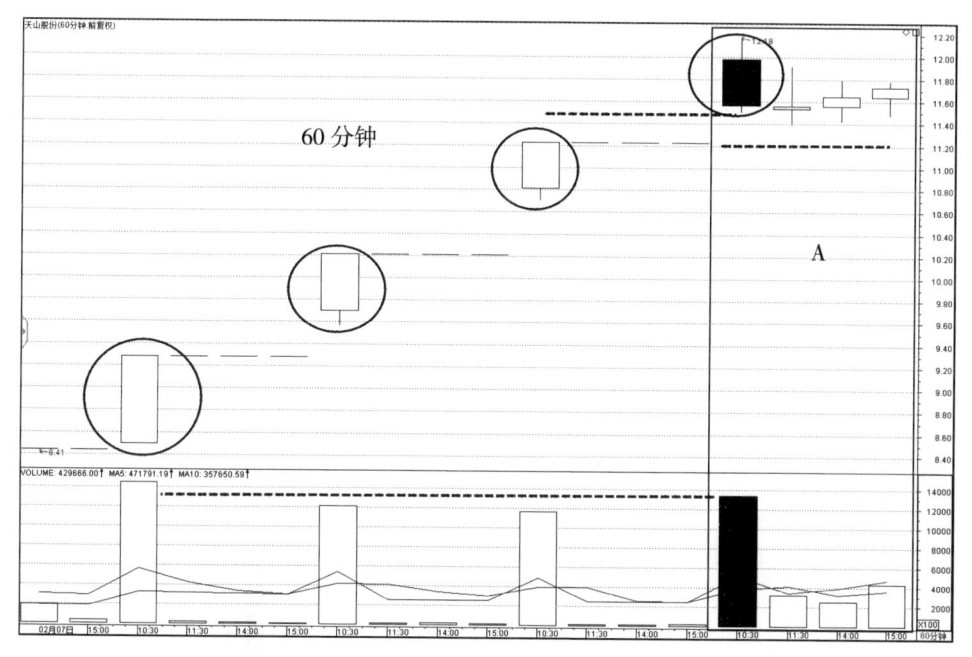

图 5-22

　　图 5-23 是 30 分钟 K 线图，图中标示的方框处即为图 5-22 中 A 处第一根 K 线的分解。在 30 分钟 K 线图中分解为两根 K 线，第一根较长下影线的十字线所具有的成交量最大，当然就是分析的主要对象。这根十字线的上影线 0.2 元，下影线 0.4 元，实体为 0.06 元，换手率为 11.22%。

　　看到这根十字线的详细数据，我们是不是可以这样来推理：如果这根 K 线的成交量全部为主力资金逃逸，那市场资金还能收上来 0.4 元的下影线吗？假设市场资金有这种能量，那么主力资金如果意在出逃，为什么这么好的机会不借机逃逸更多的筹码？

　　结合当日后面的走势可以发现，认定这根十字线为主力资金逃逸是讲不通的，比如图 5-23 中 A 处第二根 K 线实体虽大，但成交量明显缩小，主力资金的仓位难道这么容易就出完了？如果没出完，那么把股价打下来制造恐慌，再想轻松逃逸就难了，要知道下方有五个上跳缺口，累积着的引力非常惊人；同时接下来几个小时的交易时间里，明显有资金回归，主力的脑壳坏掉了？

# K线技术分析与实战

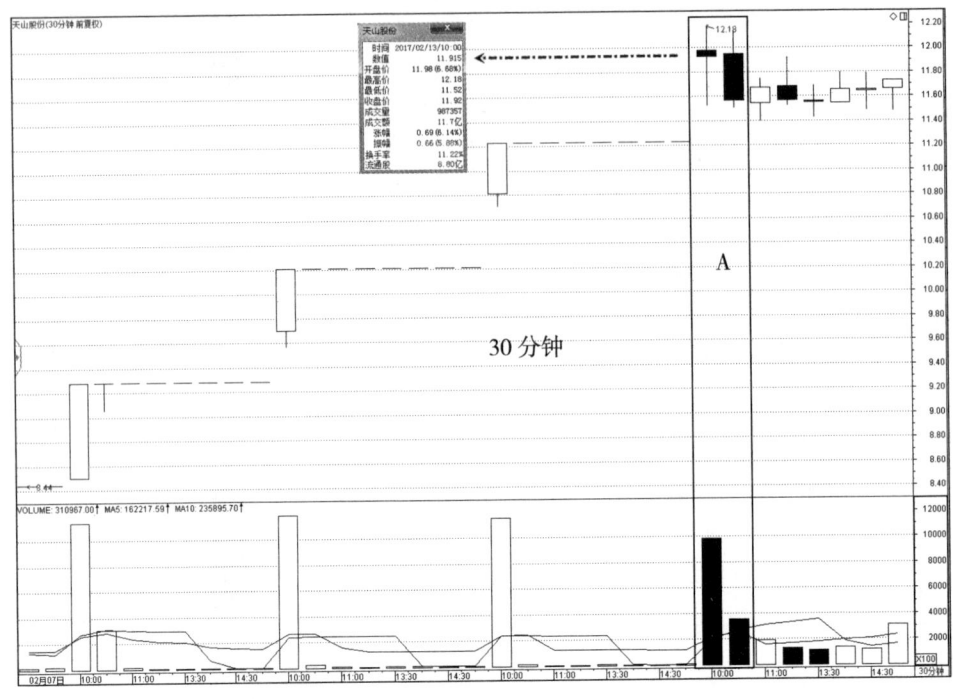

图 5-23

合乎逻辑的推断应该是：图 5-23 中 A 处这根十字线的成交量中，确实有部分为主力资金逃逸，但所占的比例并不大，否则的话，近在咫尺的缺口不可能不完全回补，后面的走势也不会那么平稳。

为证明这个推断，可以继续分层。图 5-24 为 5 分钟 K 线图，图中 A 处即为第一小时的第一个五分钟交易情况的 K 线，一根具有较长上影线的放量阴线，这根 K 线应该就是主力资金主要的逃逸部位，但并不代表逃逸全部为主力资金。这根 K 线的换手率为 4.53%。

主力资金的逃逸量只会小于这个换手率，否则 5 分钟的逃逸足够将股价打到下方缺口甚至更深，照样还会有市场资金进场托盘。图 5-24 中 A 处只不过是主力资金的诱空性抛盘，目的在于降低成本和吸引锁仓盘进场。

图 5-24 中 B 处的两根较大的阴线将股价快速打低，但成交量已经大幅缩小，结合之后股价相对平稳的走势，可以看出 B 处制造恐慌的意图还是比较明显的。

第五章　K线看盘的关键点

图 5-24

通过上述分析，应该可以看出主力资金的逃逸量相对于该股当天的总换手来说，还是比较微小的，这就基本能够确定当天逃逸资金的性质并不是主力资金。而总的回归量经过图 5-22 的分析，还是占据了不小的比例。

这些分析数据让我们对该股后势具有了一个相对清晰的思路，无论是继续持仓还是短线介入做多，都多了一份把握。图 5-25 中 A 处之后，即为该股后期的走势。

通过上面这个案例分析的全过程，交易者基本能够了解分解日 K 线的分析思路和方法。运用这个方法，可以分析出大多数主力资金的逃逸与回归方向。但是实战中的变化是无穷的，当我们的分析思路遭遇到"卡壳"的困境时，不妨从细微处走出来，反推向更大的循环周期，试一试会不会有"柳暗花明"的奇效。

如图 5-26 所示，该股在升势中至 A 处时，走出一个疑似构筑中的头肩顶形态，这也让持仓者颇为焦虑，是继续持仓还是在右肩下跌之前卖出？

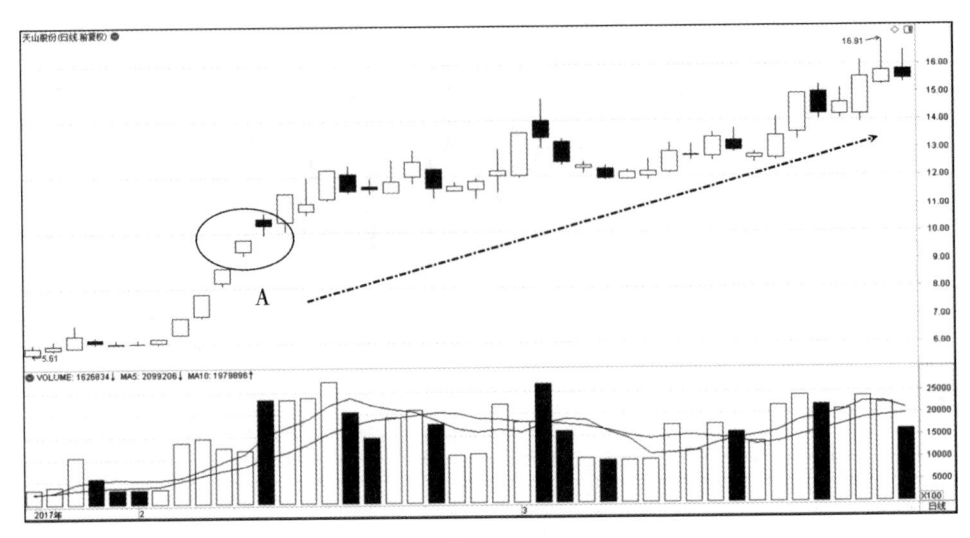

图 5-25

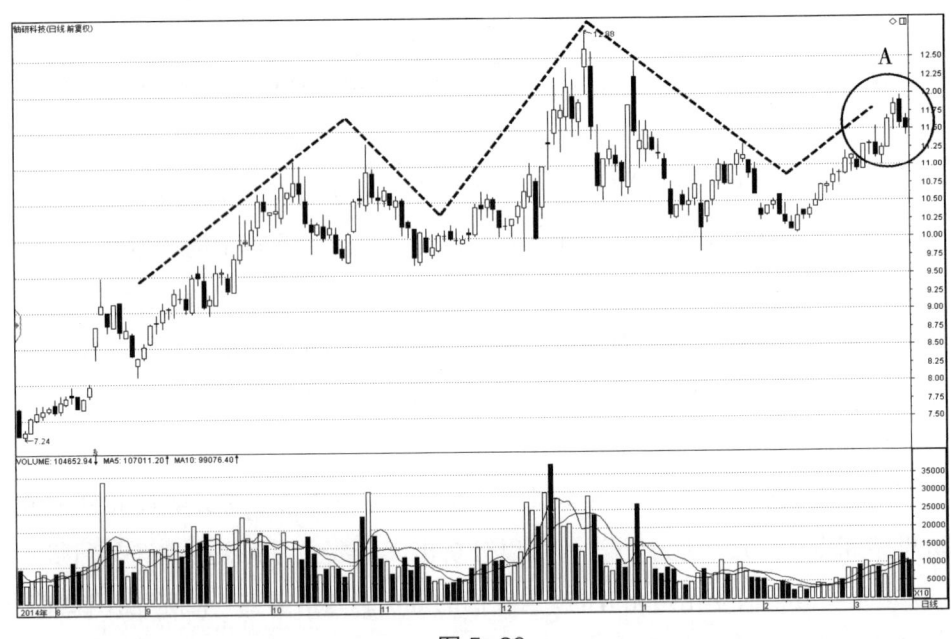

图 5-26

对于形态上的识别和判断,小循环周期不能给我们理想的答案时,就需要向上反推更高的循环层次,从更大的层面、更宽广的视角上来审视价格所处的阶段。

第五章 K线看盘的关键点

图 5-27 是图 5-26 中该股的周线系统，股价从 5 元多升至 A 处的 11 元多，总体升幅并不算小。但分析整个 K 线形态构成就可以发现，其实该股只是刚刚脱离底部区域，而 A 处的疑似头肩顶形态，更像是股价突破底部区域后的一个确认过程。

图 5-27

我们还可以再通过月线系统进一步确认是否具有底部突破的存在，图 5-28 即为该股的月线系统，图中每一根 K 线为一个月，合并后的 K 线淡化了头肩顶的存在，更为清晰地展示了股价底部突破后横盘振荡确认的过程。

同时，周线图和月线图上都可以看到成交量呈聚量攻击的完美形态。一般来说，在月线图上能够显现出聚量攻击形态，那么该股从底部回归的资金绝不可能是小规模的，而这些资金的回归进场就预示该股后期必然会有较大的发展空间。

由此可见，图 5-26 中疑似构筑中的头肩顶，只是股价突破底部区域后正常的振荡确认过程。通过这个分析过程，交易者可以有效地解决关于价格形态认定以及细节上的疑问。图 5-29 中 A 处之后即为该股的后期走势。

将 K 线进行合并或分解到一定程度后，某些原先并不显著的特征就会被发现，而这些被隐藏起来的技术分析点，往往就是揭开价格走势的密码。

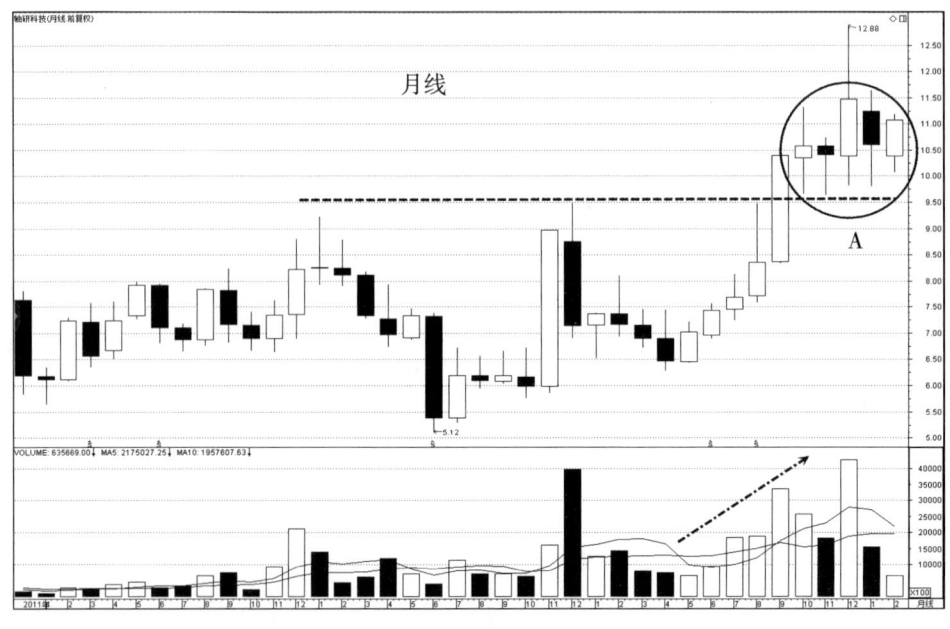

图 5-28

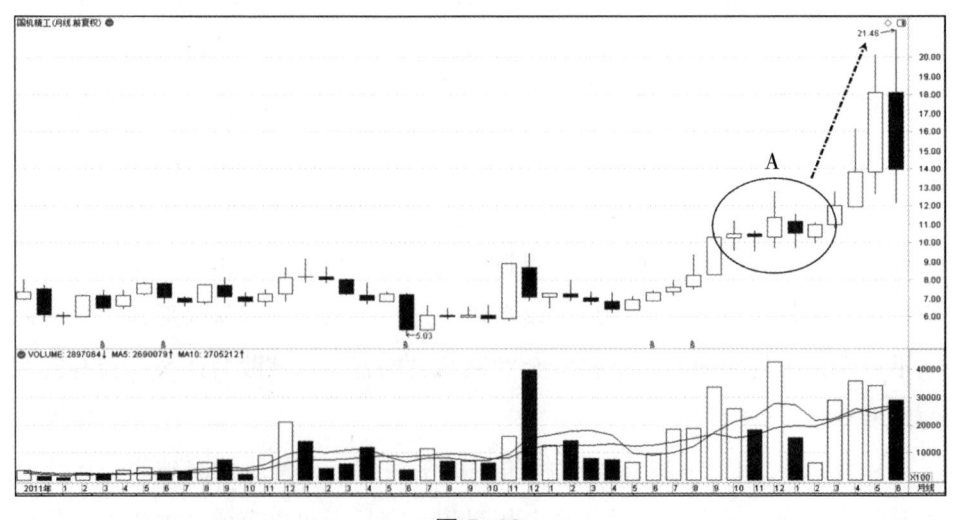

图 5-29

# 第三节　量能催化下的K线涨跌

## 一、量能催化理论

在研判K线变化的同时，成交量分析也是必不可少的。逃逸与回归理论，通过K线和成交量分析，侧重于研判一段时间内资金的流动方向；而量能催化理论，通过K线和成交量分析，重点研判股价（K线）主要转折点（高点和低点）的形成。

研究成交量与K线变化之间的关系，探寻其中的核心原理与规则，就需要有一个剖析量能的形成性质和理顺与股价之间逻辑关系的过程，这个过程就是区分量能催化和量能跟随的过程。简而言之，就是发现哪些是催化量，哪些是跟随量。

趋势或趋向运行中，量能的突变（突然增大或减小）往往预示着股价可能面临重大变化，这种引发或催化股价发生改变的量能，即为催化量。趋势或趋向运行中，平稳增加或减少的量能，会使趋势或趋向运行得更长久，这种跟随或助推股价运行的量能，就是跟随量。

常量、变量等成交量类别是从形态上划分的，而催化量和跟随量是从量能性质上划分的，目的非常明确，就是为了从细节上把握交易中资金真实的流动方向。这里所指的资金，可能是主力资金，也可能是其他热炒资金，但必然是能够引起股价发生异动的大资金。

缺乏大资金参与的个股，不值得短线交易者关注。因为这种个股必然存在着这样或那样的问题，有些问题作为一般散户是无法得知详情的。有时候，我们选股会发掘出一些基本面非常优良的"好股"，但是很奇怪，经过技术分析却发现不了主力资金参与的痕迹，是主力资金隐藏得很深吗？

# K 线技术分析与实战

经过一段时间的跟踪，该股突然"暴雷"，这时候我们才恍然大悟：怪不得股价一直不涨，原来存在这些问题！我们要相信大资金的调研能力，不会有那么多优良的好股被埋没。

有没有大资金，大资金是流出还是流入，事关交易的成败，是确定买进或卖出的基本规则之一。解决这个问题，可以依据逃逸与回归理论，也可以从量能催化的角度进行分析。

如果把股价比喻成航行中的船，那么成交量就像是信风、潮汐和暗流。有时候突如其来的量能，会使处于混乱中的局面变得明朗起来，有时却会让本来明朗的局面横生变故。但是有一点必须明确：正如适宜的温度可以帮助鸡雏破壳而出，却不能决定一枚鸡蛋必然会孵化出鸡雏。量能不是股价运行的决定因素，但是它能够起到加速或延缓的催化作用。

如图 5-30 所示，股价在 A 处突然打破之前平缓的下跌节奏，放量大跌，这一处的成交量远大于之前，明显具有催化下跌的作用。

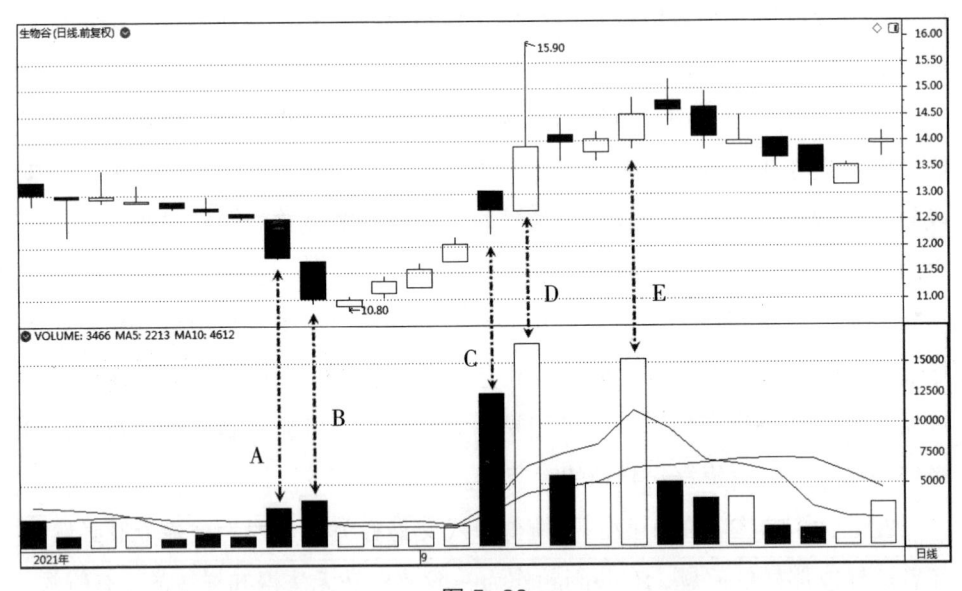

图 5-30

为什么这么说呢？因为 A 处量价的突变，不管是否有主力资金的故意操纵，都会引发一定数量的抛售盘。这些抛售盘本就处于不稳定的状态，在原来的运行节奏中本来并不确定是否会卖出，但如果突然出现抛单集中打压股价的现象，那么这些抛单就会立刻躁动起来。

换句话说，量价的异动起到催化剂的作用，让本来模棱两可的持仓者马上坚决加入卖出的队伍中。

在实战中遇到突然打破平静的下跌或上涨，首先要明白这是一个催化行为，其次分析催化行为的作用和含义，这个分析过程应从技术环境上展开，比如该股之前的运行趋势、涨跌幅度、量能等。

类似于图 5-30 中 A 处量价的催化作用，多数会延续到之后的交易日，如图中 B 处股价继续放量下跌。B 处的股价跌幅与 A 处相仿，但成交量大于 A 处，说明催化效应继续发挥着作用，否则的话，成交量会是一个缩减的跟随量。

催化量后出现反弹，也有多种形式。如图 5-30 所示，B 处之后股价反弹，成交量缩回到 A 处之前的水平，这是跟随量的特征。跟随量下的股价反弹，比较难以确定买点，除非你是专业盯盘的交易者，能够从分时走势中感受到反弹低点的产生，如图中 B 处的后一交易日。不然的话，如图 5-30 所示，连续的小阳线反弹，每天的幅度都不大，说明盘中走势强度不高，不会有符合技术要求的买点。

直至图 5-30 中 C 处的出现，这里最显著的就是成交量的变量形态，而股价当日高开低走，虽然股价低点回升，但是仍以阴线巨量收盘。

C 处首先具有催化上涨的作用，但股价不涨反跌，具有了反向催化的作用。催化与反催化的意思，主要是指不能催化上涨，则必然反向催化下跌，反之亦然。对于当日出现催化与反催化、复杂走势的个股，持仓的交易者可依据变量形态规则进行操作。

从多日小反弹的角度来说，C 处一开始是对连续多日小反弹的反向催化。孱弱的反弹走势中，最容易出现放量大阴线的反向催化形式。但是在图 5-30 中，C 处阴线出现了低点回升，不但未能向下覆盖多日小阳线，反而连向上的跳空缺口都未完全回补。

从该涨不涨，到该跌不跌，催化与反催化始终在变换，持仓的交易者肯定十分煎熬。如果交易者未能在早盘卖出的话，看到当日股价收出长下影线时，就不必急于卖出了。虽然变量形态下，阴线收盘很恐怖，但股价连具有向下引力的缺口都没回补，那不妨再等一等。

有时候，等下去可能是错的，但如果有技术分析支持则再等等，这个险还是值得冒的。毕竟，想要赚更多的钱，就不能一点风险都不承担。

D处股价一度大幅上涨，这是对涨势的催化，也是对C处的反催化，但是最终收出了长上影线。当日巨大的成交量下，涨势受到压制，这是明显的反催化信号，交易者应当高度警惕顶部高点的来临。

随后的E处，成交量略逊于D处，但股价涨幅远小于D处，这也是反催化信号，说明上方的压制极为沉重，交易者理应作出最后的抉择。

在这个案例中，催化与反催化变化极为频繁、复杂，说明操纵该股的并不是长期主力资金，而是游资等短炒资金所为。操作这类个股的交易者，应以短线交易为策略，并做好相应的止损计划。

实战中，不怕连续催化量的出现，反而是催化量后出现的跟随量，分析起来更让人头痛。如图5-31所示，A处发生催化下跌，次日的B处，无论

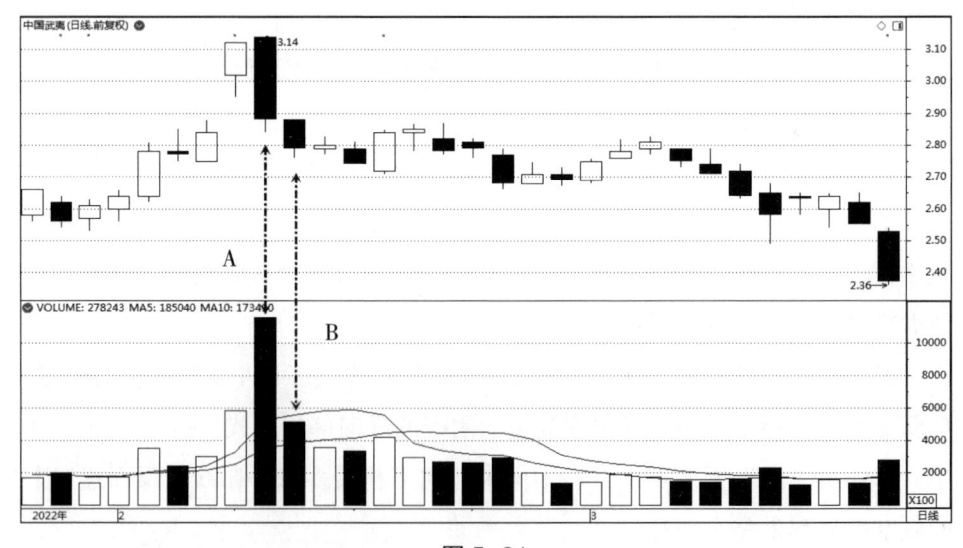

图 5-31

是股价跌幅还是成交量，都小于 A 处，这就是一个跟随量。这种量价表现倾向于继续下跌，但走势往往较为反复，容易让人产生误判。而连续催化量出现时，更容易让我们捕捉到短线超跌后的买点。

## 二、量能催化与 K 线变化

1. 量能凹口

交易者寻找与确认买点时，有一个成交量形态非常有助于发现短线机会，这个形态就是量能凹口。量能凹口是指 K 线图中一段时间内的成交量量柱形成像凹口一样的形态。

经过实战验证，量能凹口在日线系统容易出现骗线，而在分钟系统上的应用效果较为理想，而且时间单位越小的分钟系统，所出现的量能凹口准确性越好。量能凹口形态，较适用于短线交易者寻找价格低位的买点。

量能凹口的形态，很形象地显示出资金从逃逸到回归的过程。交易中不管是主力资金还是散户资金，其逃逸之后必有回归，只不过因等级、层次的不同，从逃逸到回归的时间周期上有很大的差异。这里的量能凹口专指短期行为。

图 5-32 为某股 15 分钟 K 线图，股价在 A 处大跌，成交量放大之后，开始呈盘整走势，至 B 处再度放出较大的成交量，并和 A 处成交量形成了一个凹口形状。在量能凹口形成的过程，会有明显的量能反向催化现象，在 A 处反向催化，在 B 处完成凹口时同样出现反向催化。在量能凹口形成的两个（A 处和 B 处）重要节点上，这种反向催化能进一步确认形态的真实性。

图 5-32 中 B 处在量能形态上没有问题，该股后势也出现了上涨，但在技术的确定性上还是存在些许瑕疵。强调这一点，是为了提醒交易者在判断形态时，要注意一些重要环节上的差距，因为这些差距极有可能带来形态上的失败走势。

B 处的瑕疵主要体现在 K 线上，那根放量的 K 线如果没有创出新低的下影线，而是保持小阴线的形态，就更完美了。

可能有人会说：B 处那根放量的 K 线收出一根较长的下影线，不是更能显示出资金的回归吗？问题就出在这根 K 线上面！

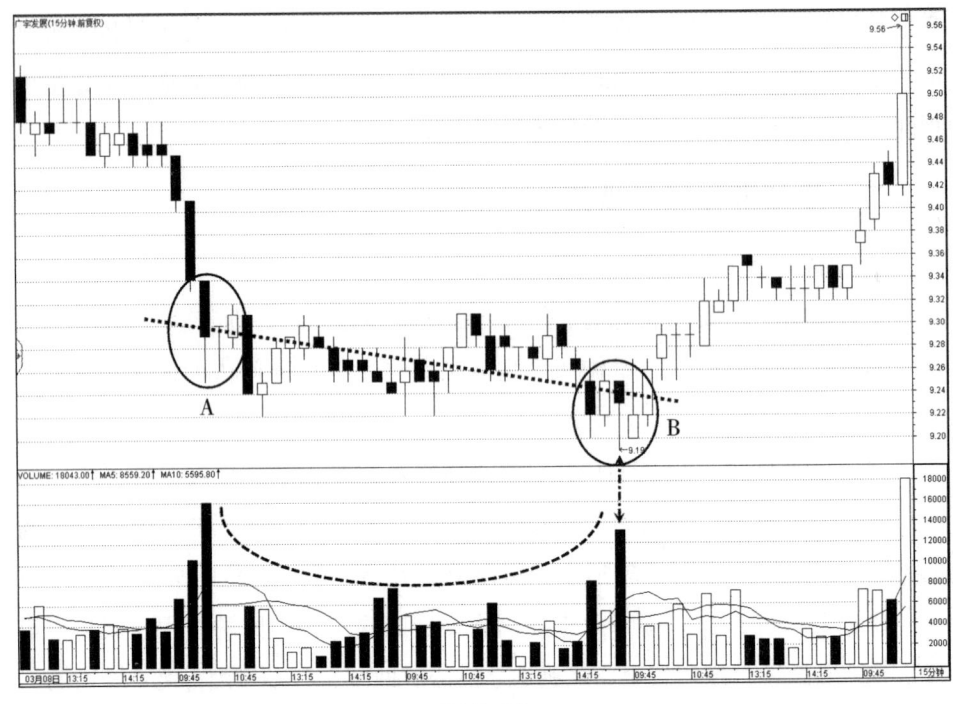

图 5-32

因为下影线太过明显地暴露出资金的回归意图了。

基于博弈的诡诈性，主力会刻意隐藏自身的行为轨迹，就像《孙子兵法》中所说：兵者，诡道也。故能而示之不能，用而示之不用，近而示之远，远而示之近。

B 处那根放量 K 线的次一个交易日，股价还是对前一交易日的下影线予以填充。主力资金的用意，在于驱赶前一交易日跟风进场的市场资金，弥补自己露出的破绽。

量能凹口形态中，类似于图 5-32 中 B 处的位置，既不能是中大阴线，也不能是中大阳线，都不符合形态的要求。

小阴线是比较理想的 K 线形式，尤其是和 A 处位置的股价相比，能够保持运行重心不出现大角度下移，则更佳。在成交量量值上，A、B 两处应大致相仿，不能有较大差距，否则也难以构成合格的量能凹口形态。同时，量能凹口两个重要节点之间的时长，也不宜相距太远，否则就不能认定为是量能凹口形态。

## 2. 加速 K 线的量能催化

当股价处于连续上涨或者连续下跌过程中，交易者最想知道的就是股价何时会出现最佳的卖点或者买点，以便能够在合适的价位上进行交易。

股价出现连续上涨或者连续下跌，从技术上来说都是一种极端状态，多数很难持久存在。在股价单一方向连续运行的过程中，资金的逃逸与回归会逐渐具有倾向性，当这种倾向性达到一定程度，量能催化或反催化就会发出明确的提示信号，交易者可以通过分析量能催化现象及时抓住交易点。

如图 5-33 所示，该股出现一个连续上涨的过程，这个涨升过程中成交量呈聚量形态，至 A 处股价冲高回落，成交量达到变量形态。这个点可以看得出来，是一个明显的量能反向催化现象——放大的量能如不能催化股价继续大涨，那么必然催化股价转入下跌，这里就是交易者理想的卖出点。

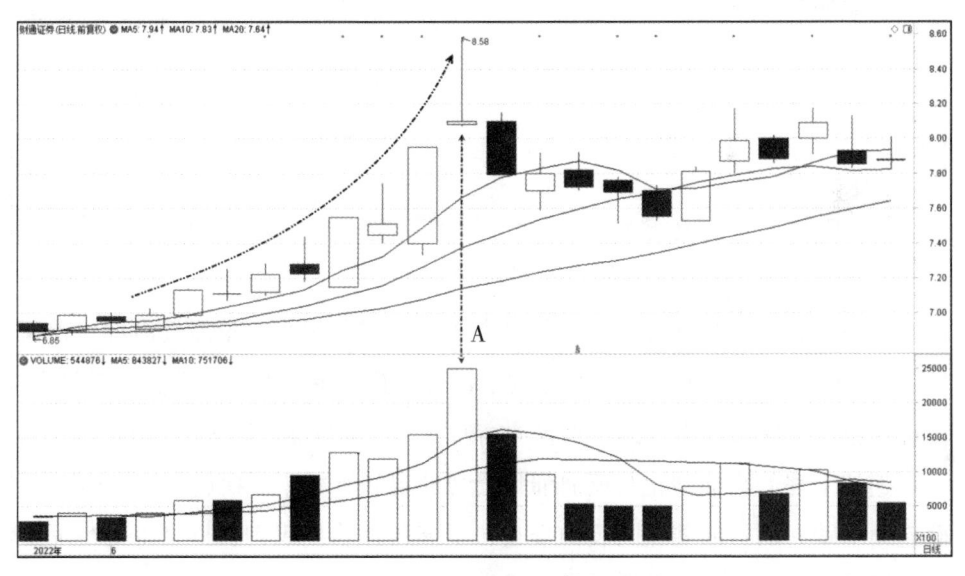

图 5-33

可能有交易者会有疑问：等到收盘才发现 A 处是量能反向催化，卖出岂不是太迟了？我们可以通过分析 A 处当天的分时走势，来看一看究竟能不能在盘中发现更好的卖点。

图 5-34 就是 A 处当天的分时走势图。该股早盘高开高走，成交量也在这个阶段集中放大。随后股价回落，成交量逐步萎缩，呈量能消散形态。直至午后开盘，股价再一次上涨，成交量虽有放大，但难以与早盘的集中放量相提并论。这就预示着股价的冲高得不到后续资金连续支持，当然很难维持进一步的升势，这里就是交易者比较理想的卖出点。

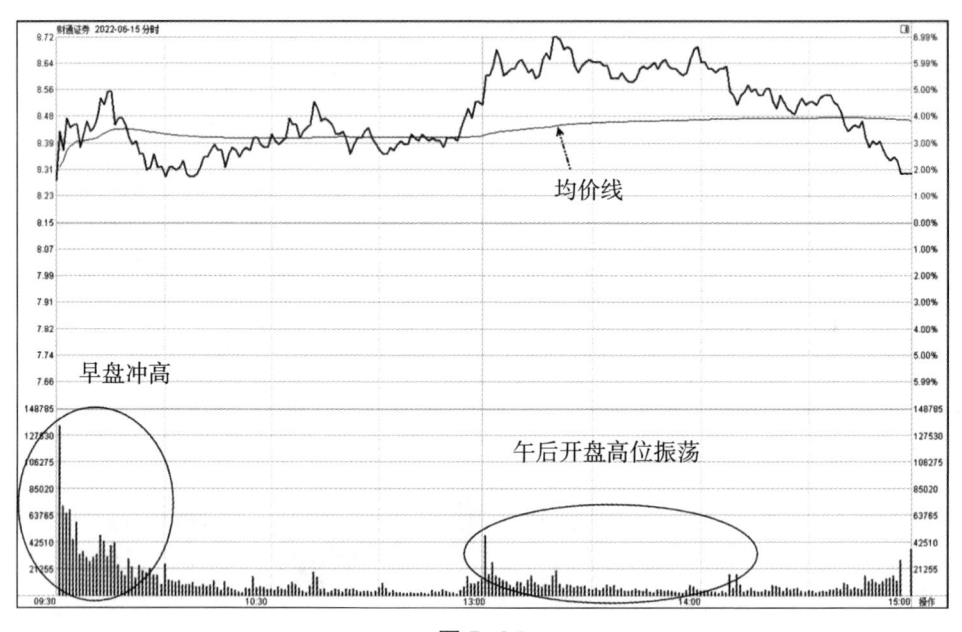

图 5-34

案例中该股午后开盘的冲高，已经是比较容易发现的量能反向催化现象了，实战中很多个股根本不会给你这个机会，而是在早盘冲高后便直接回落。心态犹豫的交易者如果没选在早盘冲高时卖出，就只能在跌势中再选卖点了。

连续上涨的量能催化与反向催化会帮助我们寻找股价拐点，确认卖出点，而连续下跌中的量能催化与反向催化，也能帮助我们识别股价是将继续下跌还是拐点即将出现，可以做好买入准备。

从技术上来讲，连续下跌的个股其风险性不容小觑，盲目买入抢反弹，有时无异于刀口舔血。有人认为股价止跌就是买入信号，但是实战中股价止跌，并不意味着就会转入上涨，止跌之后的股价可能横盘，也有可能稍作休整后继续下跌。

如图 5-35 所示，A 处、B 处、C 处的三根放量长下影 K 线出现后，股价皆出现不同程度的止跌反弹。但是这种形式的止跌，对于交易者来说只适合减持仓位，并不适合买入做反弹，原因在于股价反弹空间较小，难以顺利套利卖出。

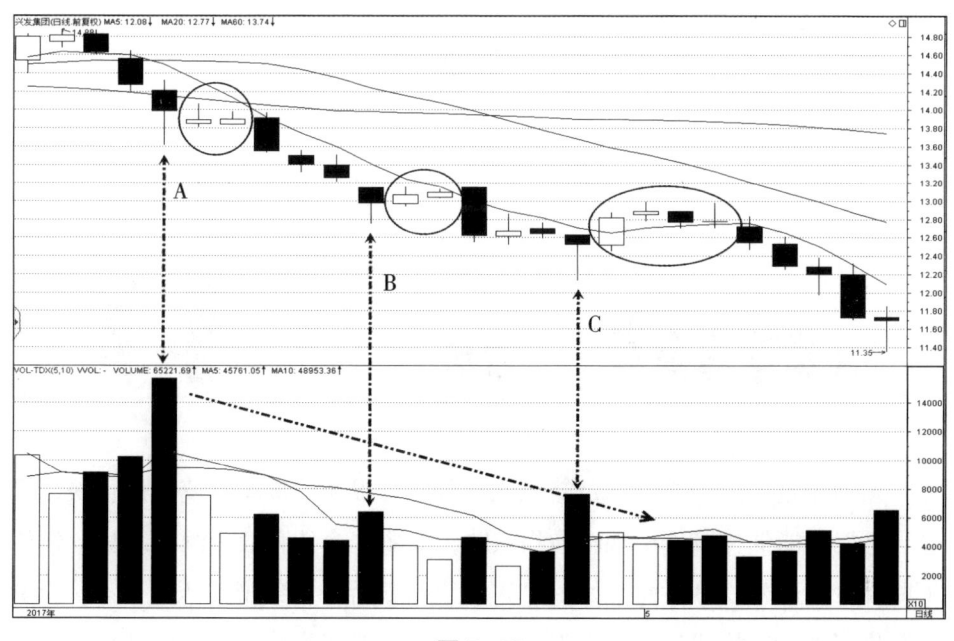

图 5-35

上述这三个点，都有类似量能催化的现象，但是根据技术环境分析，处于跌势的初中期或者短期均线构成压制的量能反向催化，多数难以提供较好的买点。出现不同级别的量能催化现象，有很大的概率会使股价止跌，但是当量能不能催化股价出现转向拐点时，大概率会催化股价继续跌势。

股价止跌并不是买入信号。如图 5-36 所示，股价在 A 处探底回升，止跌信号非常明显。但之后的交易日，股价并没有马上转入上涨，而是和均线形成压线形态。

股价止跌之后，会不会出现一个具有持续性的反弹，主要在于分析股价的强度。一个连短期均线都不能突破的上涨，股价强度也就可想而知。所以短期均线是否被突破，是确定股价强度的第一信号。

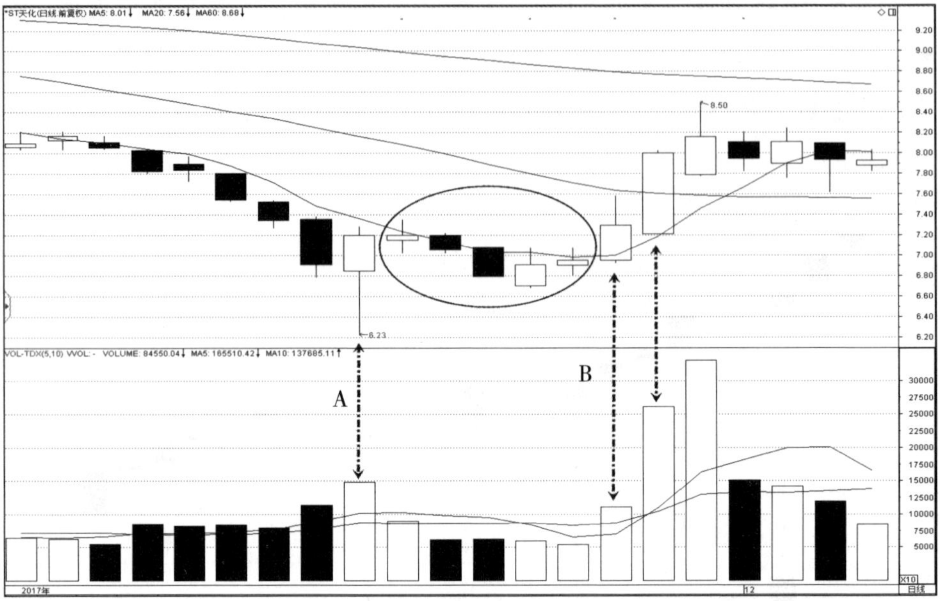

图 5-36

前面说过，不同级别的量能催化现象，有很大的概率会使股价止跌，但是当量能不能催化股价出现转向拐点时，大概率会催化股价继续跌势。但如果股价并未进入跌势，而是如图中 A 处之后股价和均线形成压线形态，至 B 处股价突破短期均线，显示出强度信号，而量能同步放大，量能催化明显，这里至少是一个短线介入点。

3. 量价背离

量价背离是指成交量与价格之间出现偏离或脱离同步运行的形态。例如股价上涨（下跌），成交量增加（减少），这是二者同步形态；随后股价继续上涨（下跌），而成交量却在减少（增加），这就是二者之间背离形态的一种。

分析量价背离，其实就是在分析资金的逃逸与回归，或者交易中供求关系的平衡与失衡。传统理论中提及背离，总是将其分为顶背离和底背离，这种分类有失偏颇。实战中，并非仅限于所谓的顶部或底部才会出现背离，背离在量价运行中可以说是常见现象，同时顶部或底部也并非都存在背离。

量能催化较容易引发量价背离的出现，比如升势中出现较大的量能，但是并未带来价格相应的大涨，则意味着量能可能反而会催化跌势的到来；在跌势中出现较大的量能，但并未使价格大跌，则意味着量能可能会催化涨势的发生。

量价背离出现在不同的价格运行阶段，其技术意义大相径庭，实战中结合技术环境分析，才会对具体操作起到重要的参考作用。量价背离的分类，从贴近实战交易的角度，可以将其分为量背离和价背离。

（1）量背离。

量背离是指在价格未改变趋势或趋向的前提下，成交量先出现改变。

价格升势中，成交量不能有效维持在一个相对较高的水平上，而是出现逐步缩减、消散的态势。这种情况说明，随着价格的涨升，买方产生畏高倾向，不愿在目前价位入场，而卖方也并不愿意就此低卖。在这种量能缩减、消散的局面下，价格可能暂时维持继续上涨，但是很难长时间一直持续，终会打破这种背离和僵持的局面。

上述是量背离的原理性阐述，实战中，部分量背离是因为主力资金减仓形成变量高点后，虽然并未导致股价就此大幅回落，却因失去主力资金的维护，继续上涨的动力渐渐衰竭。

如图5-37所示，在A处之前，股价和成交量呈上涨、放大的同步阶段，A处变量出现之后，股价仍在上涨，但成交量开始逐渐萎缩、消散。B处股价虽创出新高，但成交量仍旧处于量能消散形态中。

量价的背离，意味着股价运行处于不稳定的状态中，极有可能因为这种背离关系而出现拐点或重要波动高点。在这种成交量逐步缩减的情况下，股价创出新高应该值得交易者怀疑和警惕。

对于量背离，必须明确一点，不能把控盘庄股的特殊形态也认定为量背离。大部分控盘庄股在相对低位完成筹码收集，在之后的股价上涨趋势中，不会再放出明显而密集的成交量。除非到了出货阶段，部分庄股会有密集成交出现。

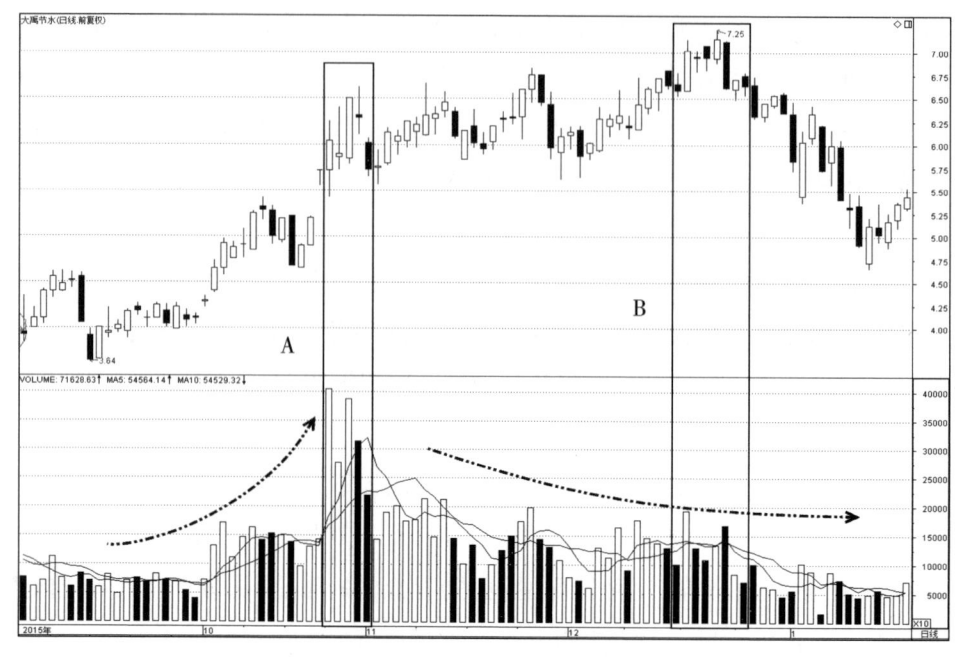

图 5-37

如图 5-38 所示，A 处及之前是量价同步阶段，也是庄股最后收集筹码的过程。A 处之后，量能逐波降低，而股价却逐级上升，这也是控盘庄股以减量过顶的形式运行。

量背离同样会出现在下跌趋势中。

在价格连番下跌过程中，成交量整体保持着萎缩、消散的态势，偶尔随着反弹的发生，会出现间歇性放大。

当成交量长期处于低迷、缩无可缩的低水平常量形态之后，随着股价的多次反弹，成交量从低水平常量形态开始渐次增加。虽然股价在之后仍旧会出现下跌，但成交量不再萎缩至之前的水准，而是在悄然中逐波增加。这种量背离形态的出现，意味着已有资金分阶段入场，股价可能已经处于底部构筑过程中。

如图 5-39 所示，该股处于下跌趋势中，A 处的成交量缩至地量水平。股价振荡后继续下跌，但是图中 B 处可见，再次萎缩后的成交量大于 A 处，并没有再次进入地量水平。一波急速反弹后，股价再次下跌，C 处萎缩后的成交量已经明显大于 B 处和 A 处。

第五章　K线看盘的关键点

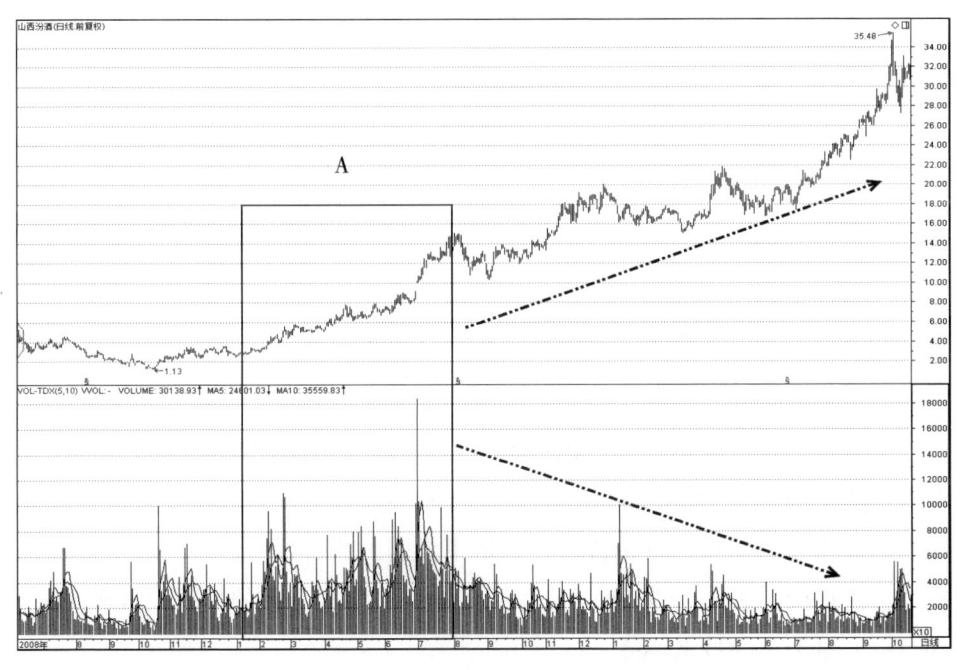

图 5-38

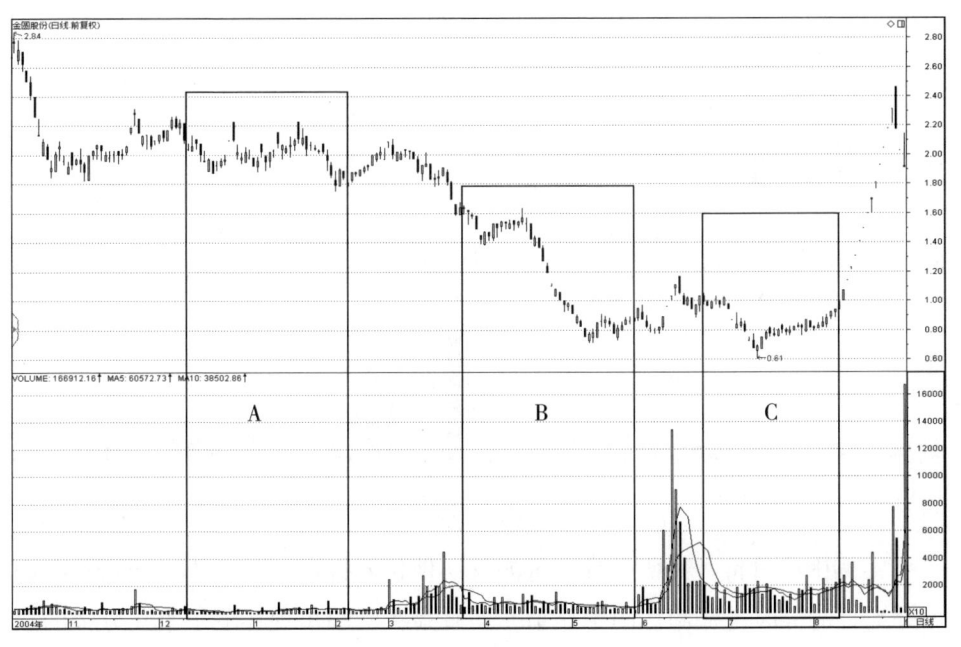

图 5-39

从 A 处的地量水平，到 B 处、C 处的整体成交量渐次增加，说明有资金开始逐步进场，交易的活跃度正日趋升温。

尽管股价仍旧处于跌势中，但是量价背离关系已经开始昭示出，价格底部的构筑正在进行。

（2）价背离。

价背离是指在成交量未发生改变的前提下，价格先出现改变。成交量维持在较高水平，但股价不能继续升势或难以保持稳定上涨的态势，那么趋势或趋向可能面临转折。

如图 5-40 中 A 处所示，该日股价涨幅 2.5%，换手率超过 19%；而之前 B 处股价涨停，换手率不超过 3.4%，这就是一个标准的量价背离。过度激增的成交量所造成的量价背离，大概率会引发股价反向运行。通常来说，实战中所谓的"过大"成交量，是指至少一个月或几个月内的最大单日成交量，并具有变量形态的技术特征。

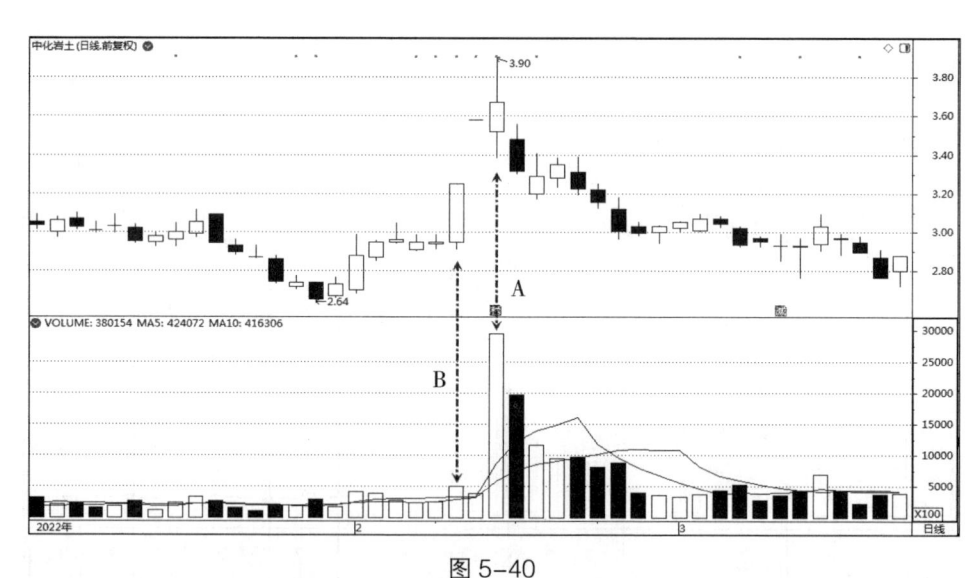

图 5-40

案例中的量价背离明显具有量能反向催化的特点。图 5-41 是图 5-40 中 A 处当日的分时走势图。图中显示，当日最大涨幅出现在下午十几分钟的放量拉升中，随后股价便大幅回落，再无起色。

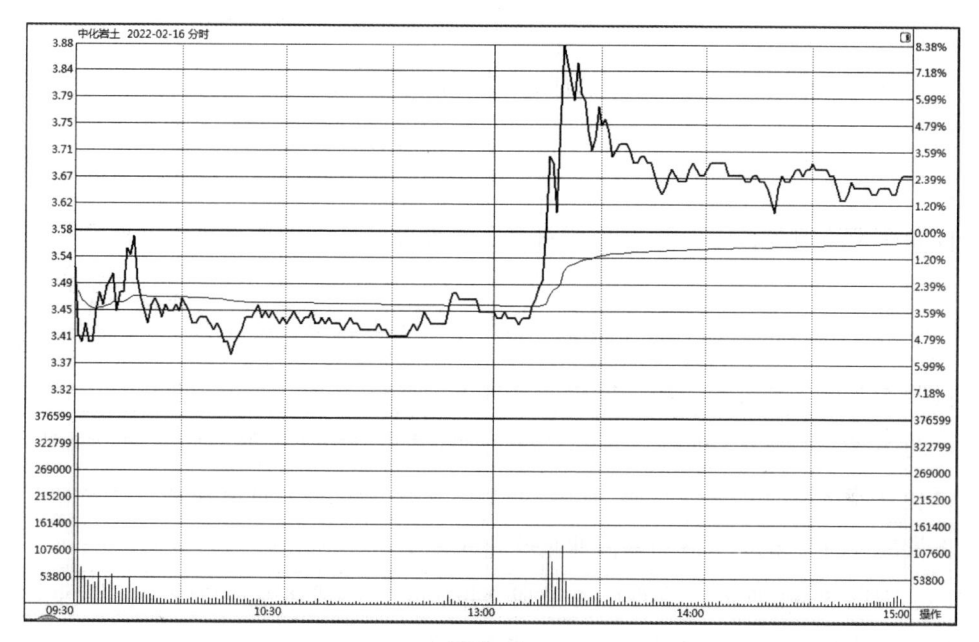

图 5-41

量能催化下的大幅度放量急拉所带来的暴富效应,最是蛊惑人心,通常也是主力资金经常采用的诱多手法。对于这种盘面,有经验的交易者是不会见涨就追的。

以图 5-40 为例,该股连续两个涨停板后,至 A 处时再度急速上涨没有任何问题,但急速拉升时成交量如果已经显示出变量的特征,对于追涨的人来说就是一个高危信号。能够识别出变量高危信号的交易者,就应该能够明白,A 处的量能催化大概率会形成一个对于涨势的反催化。A 处不但不可以追涨,还应该是一个极佳的卖出点。

面对上述案例中的诱惑,不妨设想一下:如此巨大的成交量都不能让股价涨停,说明上方卖出盘极重,如果接下来成交量不能一直保持这么大,那么卖盘会不会就此消失?

此消彼长的道理告诉我们,强弱是一直处于转换之中的,涨势催化到了尽头,必然会引起反向跌势催化的到来,卖盘不但不会消失,反而会因跌势的到来而变得更加汹涌。因为本来并不想卖出的人,在催化效应中会迅速加入杀跌的洪流中。

从量能催化的角度来说,当股价在一个趋势上稳定运行时,量能处于跟随性质;当量能催化现象出现时,则意味着当前运行的趋势或趋向可能发生改变。交易者对于股价长期运行于一个趋势上的个股,可密切关注其是否有量能催化的现象发生,一旦发现异动,可能意味着一个重要的交易时机即将出现。

量能催化的量究竟达到何种程度,才会具有催化的作用?这个问题和个股股本大小、是否热门股、股价所处技术环境等有关,所以很难给出一个统一的答案。实战中,大幅上涨过后的个股即使出现略小于最高成交量的情况,也会有催化反应。其他个股当出现近几个月未有过的大成交量值,或者历史天量出现时,就需要格外警惕催化反应的发生。

如图 5-42 所示,该股在 A 处成交量大增,形成密集成交形态,股价却难以保持继续强势上升的势头,价背离形态出现。放量而价不涨,违背了成交量放大确认股价上涨的助涨原则,这种量价背离关系显示出价格遭遇到强大的压力,存在上涨趋向被扭转的可能性。

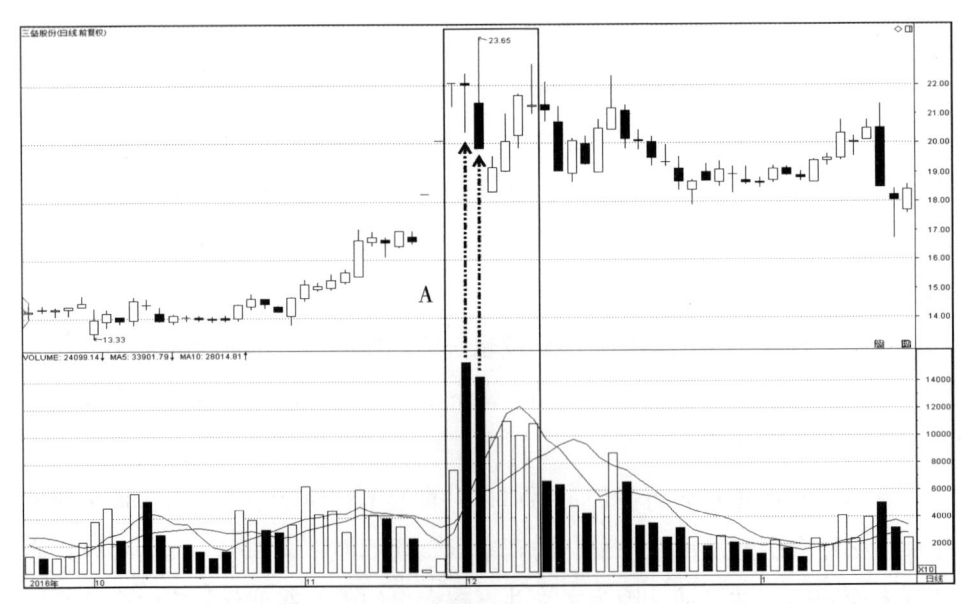

图 5-42

实战中，类似于图中 A 处价背离的出现，可以肯定是资金减仓的结果，至于这个减仓是何种性质，则需要技术环境等方面综合分析判断。有一点可以确定，价背离的出现必然会引发股价不同级别的回落。同时，形成价背离的量能方面，成交量数值越是接近历史天量，其引发股价大幅回落的可能性越大。

下跌趋势运行阶段，尤其是阶段性急跌过程中，某一日价格不再继续下跌或跌速大幅放缓，但成交量仍旧处于连续增加、聚集的态势中。价背离形态的出现，预示着价格短期拐点的来临。

如图 5-43 所示，股价快速下跌过程中，A 处成交量创出跌势中的高值，当日 K 线却收出长下影阴线，跌幅明显回收。

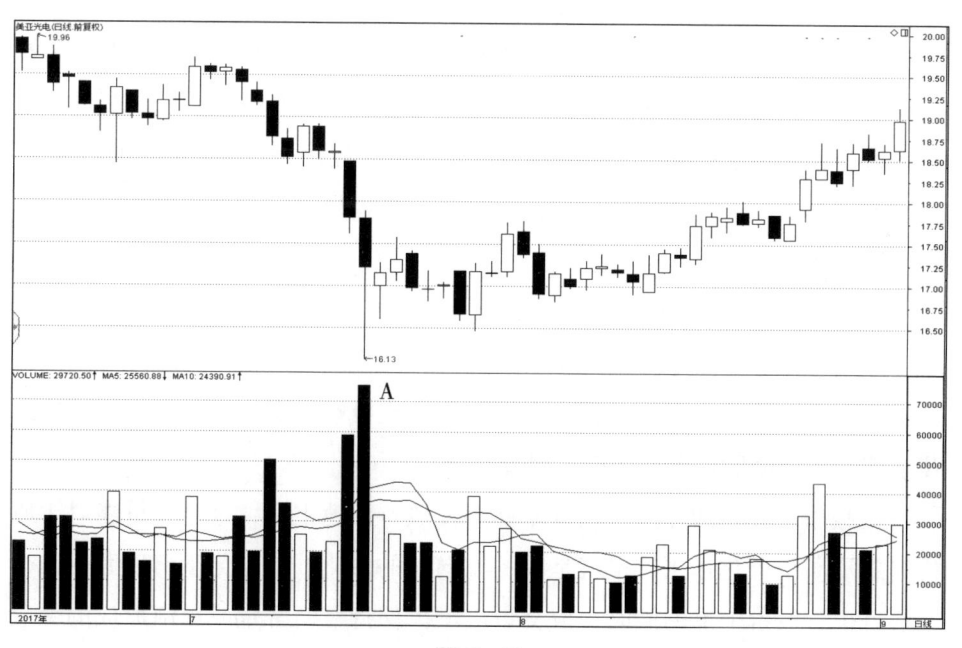

图 5-43

这种量价背离关系所显示的是，随着跌势的一再延长，被恐慌所困扰的持仓者最终难以忍受住折磨，于是杀跌盘集中涌出，既打出了股价的阶段性低点，也释放了继续下跌的动能。恐慌盘的大幅杀跌，正为主力资金或有准备的短线客提供了一次难得的介入良机。

跌势中的价背离，是短线交易中捕捉急跌、超跌时机的技术手法，仅适合短线交易者操作。对于波段交易者来说，价背离是分析价格趋势或趋向的一个重要支点。

### 三、量能催化下的买卖点选择

1. 卖点选择

股价在构筑重要高点时，大多存在量能催化或反向催化，这和热炒资金或主力资金阶段性减仓或出货行为密不可分。

常量形态下出现的股价高点，多数是短期振荡高点，股价很快就能收复这个价位，所以谈不上"重要"高点。有时候，持仓者被套只需要忍一忍，就能够解套甚至获利，只输时间不输钱。

"重要"的高点，应该是指趋势转折和次级行情的高点，持仓者如果被套在这些高点上，短时间内解套的概率比较小。在这些高点上，成交量多数表现为变量或者聚量形态，能够充分反映出量能催化或者反向催化的特征。

所以，从量能催化或者反催化的角度，更容易识别和判断出股价高点的构筑过程和发现较佳的卖点。

（1）短线卖点与普通高点。

股价在上涨过程中，会以不同的角度和速率运行。较小角度的匀速上涨虽然也存在量能催化，但是很难促使股价出现极端的走势，只有大角度的急速上涨，才会使股价形成明确的重要高点。

实战中，突然或逐渐放大的量能会使股价加速上涨，这时候量能对于股价起到了同步催化作用，也就是同一方向上的催化。在催化量出现后的几个交易日里，股价上涨的同时，成交量应至少保持在新常量或逐渐形成的聚量形态上，也就是跟随量。跟随量应具有对股价的助推和维护作用。如果量能在这时过度缩减，不能保持新常量或聚量形态，反而出现量能消散形态，那么之前的催化量则可能催化股价高点的出现，也就形成了一个反向催化。

如图5-44所示，A处突然出现变量并催化股价上涨，之后的几个交易日，量能并未萎缩至A处之前的水平，股价也一直保持稳定上行的态势，说明跟随量能够起到助推作用。图中的 B 处是一个反向催化量吗？首先，B 处并没有出现量能的突然放大，只是一个跟随性质的常量，无论是量背离还是价背离都不符合要求；其次，实战中股价冲高回落是常见现象，也就是说，反向催化虽然存在，但未必每一次都会成功。

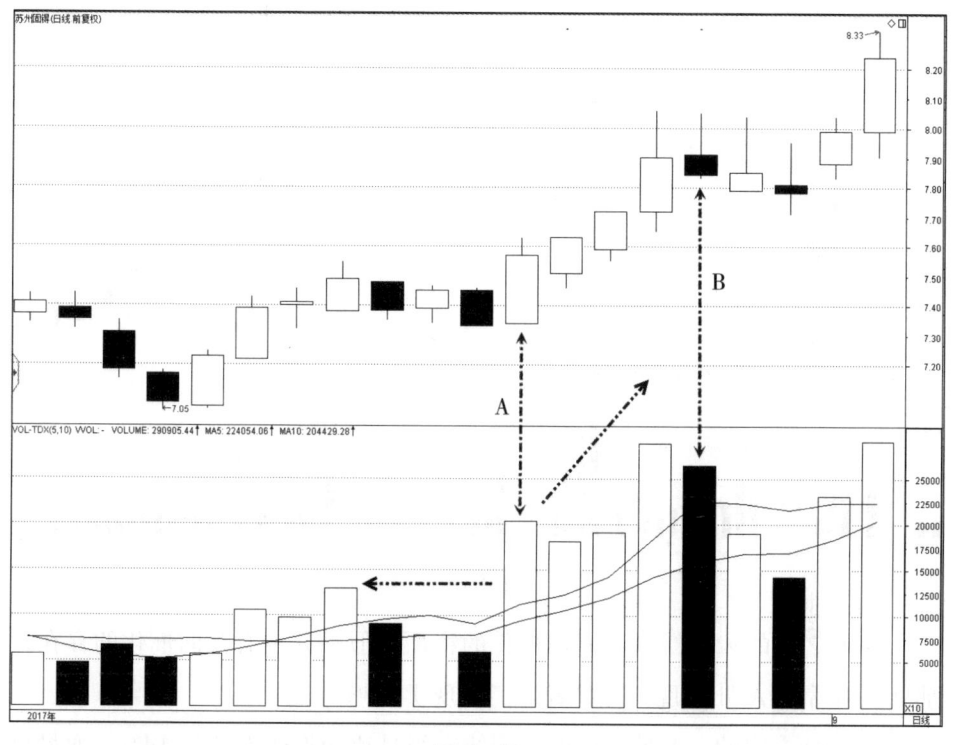

图 5-44

比如，图中 B 处之前的 K 线，量能明显放大，K 线留有较长上影线，显示盘中股价存在冲高回落的过程。这个技术细节说明存在反向催化，但是还应该看到，当日 K 线实体和涨幅对比上影线的部分依然占优，说明同向催化强于反向催化。就交易而言，这里是适合短线交易者的卖点，而不是一个"重要"的股价高点。

（2）重要高点。

分析催化量和跟随量，有利于交易者抓住股价高点卖出的机会。在一些实战案例中，即使是同向催化的量能，一旦达到变量形态的级别，也会触发股价重要高点的产生。

如图 5-45 所示，股价在 A 处冲高回落，由此形成股价的重要高点。但是我们分析量能形式发现，A 处仅仅是跟随量，或者是下跌催化量，其前一根大阳线才是具有明显催化作用的上涨催化量。

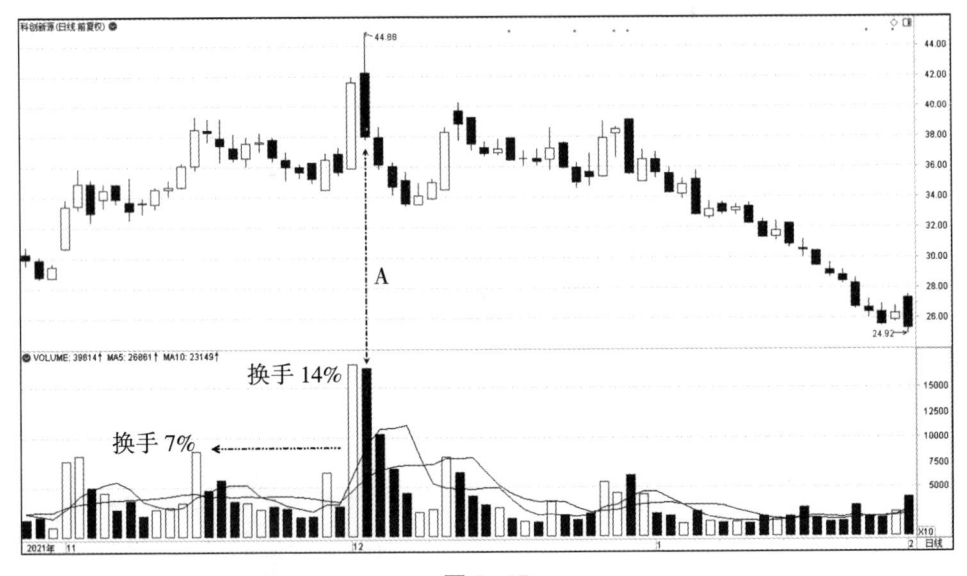

图 5-45

A 处之前的大阳线具有同向催化的特征，似乎并没有反向催化的存在，那么只有等到 A 处出现，交易者才能发现卖点吗？

答案是否定的。A 处之前的大阳线，当日成交换手率超过 14%，而最近时间单日最大换手率 7%，其量能形态上毫无疑问是变量。变量的出现，即使是同向催化，也很有可能形成股价高点，这一点在实战中短线卖出的准确率极高。

那么 A 处就是一个跟随量吗？尽管从收盘后静态画面中分析，A 处是跟随量或者下跌催化量（盘中动态演化），但如果分析盘中走势，却能发现更多的变化。

图 5-46 即为 A 处当日的分时走势图。图中可见，股价当日早盘有冲高回落的过程，这个过程也是成交量最密集的地方，比较符合反向催化的技

特征。尽管当日股价冲高回落的过程非常短暂，但若是结合前一日走势进行判断，就不会觉得过于突兀。由此可见，A处当日早盘是具有反向催化的，并随着走势的延续发展到跟随量、下跌催化量。

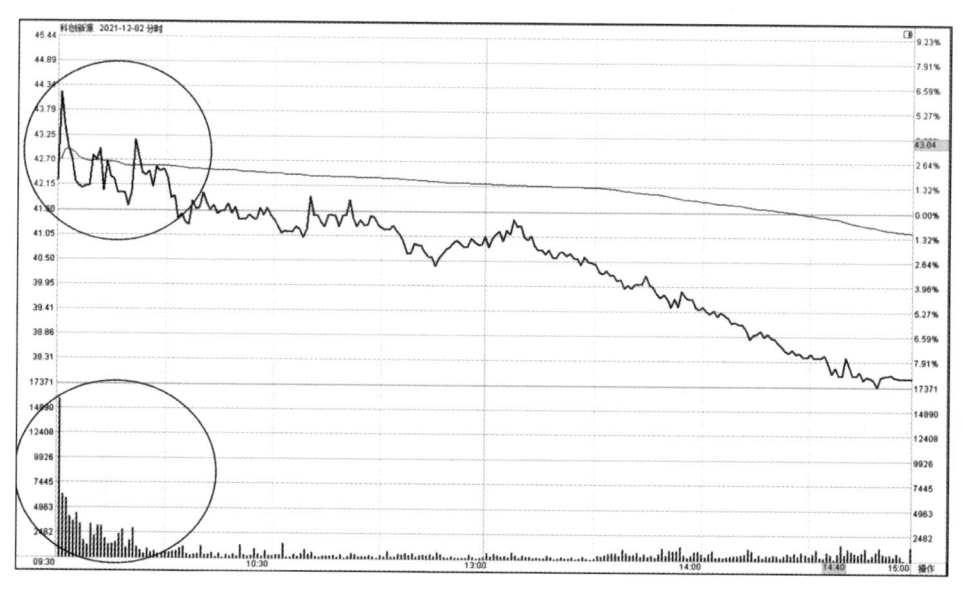

图 5-46

综合来看，股价大角度直升伴随着变量形态，让交易者确认股价高点的形成并不难，难就难在选择卖点上。其实在实战中，交易者可以选在A处之前的大阳线卖出，虽然当日是同向催化，但变量形态的出现，预示着短线回落的概率极大。一些个股出现变量后，次日往往会低开，并不都会如案例中那样，次日再来一次冲高的过程。而有时间盯盘的交易者，也可以等待A处的最后确认再行卖出。

实战中，确定股价高点是一般高点还是重要高点有很多种方法，以变量当日换手率的大小值进行认定，就是方法之一。图5-45中，A处以及之前的大阳线，当日成交换手率超过14%，都是该股历史最大值，由此形成的股价高点大概率会成为重要高点。

（3）复杂变化。

实战中，量能催化与反向催化有相对简单易辨的形式，也存在复杂多变的形式。某些情况下，量能催化和反向催化甚至有可能接踵而来，会使交易者在多空之间摇摆不定，难以作出最终的判断。

如图 5-47 所示，A 处突然出现变量，但是股价未能大幅收涨，而是冲高回落，当日收出一根类似于射击之星的 K 线，A 处应该说具备量能反向催化的特征。但是次日，股价再度上涨，之后 B 处的几个交易日量能呈新常量形态，而股价横向振荡。

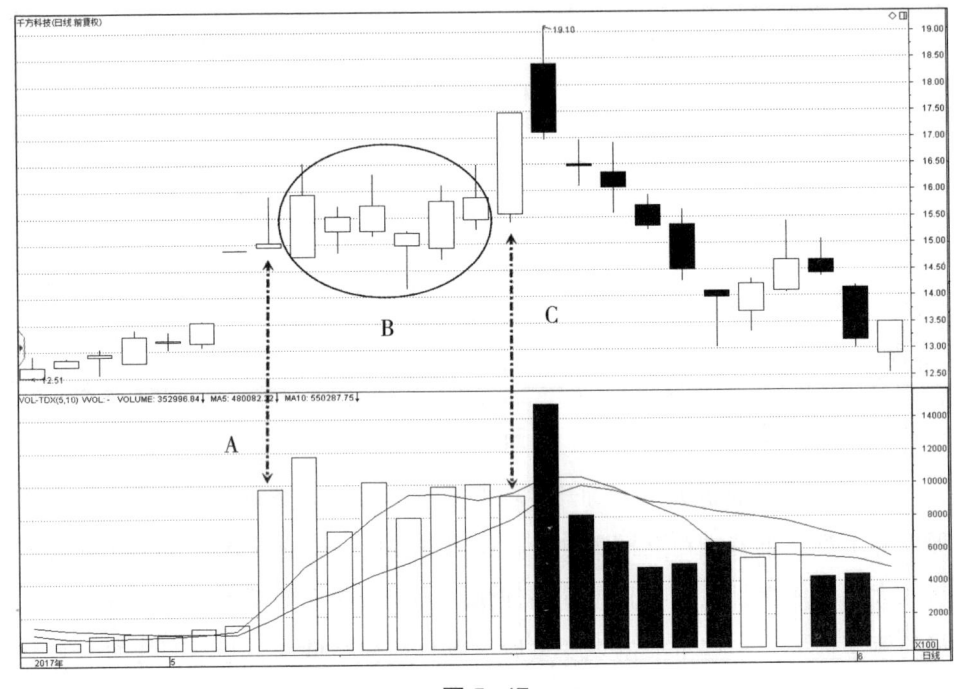

图 5-47

从图 5-47 中股价后期走势上来看，A 处的反向催化并未能形成股价重要高点，原因何在？

从量能催化基本原理来分析，A 处的反向催化不存在任何疑问，盘中必然有资金在大幅卖出，否则冲高回落的长上影线就不会出现。

图 5-47 中可以看到，A 处之前是一字线涨停板，当日量能相比之前并没有明显的变化。一个突然出现的涨停板，对于散户持仓者来说，一般不会选择卖出，因为涨停板不是跌停板，只会带来兴奋而不是恐惧。而且封单坚

决的一字线涨停板，通常说明买入资金实力强，无疑会让持仓者更加期待股价会有连续上佳的表现。

图 5-48 是 A 处当日的分时走势图。股价高开高走，基本符合大多数持仓者的预期，可能很多人都在等待股价的再一次涨停，但是股价并未触及涨停板价位就冲高回落，之后大部分时间横向振荡。这种走势会让持仓者逐渐产生失望情绪。图中可见，午盘过后，股价进一步跌破均价线，无疑会让持仓者的失望情绪达到顶点，于是不少人选择卖出，以求保住盈利。

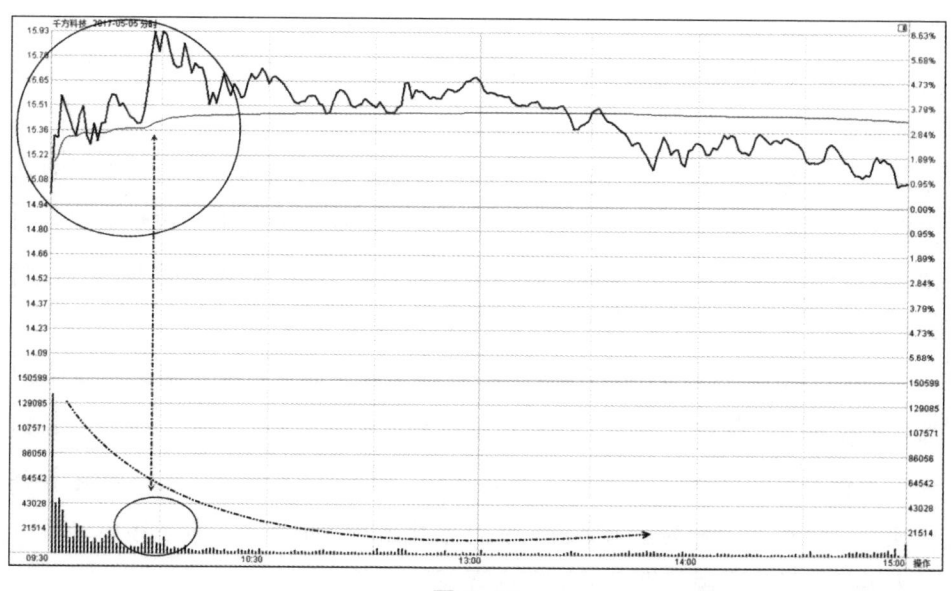

图 5-48

其实，从量能的角度来分析早盘的冲高，就可以提前预知股价难以继续涨停。开盘后，成交量就开始缩减并与股价冲高形成背离；在股价盘整后第二次冲高的过程中，成交量明显弱于之前的盘整期。这些技术细节都显示出，量能并不支持股价进一步走强，这里就是短线交易者的卖点。

选择 A 处卖出的交易者，在此后的 B 处必然备受煎熬，因为次日就是一根中大阳线上涨；而没有卖出的交易者，日子同样也并不好过，因为整个 B 处都处于振荡折返的走势中。B 处对于交易者来说是极其难熬的，因为其中充满不确定性，催化与反催化经常交互出现，让人难以抉择。

B 处在量能分析中最核心的价值，就是成交量并未出现量能消散形态，而是在 A 处成交放大之后保持了一个新常量的形态。尽管股价在这个区域极不稳定，但放大后的量能稳定在一个新水准上，这一点至少告诉交易者：交易非常活跃。有人大量卖出筹码，但也有人大量买入，短线存在套利的机会。

在 B 处这种量能形态下，有几种情形需要交易者高度关注。

其一，成交量形态出现变化，即不能保持新常量形态，而是转化为逐渐萎缩的量能消散形态。如果是这种情形，那么股价几乎难以避免向下跌落的走势，也就宣告了涨势的结束。

其二，量能再次放大，出现反向催化。这种情形出现时，交易者应该及时卖出。

其三，量能再次达到变量，催化股价大涨。这种情形下，交易者需要作出相应的准备，即变量当日冲高时短线卖出，根据盘中量能、走势决定是否做 T 买回。后期观察成交量能否再度形成新常量，能，则继续持股，否，则选择卖出。

其四，就是图 5-47 中的情形，C 处的常量过顶，似乎让做多的局面忽然明朗起来，C 处的大阳线，让做空或选择卖出的交易者必然后悔不迭。但是下一交易日的走势，再次让人大跌眼镜：变量再次突现，反向催化最终形成。这就是一个较为复杂多变的反向催化案例，但对于习惯从技术环境分析入手的交易者来说，倒也不是很难辨别。

还有一些案例，量能的催化和反向催化在股价高点上接连出现，考验的是交易者的反应能力和心理承受能力，将交易的博弈性和诡诈性展现得淋漓尽致。

如图 5-49 所示，A 处出现变量，股价大涨。这个点量能催化的出现，似乎昭示行情脱离盘局，开始走向明确的涨势阶段，但是下一交易日出现反向催化，随后股价进入下跌过程中。

A 处尽管具有量能催化特征，但变量形态还是需要交易者高度警惕，持仓者或可选择不在当日卖出，但空仓者应避免追高。而在次日股价冲高回落过程中发现反向催化特征时，持仓者应放弃幻想，及时卖出。

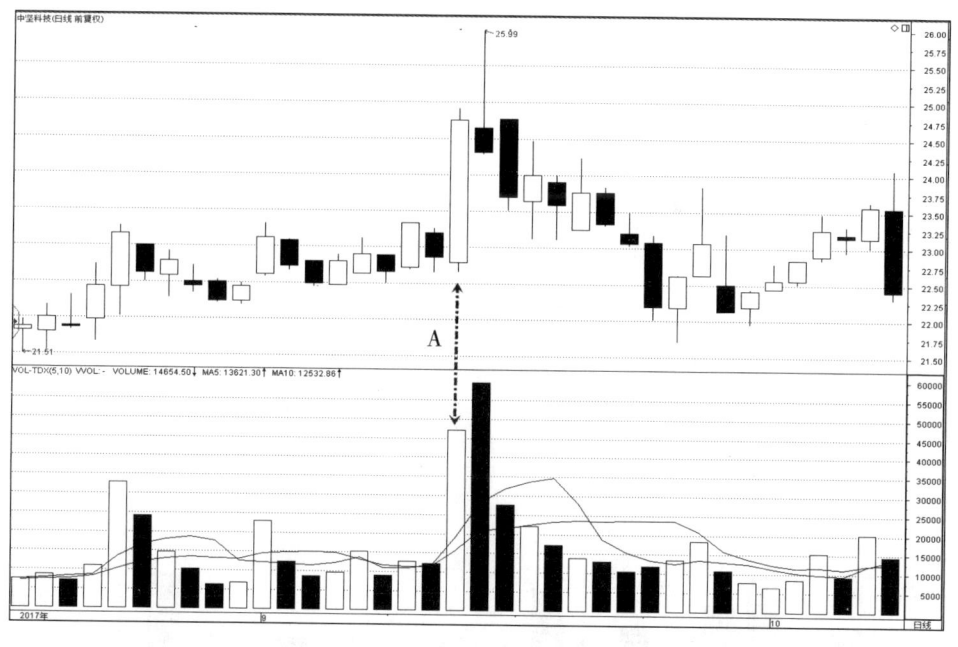

图 5-49

## 2. 买点选择

跌势中的成交量,多数呈量能消散或常量形态,所显示的是交易冷清、乏人问津的局面,但是股价的低点往往就是在这个阶段形成的。股价低点的出现,必有级别不等的量能催化现象,所以分析量能催化现象,能够发现股价低点的级别或真伪。

(1) 股价低点的级别分析与操作。

股价低点是一个相对含糊的概念,但有一点很明确:股价低点并不等于买点。有些个股低点出现后,股价的涨幅可能连1%都达不到,而另一些个股的低点,却可能是整个上涨趋势巨大涨幅的起涨点。这之间的区别,也就是股价低点的级别,不同级别的低点,必然会有不一样的未来。

我们在选择买点时,很有必要对股价低点进行分析和鉴别,回避一些弱反弹类型的股价低点,而将重点放在可能具有趋向甚至趋势级别的股价低点上。如图5-50所示,该股经过一段时间下跌后,于A处出现反弹,但这个股价反弹的幅度非常平缓,如果交易者不能在第一时间抓住最低点,则很难获得盈利。这就是一个弱反弹的类型。

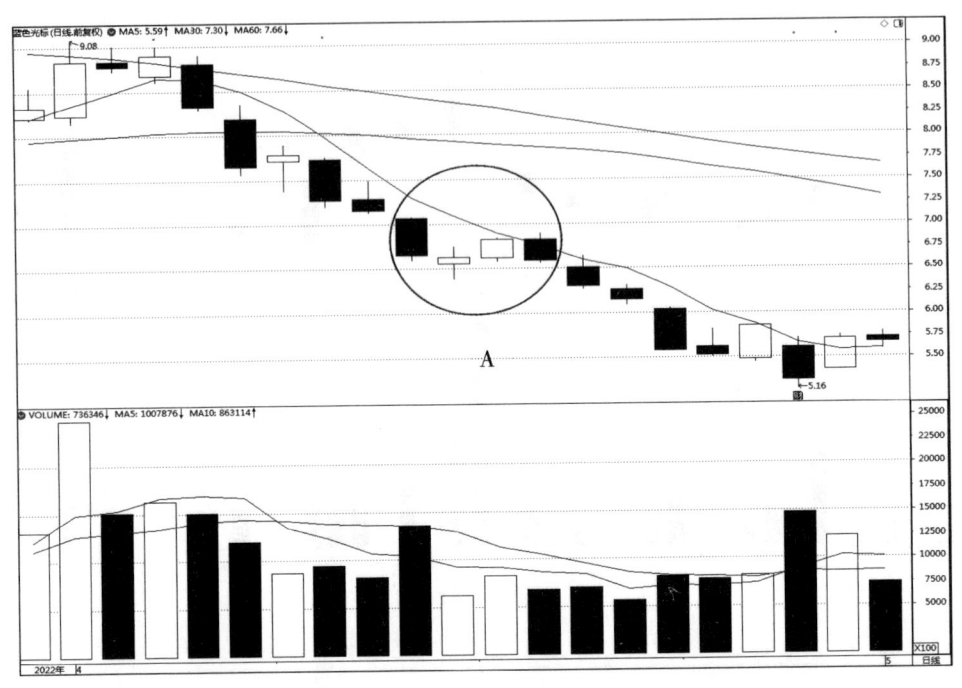

图 5-50

通常来说，趋势性低点或者涨升波段低点，多出现在长时间或急速大幅下跌的个股上。因为这部分个股经过一个做空动能相对充分的释放过程，本身持续下跌的动力已经大幅衰减，一旦出现量能催化形态，说明有新资金或原存量资金蠢蠢欲动，极有可能正在酝酿一次级别较大的反弹行情或开始构筑底部区域。

对于经过长时间大幅下跌的个股，即使出现股价低点，不同操作风格的交易者所要做的准备工作和心理预期也不同。因为多数个股在经过长时间大幅下跌后，有一个构筑底部区域的过程，会反复多次出现量能催化下的股价急跌与急升，主力资金需要利用价格的折返来吸纳筹码、降低成本。这种情况下，中长线交易者可以分批在不同低点上逐步建仓，而短线交易者可以利用股价折返的机会寻求短线差价。

如图 5-51 所示，该股在长时间下跌趋势中，成交量基本处在常量态势，偶有变量形态出现。至图中 A 处，股价开始进入构筑底部区域的过程中，其间突然爆发级别较大的变量形态，量能催化现象明显。但是这种量能形态下的急速上升并不能持久，股价很快又回归平静。

这种从常量态势一跃而起的量能催化现象，就像是在空寂无声的地方突然传来一阵惊魂动魄的雷声，其所打破的必然是原有的宁静和节奏。变量形态出现过后，股价又开始出现回落，量能也重回前期常量水准，似乎"雷声"对股价并无任何影响。

图 5-51 中的这种现象，就是个股股价低点出现后构筑底部区域时的典型表现。交易者即使确认股价低点为趋势性低点，也必须为介入做好相应的策略。比如短线交易者低点买入后，变量形态出现，判断具有量能反向催化时，应及时卖出，兑现盈利。而长线交易者则可以选择分批在低点建仓，发现反向催化时降低仓位，股价回落时再执行补仓操作。

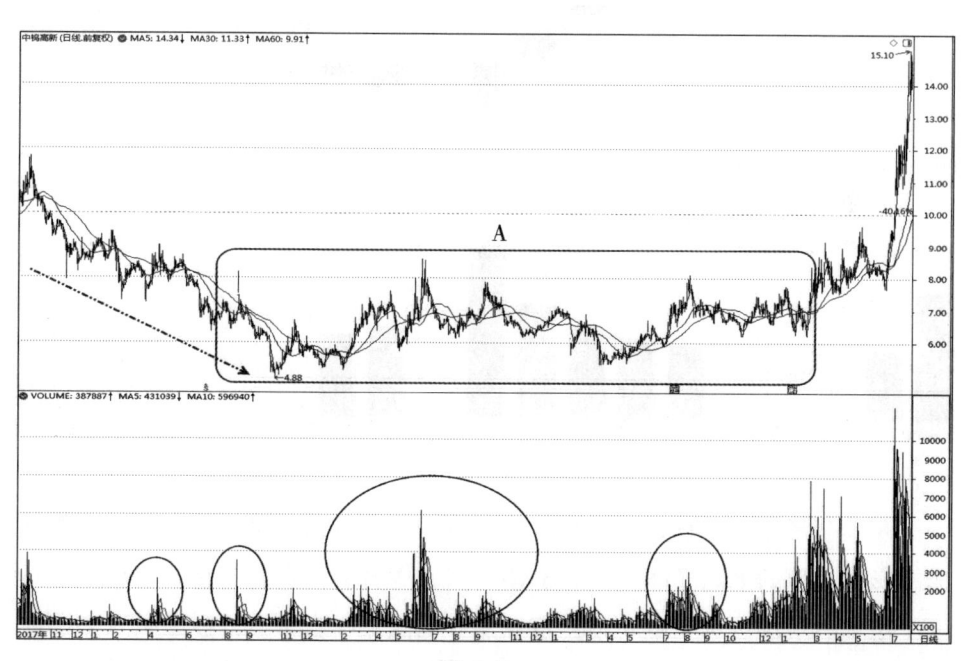

图 5-51

（2）低点的形成细节。

交易者选择长时间或急速大幅下跌的个股为主要介入目标时，要学会观测和把握股价低点的形成细节。

股价真正具有交易含量的低点，多数都是杀跌杀出来的，也就是通常所说的杀出"带血的筹码"的价位。平缓的低点，不带有量能反向催化现象的股价低点，多数不靠谱或者反弹羸弱，不具有交易价值。

如图5-52所示，该股股价连续下跌形成具有恐吓意义的阴聚量形态，至A处成交量放大，而股价当日探底回升，收出较长下影线（最好达到或超过实体），显示盘中做多力量开始出现。

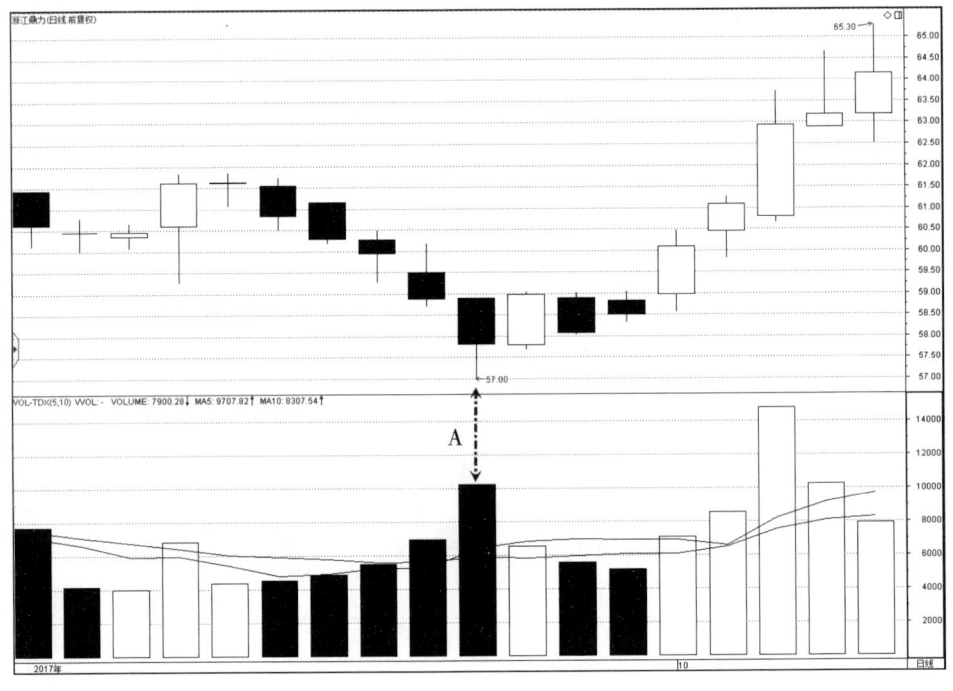

图5-52

阴聚量形态下，止跌回升当日的量能一定要较为突出，明显大于阴聚量形态形成过程的平均量能，同时价格的回升要具有一定的力度。阴聚量形态下，量能的明显放大，说明杀跌盘汹涌，如此集中抛售的杀跌筹码不能促使股价进一步大跌，则必将反向催化股价回升。

实战中，个股并不必然都出现阴聚量形态，尤其是长期处于下跌趋势中的个股，其最低点往往不具有明显的放量过程。

（3）注重个股技术环境分析。

分析价格低点形成时，还需要特别注重技术环境。一些刚刚从涨势中发生转折，或者处于跌势正盛阶段的个股，也要避免介入。杀跌形成后的情绪宣泄力量，如同狂暴的洪峰，有时候会将所有技术点都打破。

刚刚从涨势中发生转折或者处于跌势正盛阶段的个股，其所出现的量能反向催化形态，有时候是由部分喜好抄底的资金带来的。而主力资金善于迎合这些抄底资金的心理，当日可能会故意收敛减仓力度，让抄底资金踊跃进场，但随后的交易日股价继续大跌，这些进场的抄底资金却只能选择止损或被套。

如图5-53所示，该股刚从涨势中发生转折，A处虽然出现变量形态，成交量明显放大，但是当日跌幅并未出现较大幅度的回收，下影线和实体相比较小。这种变量形态所显示的，是对于股价下跌的同步催化作用，并不是反向催化。或者说，反向催化未能达到一定的级别。

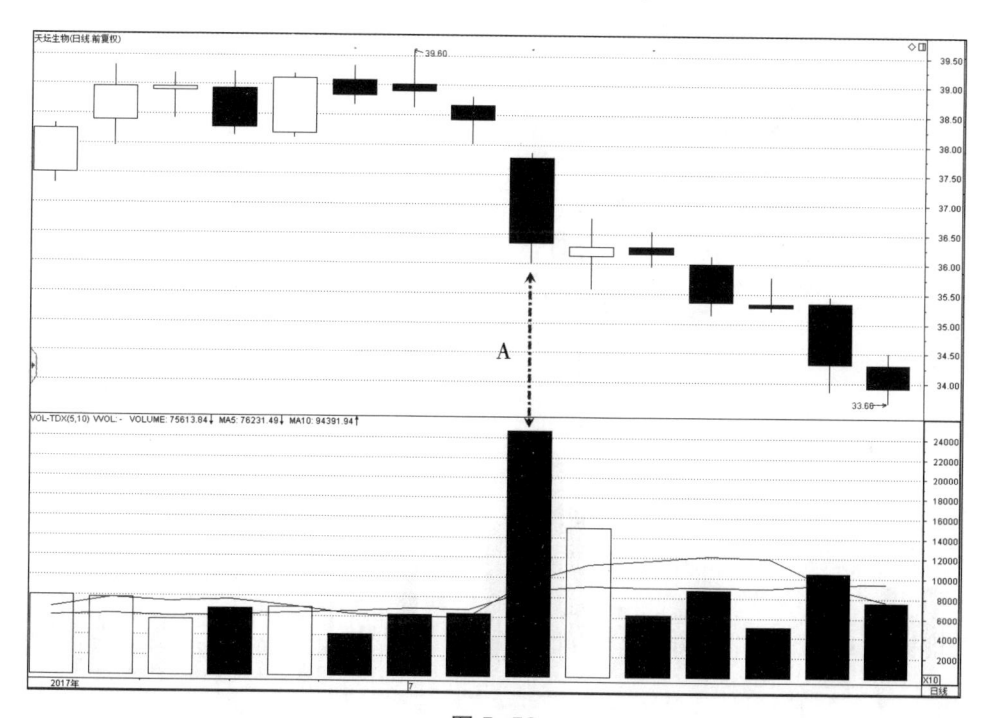

图 5-53

图 5-53 中可见，A 处之后股价出现弱弹，便继续下跌。这种低点具有极大的欺骗性，主要是 A 处变量非常类似于量能反向催化的特征，但是如果交易者从技术环境上入手分析，便会发现诸多疑点，也就不会被假象欺骗了。

涨势发生转折的下跌初期阶段，即使价格下跌中量能出现放大，也不可轻易入场抢所谓股价低点的反弹。如图 5-53 中，即使抢到了 A 处的股价低点，之后的交易日也很难获取多大的盈利，能保住不亏就已经算是万幸了。后期随着股价逐步扩大跌幅或延长下跌过程，喜好抄底的资金会越来越少，越来越没有勇气进场。正基于此，经过大幅或长期下跌过后的个股多呈现量能消散形态。

实战中，还有一些个股股价出现了一段跌幅之后，K 线和成交量都出现反向催化的形态，但股价仍旧继续下跌，如图 5-54 中 A 处所示。对于这种情况，需要整体分析个股的技术环境，比如一些主力资金出货的个股，经常发生这种情况。在交易中，对于怀疑是主力资金出货的个股，交易者应尽量回避参与这类个股的反弹。

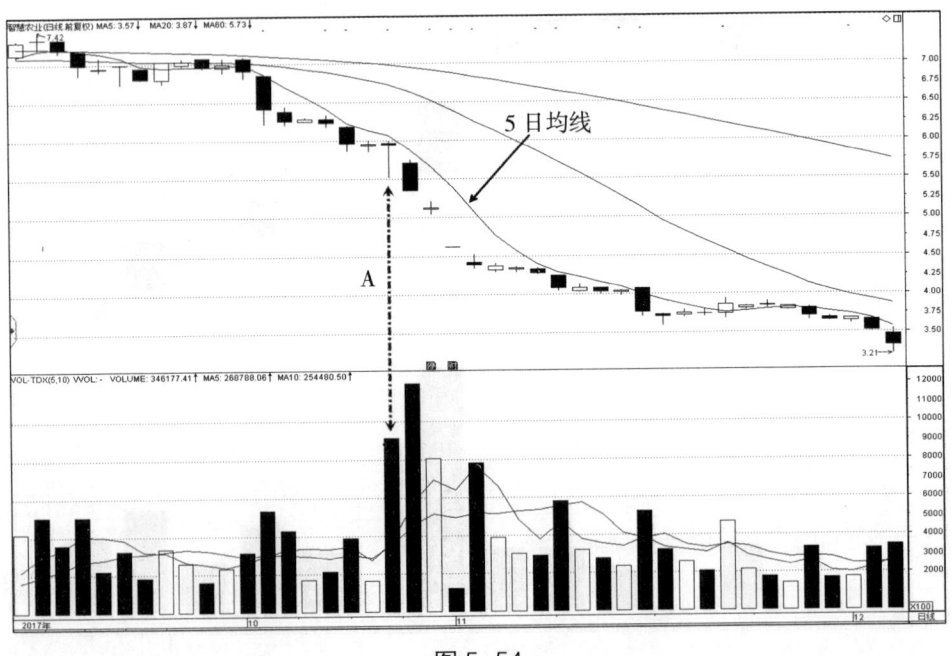

图 5-54

实战中，判断股价低点上出现的量能反向催化是否能够成为真实的买点，还有一个技术环境上的要点，即股价强度因素。如图 5-54 中的 A 处，虽然具有量能反向催化的特征，但是股价和 5 日均线近在咫尺却难以触及，更不要说收复和突破了，这就显示出股价上涨的强度其实很弱。

从均线理论的角度来说，5 日短期均线保持下行，压制着股价向下运行，是较为典型的压线形态。绝大部分的压线是跌势中消耗做多动能的一种形态，尤其是在跌势的初中期出现时，更是应当回避的类型。

实盘中即使股价低点出现了量能反向催化，仍需要分析技术环境上是否符合买入要求，避免被主力资金布设的陷阱欺骗。

# 第六章
# K线实战特殊案例解析

# 第一节　看不懂的 K 线——骗线与陷阱

## 一、轮回之道

轮回是佛教术语，又称流转、轮转、生死轮回，意思是众生死了又生，生了又死，生死循环不已。

在第五章中，我们讲到过资金趋势的循环周期与交易方向。股票市场上，行情在上涨和下跌趋势之间"轮回"，而操控个股股价的主力资金，随同行情趋势的循环往复，也会在"出货—建仓—拉升—出货"中"轮回"。股价的波动起伏，同样是一种"轮回"。跌久了，就会涨；涨久了，就会跌。

在牛短熊长的 A 股市场，只做牛市大行情的话，可能要等若干年。一些不甘寂寞，又不愿意远离股市的资金，就非常青睐于捕捉波段上涨行情。选择目标个股后，主力资金会反复参与炒作。某一波段获利减仓后，并不像市场资金那样马上就加入另一热门个股的追逐中，而是等待目标个股下跌。如果跌势并不理想，就会砸盘助推一下。当个股跌到相应的价位，那么下一波炒作就又开始了。

市场上也会反复炒作几个概念或板块，即所谓的热点切换。有时是因为事关某一行业的新闻或利好消息进行炒作，有时却并无任何资讯，纯属资金蜂拥炒作。对于主力资金的强势炒作，散户交易者应尽量避免盲目跟风。轮回意味着有生有死，有涨有跌。短期的资金爆炒过程中，除非你在资金上具有绝对的优势，否则参与其中谁又能保证你踏准每一个节拍？

## 二、K 线图上的骗线与陷阱

股票市场的博弈性，决定了市场参与者之间处于对立的关系，而占据资金优势的主力会通过形形色色的手段，以求达到自己的目的。

主力资金的操作手法，其核心就是利用自己资金上的优势，诱导、迷惑市场交易者，使之做出错误判断。这类行为一般称为诱多和诱空，或是多头陷阱和空头陷阱，即诱使交易者跟风买入或者跟风卖出。

主力资金设置的陷阱无处不在，常见的有假填权、假突破、尾盘拉高、跳水以及题材、概念炒作等。比如市场对于题材、概念的炒作，往往也是主力资金闻风先动。交易者如果参与炒作的话，务必明白题材、概念本身就是主力制造的，切不可误认为题材就是一切，会使上市公司的经营业绩马上出现翻天覆地的变化。历史上没有哪一个题材或概念是历久弥新、屹立不倒的，主力利用某一题材获取既得利益之后，出货时是绝不会有任何留恋和牵挂的。

主力资金为诱多或诱空而故意营造虚假的K线、分时走势、技术指标等，则被称为"骗线"。例如KDJ指标钝化后，应该获利了结，但在实战中不少个股在KDJ指标处于钝化状态时，却是主力刚开始拉升股价之时。市场主力利用这些技术指标的目的，是诱使交易者做出错误的决定和行为。

1. 诱多

诱多也称多头陷阱，是指主力故意制造强势上涨的假象，引诱市场资金追高买进，自己借机减仓。主力利用对股价重要关口的假突破、经典上涨K线组合、提示上涨的技术指标等，来渲染多方即将发起强势上攻的假象，用以迷惑市场资金和制造多头氛围。

如图6-1所示，该股从股价高位回落，至A处突然报收一根放量大阳线。这根大阳线的出现，扭转了市场对于该股后市悲观的看法，让市场资金重新燃起跟风追高的热情。但是随后的交易日该股并没有出现持续上涨，而是重新进入下跌趋势中，使得追高的资金只能无奈地选择止损或被套。这就是一个典型的多头陷阱。

在股价连续涨升过程中，主力资金也会利用市场资金的心理惯性制造骗线。比如某股连续大阳线上涨，股价的调整都在盘中完成，市场资金如果想参与其间的话，就只能通过盘中股价调整或追高买入。

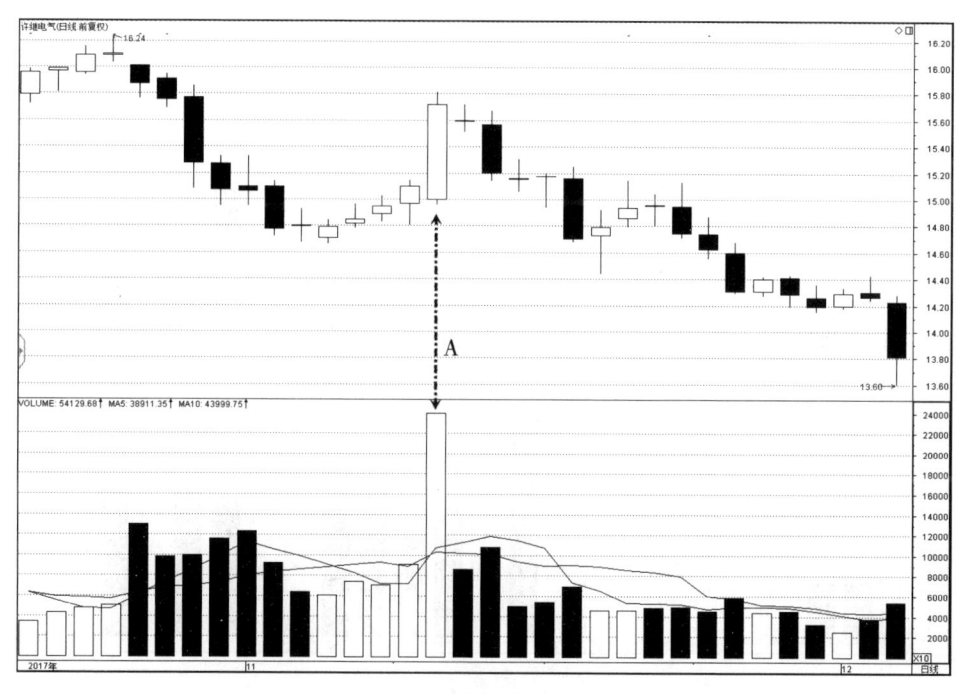

图 6-1

如图 6-2 所示，该股股价连续涨升，至 A 处时盘中涨幅一度达到 5% 以上，但冲高回落最后报收长上影线。图 6-3 即为 A 处当日的分时走势图，图中可见，当日股价冲高的过程很短暂，且很快就发生回落。惯性追高买入的交易者，必然会被套在股价高点。

2. 诱空

诱空又称空头陷阱，是指主力故意制造恐慌氛围，迫使持仓者低价抛售筹码，自己趁机吸纳低位筹码。

如图 6-4 所示，该股开盘后一直下跌，并且跌速逐渐加快，之后虽然股价有所反弹，但是无力收复上方失地，而是处于横向振荡的状态，显示出非常明显的弱势。

对于这种盘面，持仓者会承受很大的压力，担心股价是否会由此发生转折，或者上市公司基本面是否有什么突发问题等。一些心态不稳定的持仓者可能就会选择卖出，以回避想象中可能存在的利空或连续性下跌。

# K 线技术分析与实战

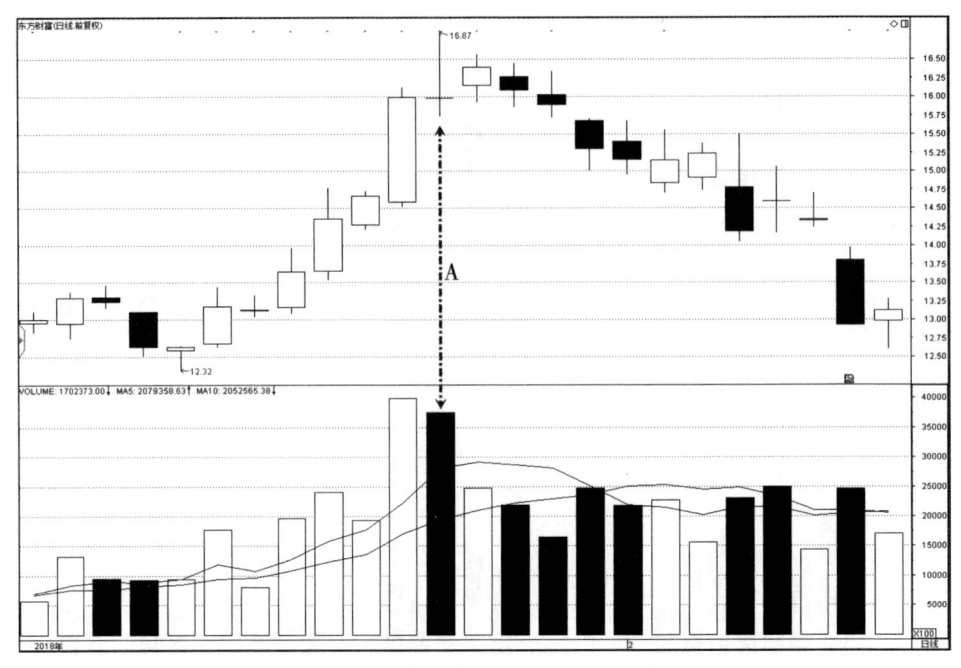

图 6-2

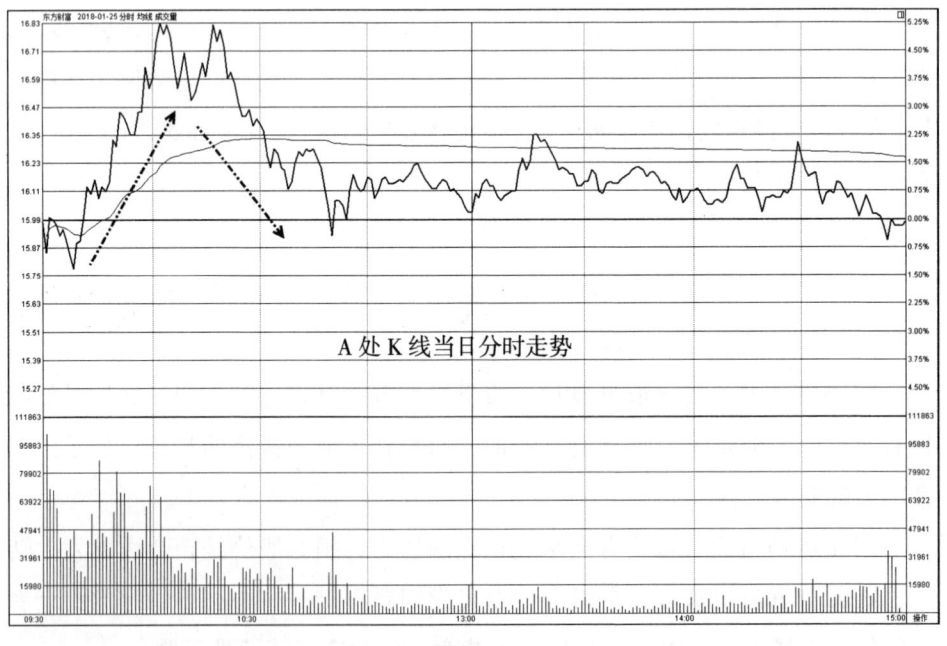

图 6-3

A 处 K 线当日分时走势

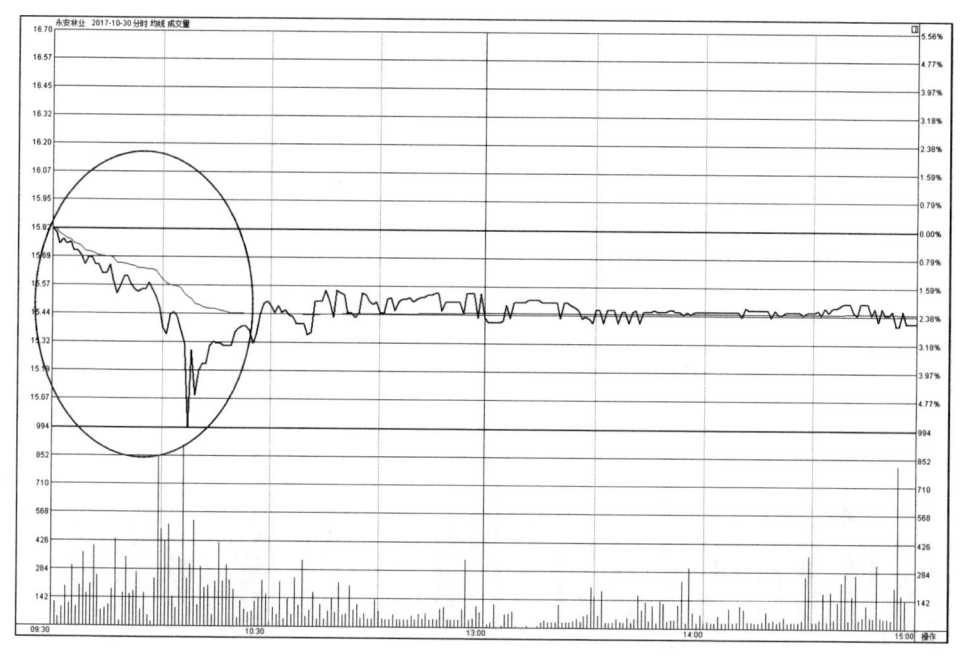

图 6-4

图 6-5 是该股的 K 线图，图中 A 处即为图 6-4 分时走势当日形成的 K 线。图 6-5 中可见，A 处处于该股股价一段上涨后的振荡盘整阶段。股价的振荡盘整阶段，是持仓的短线交易者最难熬的日子，股价一直在成本线上下波动，短期内的运行趋向极不明确。A 处当日股价的突然性"跳水"，无疑会带来一定程度的恐慌，一些短线交易者害怕扩大亏损，会选择割肉出局。

当日的分时图显示，股价"跳水"后出现反弹并横向振荡，但在之后的"弱势"表现下，市场资金很少有勇气选择再度进场。图 6-5 中 A 处之后，股价略经振荡便重新进入上涨趋势中。

A 处的长下影 K 线，就是一个标准的主力诱空行为。这是主力资金在升势途中进行的一个相对简易的洗盘性质的诱空。当股价经过较长时间上涨，积累相对较多的获利盘后，主力资金的洗盘就不会如此简易，往往会耗费较长时间，幅度也相对较大。

在跌势末期，主力资金为最后吸足筹码而进行的诱多行为，多采用大阴线甚至是跌停板。只有具备足够的恐怖氛围，才能起到比较理想的诱空效果。

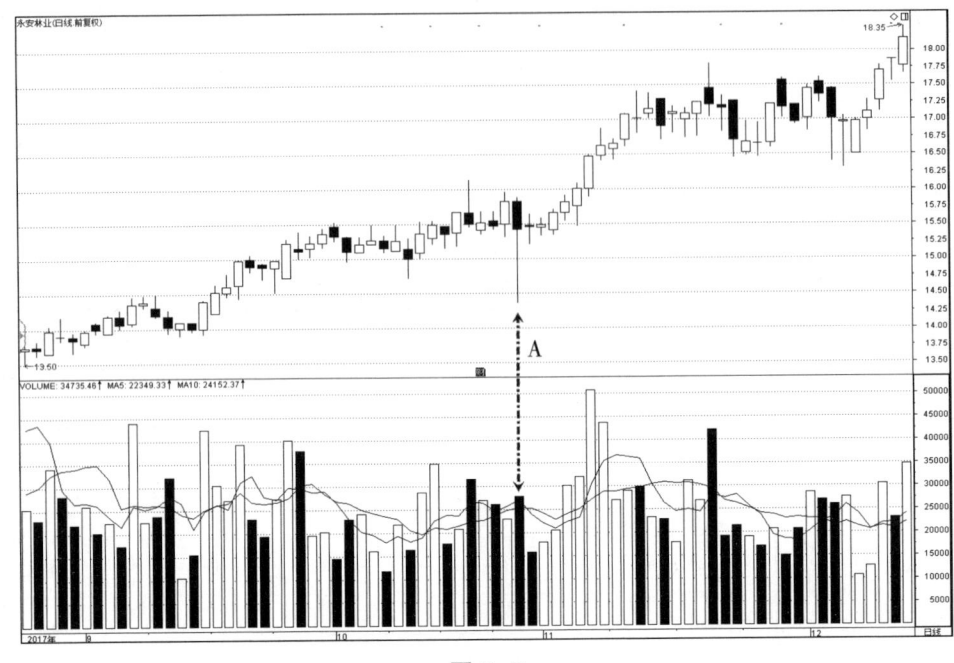

图 6-5

### 三、分时图上的陷阱

分时图由三条线构成,即昨日收盘线、均价线、现价线。

现价线的波动会形成当日的高点和低点,而这些高点和低点会在当日现价线的继续运行中具有压力或支撑作用。当股价再次达到这些高点和低点时,往往会受到一定程度的影响,例如下跌时,在前低点相近价位可能会得到支撑;上涨时,在前高点相近价位可能受到压制等。当股价突破当日高点和低点,说明上涨或下跌得到进一步确认,股价可能将分时图的日间趋向延伸到更高级别中。

这些是对股价高点和低点突破的常规认识,在技术理论上并无差错,但在实战中,主力多会借用这些众所周知或传播甚广的理论来巧设迷局,以达到诱多或诱空的目的。

**1. 突破当日高点**

借用股价上涨突破当日高点的形态来进行诱多操作,是主力资金的常规手法。

如图6-6所示,A处现价线波动中形成一个高点,之后股价一直处于回落的走势中。至尾盘阶段,B处股价突然60度区放量飙升,突破A处高点并继续上涨,虽然收盘有回落,但股价仍旧在A处高点之上。

这种股价放量急升、突破当日高点的走势,无疑非常振奋人心,而且很吸引眼球,对于喜好跟风追高的人来说,具有非常大的吸引力。实盘中有一条经验,即弱势不追尾盘急升股。这是从技术环境上回避主力资金诱多陷阱的一条规则,其技术含义是指在弱势的前提下,尾盘阶段急拉诱多的概率远大于真实的、具有持续性的拉升。

那么图6-6中尾盘急拉所处的是何种技术环境呢?

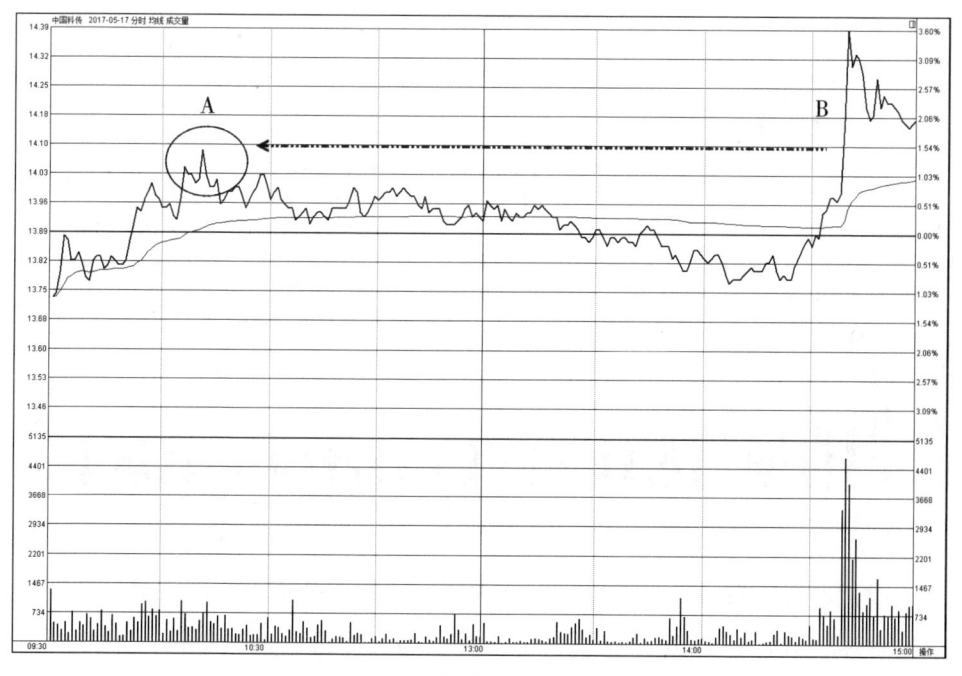

图6-6

图6-7中的A处即为图6-6中分时走势所形成的K线。图6-7中的A处无论是均线系统(空头排列),还是K线、趋向、量能,都没有倾向于多头的技术指向,整体上明显呈下跌态势,K线运行趋向也仍旧处于下行均线

的压制中。

可能有人会说，A处的量能有所增大，但从趋向上来看，A处仍旧明显处于量能消散的态势中，别说量能增加幅度不大，即使出现很明显的量能激增，也只能是一个变量的形态，不可能是一个聚量形态。

可以看出，图6-7中的A处明显处于弱势的技术环境之下，也就是说，图6-6中尾盘急拉所处的技术环境是弱势。明确了这一点，对于尾盘急拉突破当日高点的走势，就应该能够辨别出主力资金急拉诱多的意图。

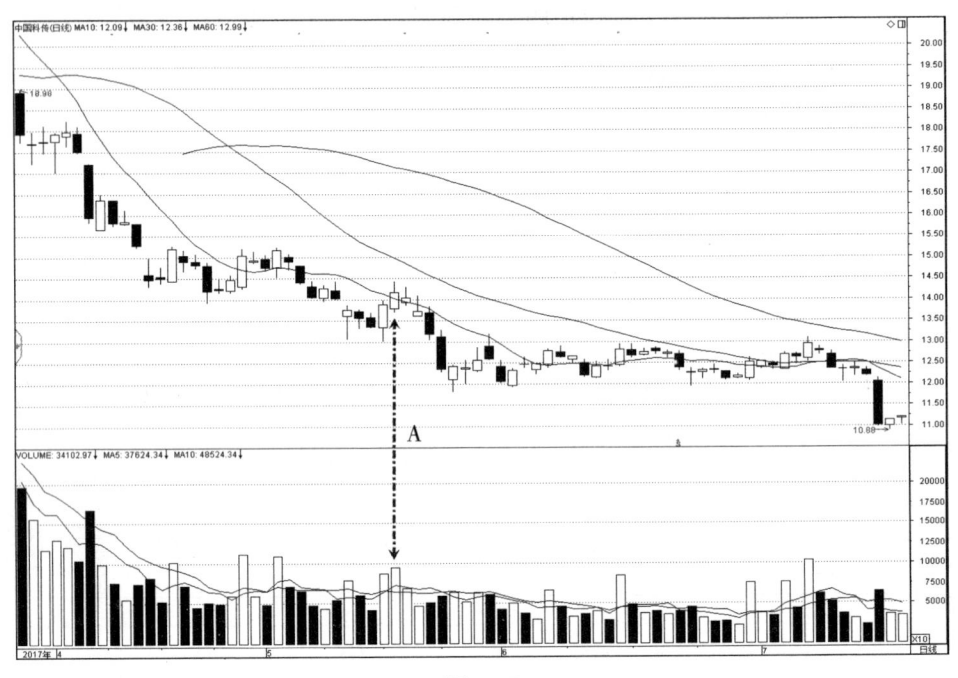

图6-7

股价上涨突破当日高点也有多种形式，如图6-8所示，该股早盘低开后股价急速拉升，在A处形成第一个高点，随之回落后再次急拉，于B处突破了A处的高点。图中这种突破当日高点的形式极具诱惑性，会给交易者带来股价启动强势上涨的错觉，忍不住手痒就会跟风追高。

但我们还是发现，B处突破当日高点的量价表现并不理想。

成交量上，B处突破的量能整体小于A处。可能有人会认为，量小说明压力小、轻松突破,所以不用过大的量能。如果总是这样分析的话,那说明你是一个以主观愿望进行交易的乐观主义者。

好吧,下面循着乐观主义者的思路分析下去,看看逻辑上能否讲得通。

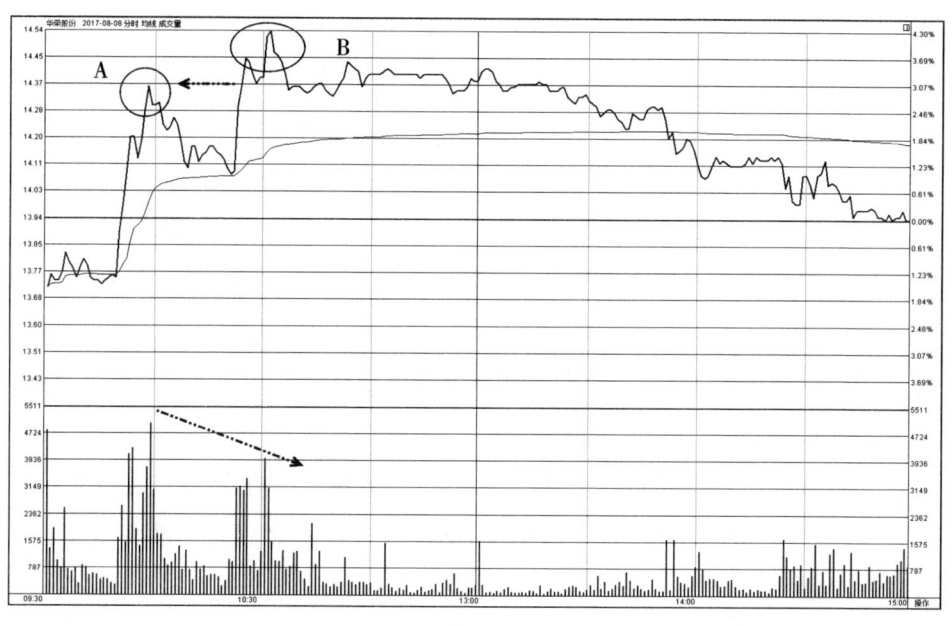

图 6-8

如果 B 处真的是一个轻松突破的类型,那么在股价上必然会体现出来。实战中轻松突破之后个股的股价,通常会直逼涨停板或者具有相应的涨幅,否则就谈不上"轻松"。但在案例中可以看到,从 A 处到 B 处的升幅大约是 1% 多一点,之后股价就开始回落。1% 多点的涨幅看上去突破得并不"轻松",而且这 1% 的涨幅很快就被股价的回落"淹没"了。"轻松"突破的量能,却反映不出"轻松"突破的结果,那么只能认定 B 处的缩量,并不是"轻松"突破。

那么,是什么拖住了 B 处股价理应大涨的后腿?是虚假的突破当日高点和主力资金的减仓行为。这二者其实可以合二为一,没有其他理由可以更好地解释如此有准备、有铺垫的整个过程,当日盘中和收盘时,股价并未大跌,显示出极好的控制力。当然,主力资金某一日的减仓并不等同于全面清仓出货,这一点也是实战中需要注意分析的。

理解这种诱多,可以提醒交易者哪些股票的上涨是不可以追的,做到这一点,至少可以避免短线被套。

2. 突破当日低点

做股票的时间长了,大多数人都遇到过被自己错卖的"牛股"。对于持仓者来说,稳定持有质地优良的股票,并不像想象中那么容易。股价的波动和振荡会时时刺激着我们,让我们频繁做出决定和行为。排除熊市极端下跌阶段,其实大部分交易时间内,控制和减少操作频率,是获利的最大法宝。

然而主力资金不会这么认为,如果大部分交易者保持在理性冷静的状态下,主力资金混口饭吃就会成为问题。浑水摸鱼、指东打西才是主力的手法,所以其会利用高点诱多,当然也会利用当日低点诱空,让交易者在低点割肉,卖出带血的筹码。

如图 6-9 所示,该股开盘不久就出现 A 处的第一个低点,之后股价折返振荡。跌破这个低点时,下跌角度达 60 度区且量能放大,足可想象当时汹涌的抛盘。

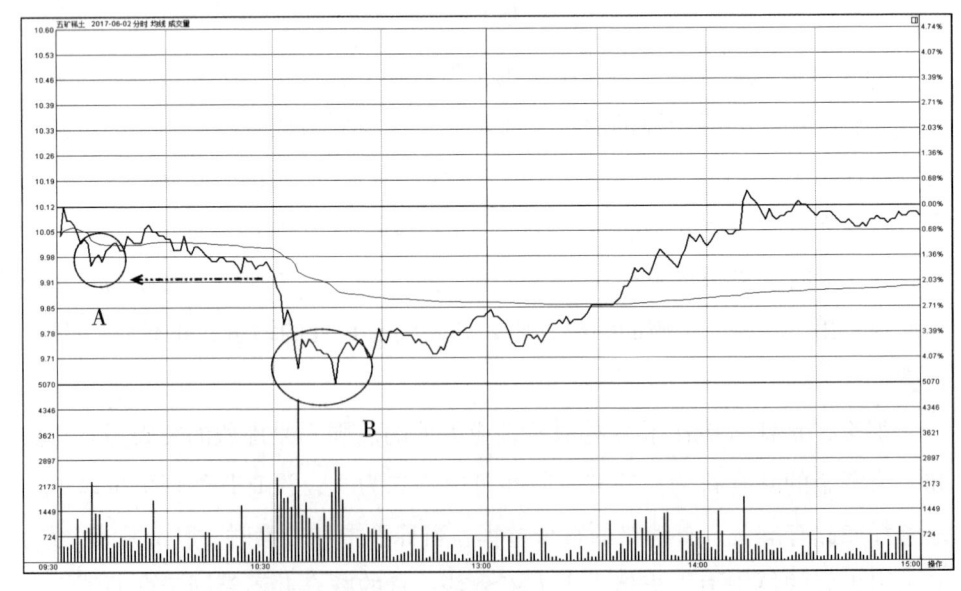

图 6-9

突破当日低点时，主力资金先以对倒的方式大单砸盘，此时现价线的下跌角度陡峭，必然会引发部分持仓者的恐慌。当股价以自由落体式下跌时，崩盘这个词会在持仓者的脑海里呼啸回荡，最终恐惧会吞噬所有继续持仓的理由，而卖出则得到安全的心理暗示，会让很多持仓者选择加入抛售的队伍中。

图 6-9 中 B 处，低点之后再出低点，股价新低很快被刷新，量能在这时也最为密集，显示出杀跌之惨烈。然而 B 处之后，本该走向绝地的股价，却反而折返向上，并收复当日大部分跌幅。主力诱空在回升中已经非常明确。

多数经过长时间下跌的个股，某日盘中出现大幅放量急跌，则大概率会出现反弹的低点。而案例中个股的股价，在三个月后几乎翻番。

3. 整数关口

所谓整数关口，是指股价运行到整数值时，往往会上涨遇到压力，下跌得到支撑。

整数关口的压力和支撑，缘于市场心理关口以及主力控盘的需要。整数关口的压制或支撑，多数都仅存在于市场心理上，并不一定说明在这一点位上真的存在强大的支撑或压制。

很多时候主力资金会利用整数关口的心理作用，来暗示交易者作出买进或者卖出的决定。主力资金利用整数关口进行诱多或诱空，已经不是秘密。如图 6-10 中 A 处所示，现价线跌落至十元的整数关口附近时，出现振荡盘整，并由此得到支撑向上回升。图 6-10 仅是该股在十元整数关口上某一天分时走势中的变化情况，其实在 K 线图上，在十元整数关口股价来回振荡将会持续很长时间，主力资金利用其中的振荡诱多或诱空，来达到相关吸筹或减仓的目的。

图 6-10 中 A 处之前，现价线跌破收盘线，均价线支撑持续下行，至 A 处振荡盘整。这个过程并无明显激增的成交大单密集出现，说明主力并不想对倒砸盘，逼迫卖单大规模现身，而更愿意通过现价线的下行、横向振荡，清理部分容易躁动的筹码。主力资金并未大力对倒砸盘，也就使得诱空洗盘

显得并不彻底，部分咬牙坚守到最后一分钟的持仓者，还是等来了 A 处之后的拉升。

图 6-10

那么，为什么主力不来一个更彻底的诱空洗盘？在十元整数关口上止跌，似乎有点到为止的意思。

个股所处不同的技术环境，才是主力选择不同诱空强度的主要原因。案例中个股的主力资金限于某种原因，并不愿意在目前阶段来场轰轰烈烈的"阵地战"，所以不会选择将大部分跟风者逼迫出局，否则有悖于边打边撤的策略。在之后的股价运行中，该股主力资金时而诱空、时而诱多，尽力降低成本。这也是实战中经常会遇到的一种主力操作类型。

# 第二节 诡秘的大阳线——割韭菜

## 一、变量催化的大阳线

成交量大致稳定在某一水准附近时,大部分时候代表趋势或趋向的延续,当成交量出现异于常态的明显增减时,则预示着股价趋势或趋向可能出现重要的变化。

从量价关系上来说,股价上涨,成交量逐步、温和放大,则趋势或趋向具有稳定、持续的技术含义,这种成交量形态就是聚量形态。如果股价上涨,成交量突然性激增,则趋势或趋向具有多种复杂变化,这种成交量形态就是变量形态。

聚量和变量都会明显催化股价发生不同于之前的运行节奏。如图6-11所示,该股技术环境运行于下跌趋势中,A处股价从横向振荡中突然放量涨

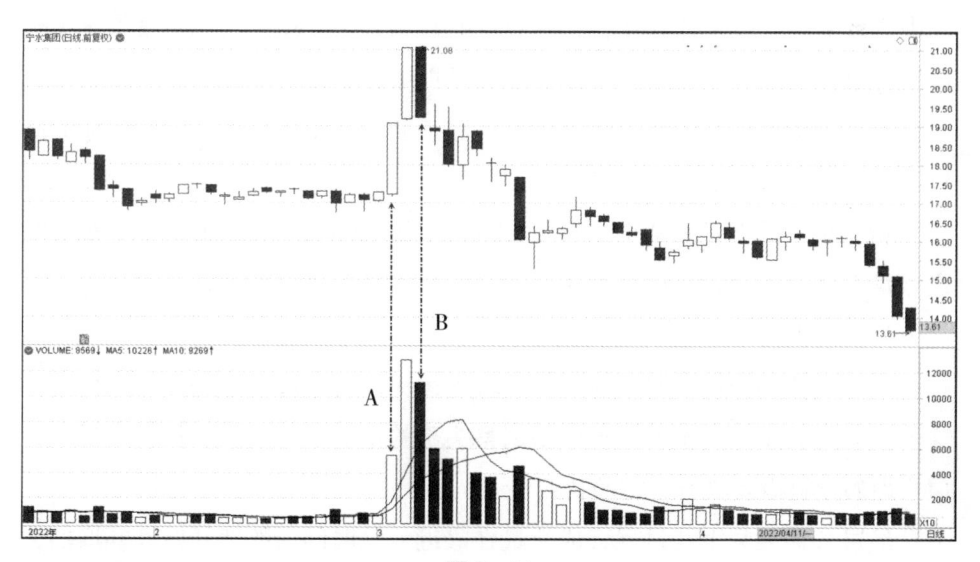

图 6-11

停，量价表现迥异于之前的走势。这就是变量催化下股价的特异性表现。可以说，没有这根变量，股价即使上涨也很难达到这个幅度。

在肯定变量催化的前提下，我们可以进一步推论接下来的量价变化，比如如果接下来的交易日不再出现变量，那么股价就很难表现出特异性，也就是很难继续大涨。A处的次日再现变量，股价也再次涨停，这就验证了该股此次暴涨应归结于变量的存在。没有变量，股价很难维持涨势。同时，根据换手率规则发现，A处次日的变量已经达到该股成交量的历史高值区，这是一个短线交易的高危卖出信号。

缺乏稳定性的变量，是不可能长时间持续存在的，所以B处股价下跌并不奇怪。B处下跌的成交量也很大，却不是从A处以来变量的跟随量，而是催化股价大跌的催化量。认清量能的性质，交易者也就不会被股价大涨大跌所迷惑。

即使是聚量形态，在持续过程中也不能排除间杂着变量的存在，只不过这些变量会被之后出现的跟随量转化形态，形成形态上的升级。这就为股价的整体上涨趋势提供了源源不绝的动力。

如图6-12所示，该股从低点开始上涨，成交量逐步形成聚量形态，这其中可以发现有变量的存在，但对股价的影响只是短期的，促使股价发生折返时，成交量相应呈现出跌时缩小、涨时再增加，并在整体上保持逐波刷新量能高点的态势。这种情况说明股价上涨正处于稳步运行中，至少目前的涨势不会在短时间内就宣告结束。

当股价、成交量在某个时间段突然出现爆发性上涨和增加，这个量价突变形式不会长久存在，过程往往惊艳而短暂，之后股价趋势将会随着技术环境的改变而改变。

上涨趋势的中期调整结束后，股价继续上涨时，成交量仍会再度放大，这个放大的成交量高于或低于中期调整头部的量能，都属于一种正常现象，但增加的量能需要具有一定的持续性。

经过长期大幅上涨过后，成交量在最近一段时间内忽然开始大幅增加，股价同时波动巨大，这时增加的成交量不一定就是上涨趋势形成以来最大的

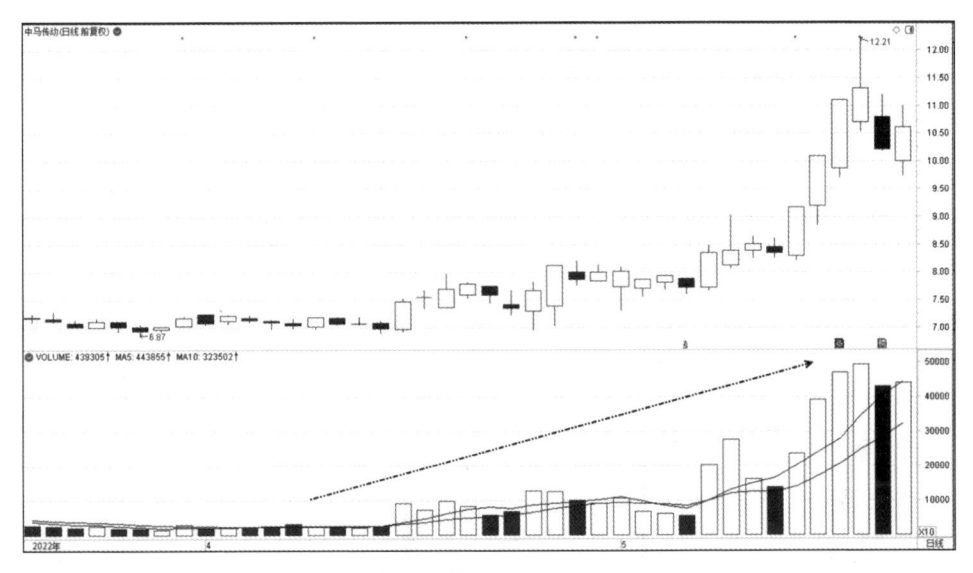

图 6-12

量能，但仍是一个高危成交量信号。这种情况出现时，应警惕可能就此构筑股价顶部。

## 二、挽救危局的大阳线

当市场资金对于个股后势渐渐失去信心或者犹豫不决时，主力可能就会制造一些能够振奋人心和改变悲观失望情绪的消息传闻，更多见的则是通过技术图形来改变市场资金日趋谨慎的态度。

如图 6-13 所示，该股运行于横向振荡的箱形中，股价在 A 处跌破这个箱形的下边线，形成了技术上的破位。但是股价并未由此展开连续下跌，而是在 B 处突然出现一根涨停板大阳线。这根大阳线一举收复多日的下跌失地，而且也挽救了该股技术关口破位的危局。让人意外的是，大阳线出现后，股价并未出现持续性上涨，而是略作盘整后再度转入下跌。

其实图 6-13 中挽救破位的大阳线，仅是主力资金诱多的手法。当主力在出货过程中发现承接盘逐渐减少，市场资金进场欲望大幅降低时，就会改变盘面萎靡不振的局面，通过大阳线等技术性图形来提振市场信心，以达到继续减仓出货的目的。

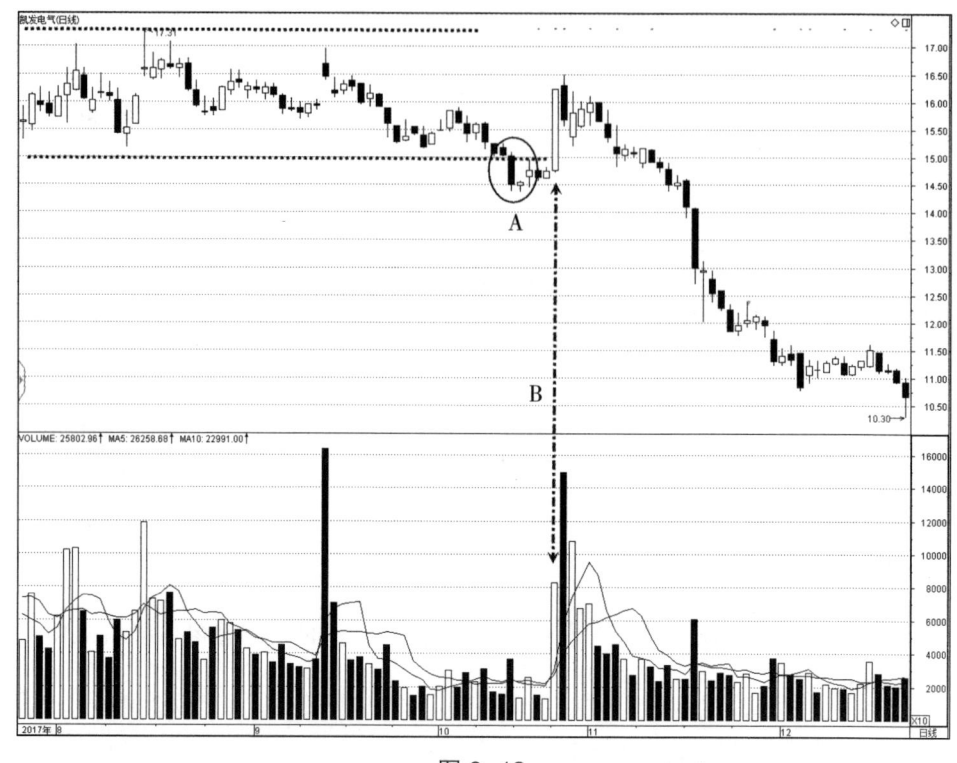

图 6-13

## 三、突击减仓的上影线

个股经过长时间上涨进入股价相对高位,即使主力资金尚未到最后的出货阶段,也必然存在阶段性的减仓行为。而且这种减仓之后,主力回补的力度会减小,甚至有些主力不再回补,仅以对倒来应付之后的行情。

对于连续或长时间上涨的个股,K 线图形上一旦发出主力资金减仓或出货行为的相关技术性信号,交易者就应高度警惕。这些技术性信号最为显著的就是带上影线的中大阳线,以及一些实体小但上影线较长的 K 线类型。同时,当日成交量处于变量等放大的状态中,显示出反向催化的特征。

如图 6-14 所示,该股连续上涨后,股价在 A 处一度冲击涨停板,但盘中出现回落,最终报收长上影线的中阳线,当日成交量呈变量形态。这就是一个主力减仓或出货的技术性信号。类似案例中的高位阳线出现在连续上涨过程中，必然是由主力资金的减仓行为带来的，如果这种高位阳线出现在大幅涨升之后，则主力出货的可能性远大于阶段性减仓。

图 6-14

很多初学者不明白什么是"股价高位"，其实这是一个相对的概念。在本节中，对"股价高位"进行了条件设定，即股价经过连续或长时间上涨。"股价高位"可能是顶部的高点区域，也有可能只是阶段性的高点。

变量的高位阳线是一种危险信号，尤其是带有长上影线的，其发生趋向或趋势转折的可能性极大。还有一种K线具有同样的技术意义，也就是通常所说的射击之星或黄昏之星。

射击之星是指连续上涨尤其是一根中大阳线之后，再出现长上影线的倒锤头线（或倒T字线），第三根K线为中大阴线。如果第二根K线是长上影线、实体很小的K线或十字线（星），则称为黄昏之星。如图 6-15 所示，股价连续上涨后在 A 处出现一根上影线极长的射击之星，当日成交量呈变量，之后股价振荡后转入跌势。

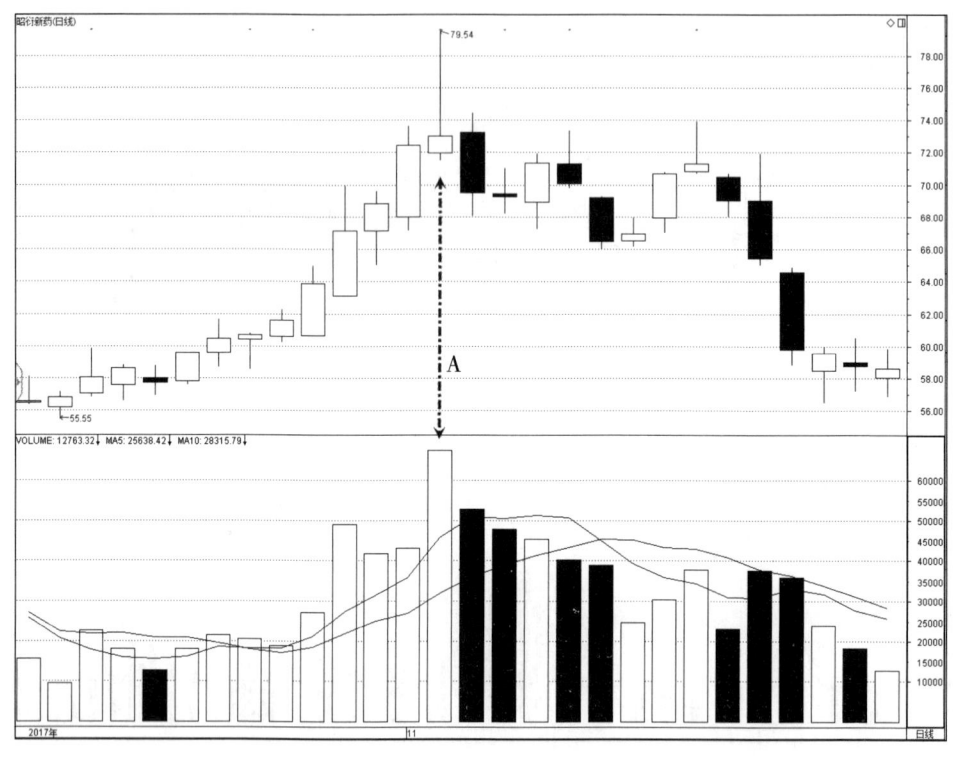

图 6-15

蜂拥而来的市场资金将股价推升，或者涨升本身就是主力资金的诱多行为，随后主力资金在股价涨势中开始减仓，大量筹码的抛售必然导致股价回落，从而形成高位长上影阳线和长上影线（射击之星）。在这个技术图形中，变量是关键，尤其是达到历史天量级别的变量出现后，几乎可以确定股价会在之后见到至少一个大级别的阶段性高点。

## 第三节 诡秘的大阴线——请君离场

### 一、加速杀跌的大阴线

主力建仓的过程并非一路坦途，过长时间使用某一种吸筹方式，一是可能会吸引其他资金的关注，二是可能逐渐吸纳不到足量的筹码。这时候，吸筹方式的改变就是主力的常规选择。

建仓期间能够尽快吸足筹码的方法，百变不离其宗——必然和制造恐慌脱不开关系。而制造恐慌的方式有很多种，比如通过上市公司发布利空公告，利用网络散布偏空谣言，或者采用技术手法。而打破盘整节奏的大阴线，往往对打乱交易者心理防线起到摧枯拉朽的作用，使处于犹豫之中的持仓者在恐慌中抛售。

如图 6-16 所示，A 处大阴线的出现打破了 B 处的反弹低点，向市场持仓者发出跌势将会更加迅猛的心理暗示。从该日的成交变量可以看出，主力的"暗示和恐吓"起到了较大的作用。图中 C 处曾出现了一个类似螺旋桨的上下影线较长的阳线，这根 K 线所起到的作用，就是引发交易者频繁出现心理转折：一个交易日内在失望与希望间来回波动，很容易让交易者在疲惫不堪中产生不良情绪。而 B 处的小幅连续下跌，则进一步加深了交易者对于后市悲观看法的心理暗示。B 处的弱反弹和由此产生的心理转折，其实都是为 A 处大阴线的"最后一击"所做的铺垫。

在弱势中做短线交易，当股价已经出现反弹，往往都不会再有合适的买点，但是在一段下跌后，股价尚未企稳却突然再度大幅急跌时，大概率会出现极佳的买点，这就是所谓的"不恐慌，无交易"。弱势毕竟难做，交易者必须沉下心分析主力的操作轨迹。如在图中 C 处和 B 处过早地匆忙进场，必然

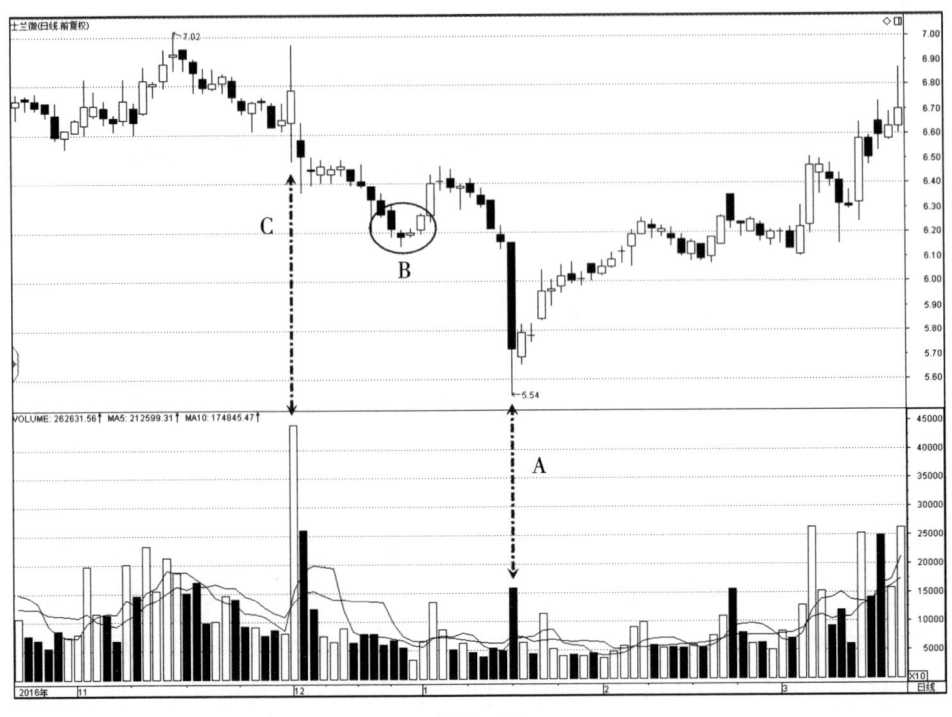

图 6-16

会被主力"包了饺子",这时候你就是"馅",主力满嘴流油吃得挺香,你却痛苦不堪。

技术派的短线交易者应该知道,要等到恐慌盘杀个人仰马翻、血流成河时,你以一骑救兵的姿态蓦然出现、轻仓抄底,唯此方能与主力共舞,即使主力恨得牙痒痒,也拿你无可奈何。

## 二、跌破支撑的大阴线

当大盘指数经过下跌后,在某一相对固定区域长时间发生折返振荡时,市场资金普遍会产生对于指数支撑位的认识,即认为指数某一点位是不会被跌破的,并预期大势将由此开启上涨。

如图 6-17 所示,深证成指于 A 区域折返振荡,其间出现多个低点,这个阶段市场普遍认为就是所谓的底部区域。

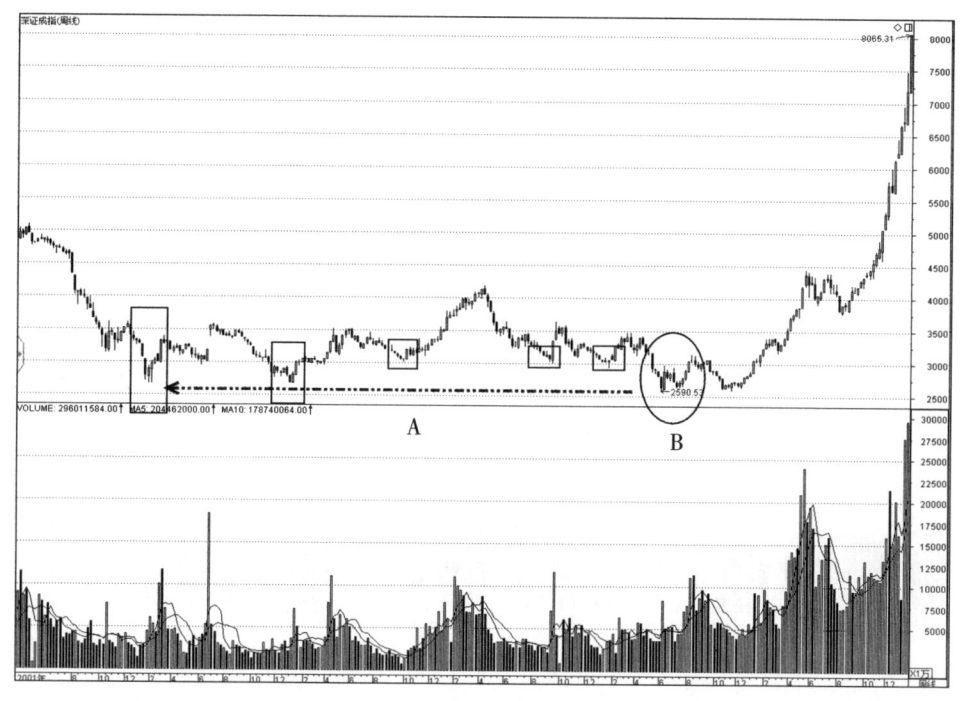

图 6-17

市场资金尤其是散户资金，对于指数的支撑位会随着指数在这一区域运行时间的延长，而逐渐形成共识，并由此付诸行动，开始买入筹码等待升势的到来。市场资金的这一普遍行为，必然会给主力资金的建仓过程带来极大的干扰，而主力资金则只能通过打破所谓的支撑位来制造恐慌，使市场资金的预期落空，继而产生悲观失望的情绪。

如图 6-17 中的 B 处，指数突然下行，并将 A 区域形成的所有低点全部击穿，这种情况势必会打破市场对于底部的共识，恐慌氛围也就随之快速蔓延和扩大。图 6-18 中圆圈标示处即为 B 处跌破低点支撑的两根阴线，大盘指数破位所引发的恐慌远大于个股。即使持仓者手中的个股没有出现破位，可能也会受到大盘跌势的影响，陷于从众的恐慌之中，而选择抛售。

在目前股票市场庞大的市值与容量面前，某一个主力资金想改变市场形成的共识，几乎不太可能。但如果大盘技术环境确实处于适宜的建仓区域，那么试图建仓的实力资金就绝不是少数。这些建仓资金之间感同身受，相互

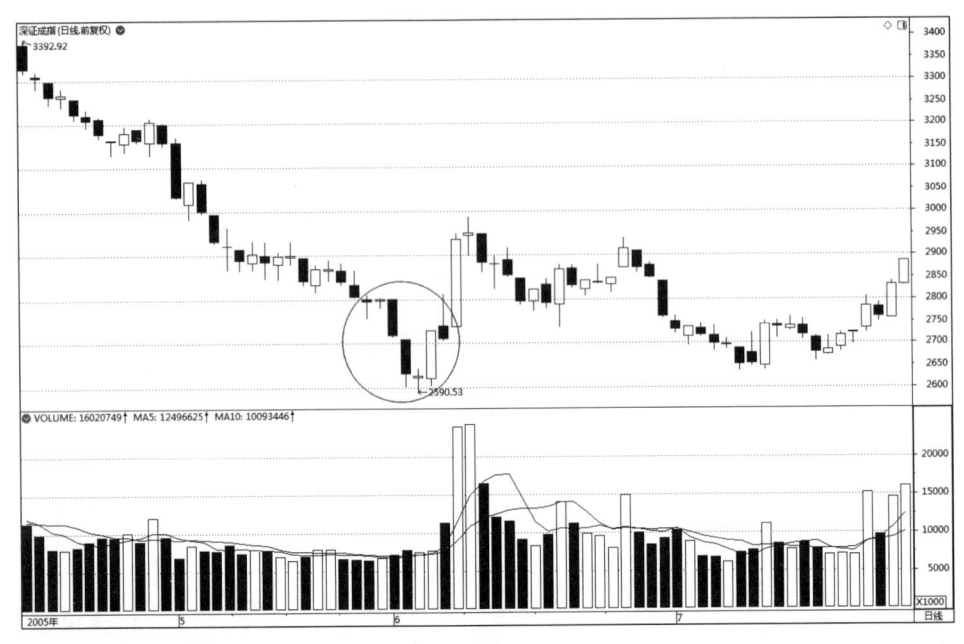

图 6-18

之间存在一定的默契，或者说建仓的实力资金也存在一种共识，即打破市场普遍认同的支撑，让市场资金变得混乱和恐慌，唯有此才能顺利完成自己的建仓任务。

早期股票市场上，部分主力资金只要控制住一些权重股，基本上就掌控了大盘指数的涨跌。但时至今日，大多数权重股的市值已经远非一般实力资金所能掌控，而且鉴于监管的压力，这条路明显行不通。

目前市场上主力资金往往会"借力打力"，即借助一些热门板块或龙头个股的涨跌，来影响和引导市场人气走向兴奋或悲观，间接达到调控大盘指数涨跌的目的。其实建仓资金的所有手段或技术手法，都是为了引发恐慌性抛售，以满足自己吸筹建仓的需要。

### 三、放量大阴线

股价大跌，在趋势运行的任何阶段都会出现，而放量大跌往往更能吸引市场的高度关注，这种下跌形式所产生的恐吓氛围，对清理不稳定持仓者具有极佳的作用。

如图 6-19 所示，该股在底部构筑阶段以及涨势启动初期，多次出现放量下跌的情况，对于心态不稳的人来说，具有相当大的持仓压力。如果交易者能从技术环境上判断下跌的性质，则在一定程度上能避免受到恐慌情绪的困扰。

图 6-19

其实放量下跌并不可怕，因为多数个股的放量下跌难以持久，通常反弹就在不远处；而且对于短线玩家来说，放量下跌就是短线介入机会来临的信号。放量下跌多由主力引领，而后恐慌盘集中杀跌造成，完全由主力出货带来的放量下跌并不常见。实战中，可怕的是难以搞清现状的缩量下跌等形式。

## 第四节　高位与低位——极限是用来突破的

行情处在不同阶段，主力资金有"轮回"之道，交易者也应以不同的技术方法予以应对。比如在明确的跌势行情中，如果交易者仍不改短线追涨的交易方式，在跌势中过多参与股价的弱弹，那么很快就会累积成大幅亏损。顺应大势，采取相应的操作方法，才是股票交易的长久之道。

### 一、低吸潜伏

跌势行情中，较为适合的交易方式，应是寻找波段低点低吸潜伏。低吸技术应用的本质，其实就是等待市场出现极端跌势并进入末期阶段时敢于分批买入，然后潜伏等待。如果说追涨需要交易者具备一定程度的果敢，那么低吸则更需要交易者具有稳定的心跳。

人总是会犯错，在股票运作的整个过程中，无论是多么高明的主力，也不可避免地会露出破绽，何况有些破绽是不得不露，势在必"露"。发现潜藏的主力，只要一些细节就可以做到，这一点前文讲到过。

寻找波段低点低吸潜伏，技术上的难度并不大，难在逆市交易的心理掌控上。心理一旦失衡，所有正确的理论和行为都会灰飞烟灭。实战应用中的心理要素主要包括以下几点。

1. 耐心等待时机到来

猎豹是世界上奔跑速度最快的动物，但猎豹不会随意发起攻击，因为那样做不一定会有收获，而且自己的体能很快就会被消耗殆尽。猎豹最善于等待时机，一旦发现目标就不会轻易放弃，往往一击必杀。

等待时机，也是积蓄动能的时候，一旦时机成熟了，市场会加倍偿还你等待时所付出的耐心和承受的煎熬。比如，个股在下跌途中出现横向振荡，如果交易者不能耐心等待局势的进一步演化、明朗，而是急于介入，那么当股价向下挖坑跳水时，很有可能会因恐惧而选择止损操作。倘若交易者拥有足够的耐心并善于等待时机的到来，那么股价的急跌就意味着低吸机会的临近。

2. 寻觅市场或主力犯错和露出的破绽

不但主力会犯错，市场有时也会。当市场上大多数参与者都被恐慌情绪或者过度乐观的情绪所蛊惑，而做出一致的决定和行动时，市场必然就会犯下大错。这个时候就是清醒的交易者最佳的出击时机。

如图 6-20 所示，该股股价连续大幅度下跌，至 A 处时，当日股价接近跌停板，成交量大幅增加，明显可以看出大批持仓者在疯狂抛售。这时候即便是仓位被套，交易者也不能盲目跟风杀跌，而应该控制情绪，冷静分析。无论何种事件所造成的大盘连续大幅暴跌，都只说明一个问题，即市场上大多数参与者都在恐慌情绪的支配下大肆抛售筹码，也就是说市场正在犯错，而且这个错误正在继续扩大。

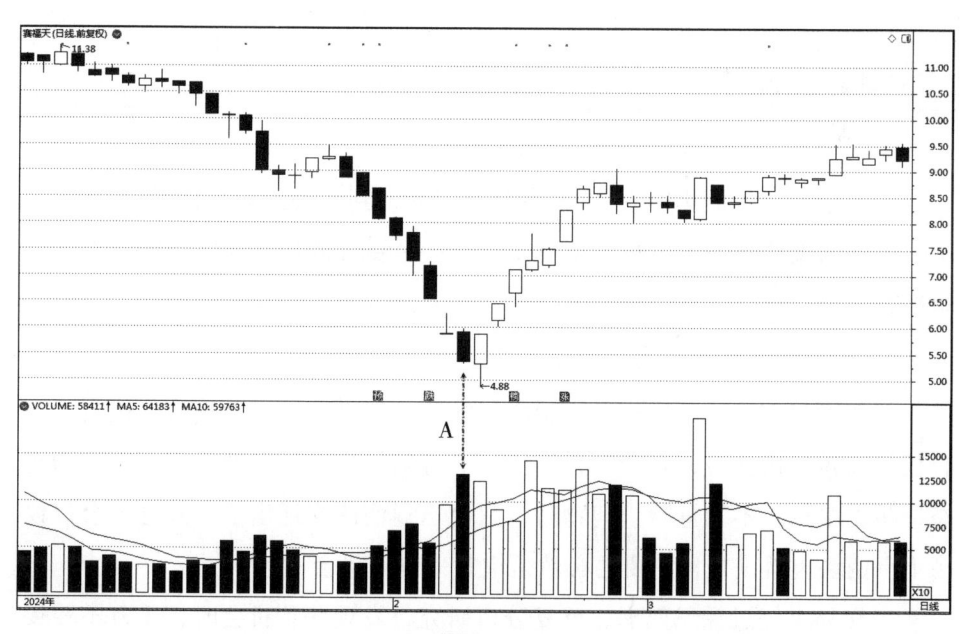

图 6-20

这就是市场所犯的错误之一。交易者的任务就是克服不良心态的影响，寻觅和发现这类错误，然后耐心等待时机的到来。图6-21即为图6-20中A处次日的分时走势情况，经过A处放量大跌后，次日依然低开低走，但很快就开始回升并最终封住涨停板。

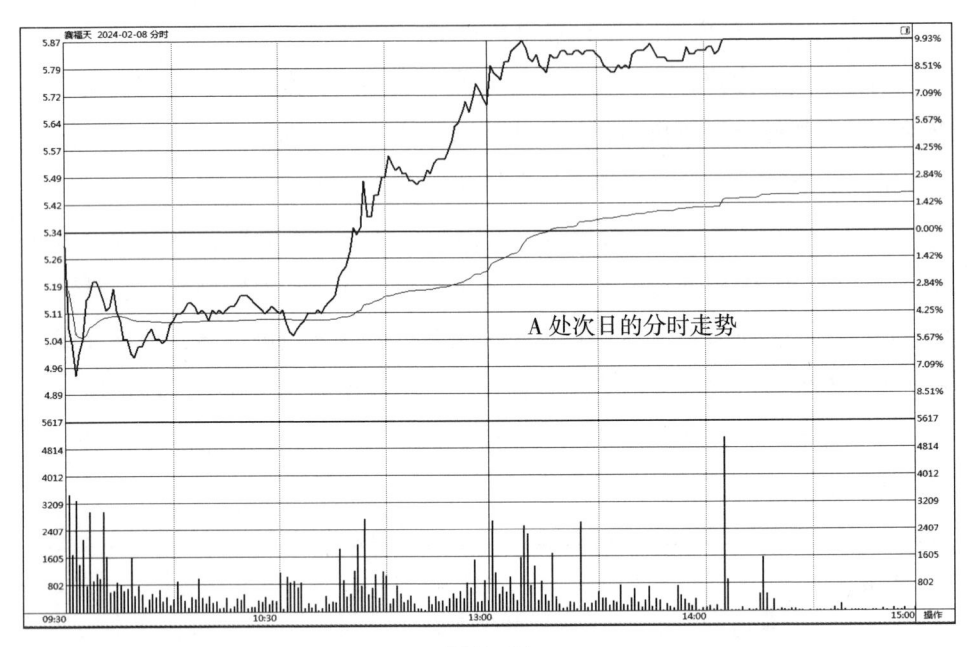

图6-21

其实依据量能催化理论，交易者就可以捕捉到A处或者次日买入的机会，不过再好的理论和技术，也需要交易者有一个良好的心态与之匹配，否则一切都是云烟。

3. 确认目标后重拳出击

静静漂浮在水面的巨鳄，会耐心观察猎物的动向，寻觅进攻的机会。没有任何捕猎的机会时，它会一直等待，等待猎物犯下致命的错误。当猎物兴奋地跳进水塘，不知危险为何物时，它会迅猛而凶悍地出手，并且不会仅仅撕下一两块肉就满足，它要的必然是饱餐一顿的机会。

当交易者经过深思熟虑、反复分析研究，发现获利机会时，千万不要畏缩不前、畏首畏尾。当你对一笔交易有把握时，要重拳出击！做对还不够，还要尽可能多地获取利益，只有这样才能收获市场回报给你的重礼。

4. 发现失误及时撤出

世上没有百分之百安全而且又能收获大利的投资，股票交易更是如此。不管你有多高的智商，多么精于分析研究，百战百胜的交易只存在于故事中。

股神巴菲特就并不讳言提及自己所犯下的错误，在 2012 年致股东的公开信中，他总结了公司 2011 年度的业绩表现和功过得失："几年前，我花了约 20 亿美元购买能源期货控股公司发行的几种债券，这是一家服务于德州部分地区的电力公司，但这也是一个非常巨大的错误。"巴菲特表示，"这家公司的前景与天然气价格联系在一起，而天然气价格在我们购买债券后不久就持续低迷。我们在 2010 年对这笔投资减记 10 亿美元，去年又增加减记 3.9 亿美元。"

## 二、追涨

追涨，仅指股价目前的上涨能够确认启动升势的个股，而不是所有正在上涨的股票都可以追。追涨，追的是股票上涨的连续性。

能帮助我们区分哪些股票可以追涨、哪些不可以，就在于起涨结构分析。起涨结构是确定一只股票是否具有追涨价值的关键性因素，具备起涨结构或者说起涨结构刚刚构筑完成的股票，才是追涨的目标，而不是那些目前涨得非常好的股票，毕竟能够给我们带来利润的是买入之后涨得好，而不是买入之时或之前。

起涨结构内在构筑模式通常是三段式（个别极端强势的股票只存在一段——直接拉升至涨停并连续涨停，这种极端形式存在但不常见。从资金攻击层次和级别的角度来说，其实这种极端强势也存在起涨结构，只不过其结构已迅速在短时间内被提升至高层次和大级别上，脱离了短线交易的技术分析范畴）：初起阶段、确认阶段、起涨阶段。很多个股在确认阶段会走出失败形式，随之股价开始下跌或振荡；还有一些个股在起涨阶段会出现假突破或挖坑等复杂变化。

# 第五节　不可救药的 K 线——崩溃点

## 一、折返与折磨

具有一定技术水平的交易者，经过分析判断能够发现主力筑底、挖坑等行为，但是即便明知道主力在干什么，有时还是会在股价来回折返的波动中迷失方向。不少交易者过早卖出股票后，往往看着之后飙升的股价后悔不迭。

折返是价格的常规波动形式，是多空角力的盘中表现。

利用股价折返所带来的恐惧洗出跟风筹码，或者利用折返带来的反弹希望吸引追涨者进场，都属于主力资金比较常见的操作手法。无论何种角度的上涨、下跌，只要不是封住涨、跌停板，就存在折返。涨势中的折返，也可称为回落调整或回档等；跌势中的折返，也称为反弹等。

主力采用折返的目的不同，其所谓消耗市场动能的意义也不一样。折返的级别也对交易者有着较大的影响，如图 6-22 所示，即使是分时走势中，也包含多个级别的折返。这些波动幅度不一的股价折返，对于交易者持仓和判断盘口情况会带来极大的影响。交易者应对股价折返的方法，首先是分析折返和股价强度关系，其次是不可跟随股价运行方向而产生相应的情绪与心理波动。

涨势中折返时间短、幅度小，说明做多力量处于优势地位，而这种优势地位延续到之后交易日的概率较大；同时意味着存在的压力相对较轻，股价之后极有可能进入到快速拉升阶段。涨势中折返的时间长，说明股价目前的涨升强度不足；而折返的幅度大，说明股价遭受到的打压相对较重。当然，这二者也有可能只是主力资金故意而为。

频繁折返的发生，是各方资金逃逸与回归的过程。有人认为目前股价还会继续下跌，也有人认为可以入场抢反弹，市场资金并未达成共识。

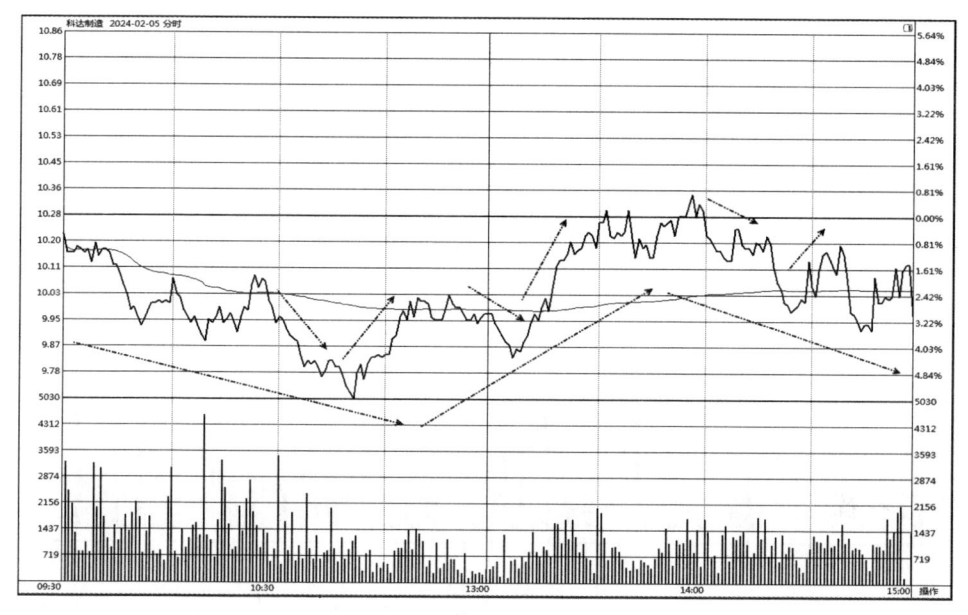

图 6-22

无论处于涨势中还是在跌势中，股价反复发生折返，都会令大部分持仓者颇感难熬。在股价的上下颠簸中，一些持仓者的心态会逐渐发生变化：由最初的信心十足，到渐渐失去耐心，被烦扰情绪缠绕。随着折返时间延长、次数增加、级别增大，这种情绪会进一步演化为恐惧。

之后，股价折返中的每一次"小跳水"，都仿佛正跳在自己的神经上，几次三番后，持仓者已被累积的恐惧情绪所笼罩，会将之前所有正确的买入理由都忘记，而只记得股价将要展开下跌。

如图 6-23 所示，该股股价处于盘整振荡阶段，在这个过程中，股价多次发生折返。我们现在看这张静态的 K 线图感觉不到有什么特别，似乎股价也就是出现一些小幅度的回落。但如果你是持仓者，尤其是短线交易者或者仓位比较重，那么这些折返会让你如坐针毡，因为股价每一次的"小跳水"，都会让你觉得是真正下跌的开始。

即使部分持仓者熬过了个股的这种折返，也难逃另一种"折磨"：持仓的个股一直在做这种似乎原地不动的"磨蹭"，而指数或者其他个股却纷纷飙升，一时间，交易者会有一种持仓却踏空行情的失落感。

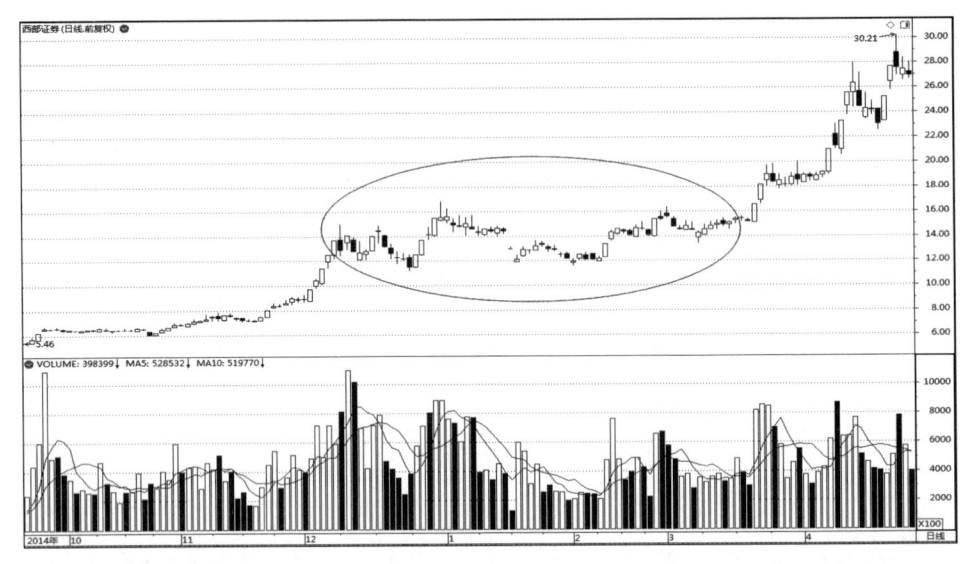

图 6-23

当交易者被恐惧或者失落等不良情绪困扰，那么随之做出的交易行为，就很难会有理想的结果。这也是主力资金常用的"阳谋"，即折返和心理上的折磨。主力资金不但会利用恐惧或者失落情绪，有时还会提供"希望"，让心如死灰的交易者"复活"，只不过主力提供的"希望"，往往都会如烟花般一艳而绝。

某些个股在长期熊市行情中运行，一段时间的下跌过后，股价会有一种跌不动的情况，原因大多是因为持仓者的绝望情绪存在，不愿意再进行操作了，"哀莫大于心死"。解决这个问题其实很简单，心病要用心药来医。既然股价下跌让持仓者绝望，那么就用"希望"来治病。实战中会看到，某些个股跌到"跌不动了"，会突如其来出现一根大阳线，或者突然高开，同时伴以赏心悦目的成交量，如图 6-24 所示。

如果一根大阳线能够解决"绝望"的问题，那么主力资金绝不会用两根；如果一个高开就能激活持仓者加码买进，那么高开之后就会突然往下跳。解决"绝望"，可以用"希望"，而"希望"的破灭，无疑是制造恐慌的绝佳原材料。于是可以看到，某些原本"跌不动了"的个股，在又一次焕发"青春"后，又加入了下跌的队伍中。

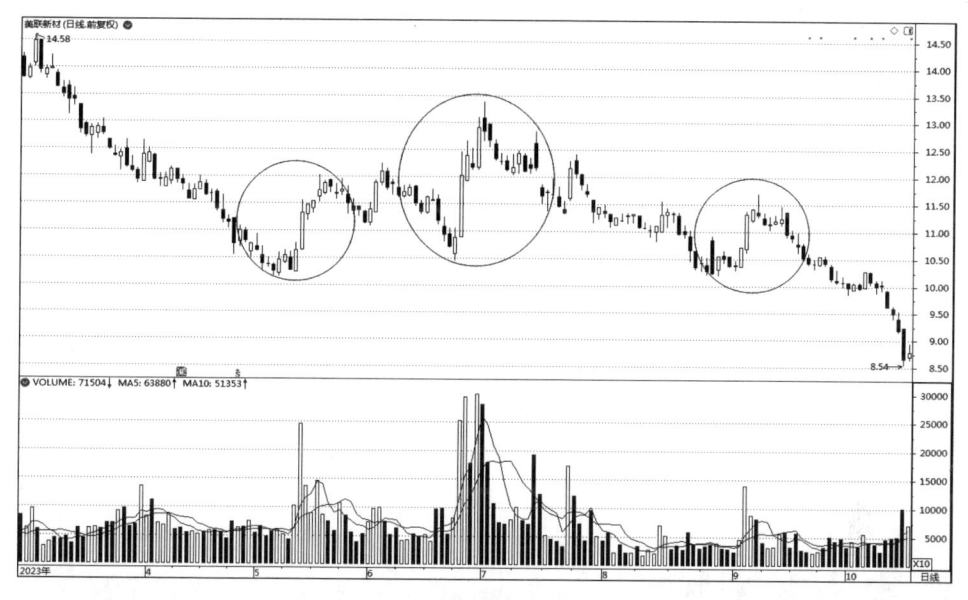

图 6-24

一个技术派的交易者首先要做到的，也是最基础的一点，就是心理不能被行情控制，不因涨而买入，不因跌而卖出。专业的交易者会将突发情绪程序化，有固定的应对方式。当恐惧和希望这些情绪在交易过程中不会影响到交易决策时，那好日子就来了。

## 二、阴跌无止境

持续中小阴线下跌，又称为"阴跌"。这种下跌方式会使做短线超跌个股的交易者无从入手，反不如大阴线，较容易捕捉到明确的做多机会。

持续中小阴线下跌，也是主力在建仓过程中用以规避短线介入资金和消磨持仓者信心常用的技术手法。如图 6-25 所示，该股整个下跌阶段以中小阴线为主，间杂着弱反弹，同时成交量上也一直维持着常量形态。

该股从 17 元多一直跌到 7 元多，整体累积跌幅巨大，但是具体到每个交易日的跌幅却并不大，这就使得短线交易者难以找到超跌的介入时机。其中虽然出现一些弱反弹，但对于交易者来说，并不是能够稳健获利的机会。

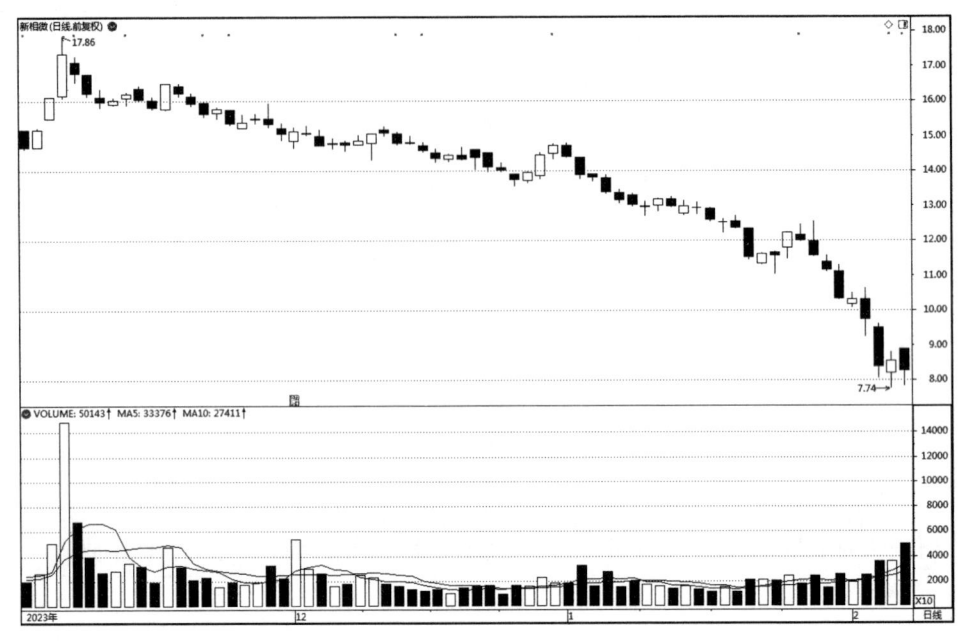

图 6-25

采用这种方式的下跌，对于建仓资金来说则是益处多多，既能够有效规避大多数短线介入资金的骚扰，也能利用这种持续中小阴线下跌，迫使盘中持仓者缴械投降。

最初开始下跌时，持仓者看到每日的跌幅并不大，会心存侥幸，期望下一个交易日就会出现大阳线一举收复失地，但是随着时间的流逝，这种期望会逐渐转化成不断的失望。就这样一天天的下跌累积起来，个人账户上的亏损额会给持仓者带来沉重的心理压力。

在心理的重压下，必然有人因为承受不了而急于摆脱煎熬，会选择卖出持仓来释放压力。当大部分持仓者都这样选择时，也就是群体心理崩溃点到来时，建仓资金等待的就是这个时刻。

有经验的交易者往往都不怕股价暴跌，就怕这种连绵不断的"阴跌"。因为一个沉稳有谋而不是轻易躁动的对手，你很难找到他的漏洞，更加看不到他筋疲力尽、虚弱不堪的一面。